小學「限制式寫作」之設計與實作

林華峰
王慧敏
陳慧敏
藍玉霞
仇小屏
合著

序

近幾年來寫作教學方面最大的變革，當推「限制式寫作」之採行。「限制式寫作」的名稱，是九十一年考選部編印的《國家考試國文科專案研究報告》中所提出的。在中學階段，自從八十三年大學入學考試學科能力測驗，以及八十六年大學聯考作文試題，突破了傳統以來「完全命題」的方式，分別出現了「限制式寫作」中「縮寫式」和「擴寫式」的命題之後，在許多大大小小的考試中，「限制式寫作」命題就如同百花齊放般地紛紛出現了，使相沿已久的作文教學，呈現了嶄新的風貌，而且這股風潮甚至蔓延到研究所考試、國家考試等重要考試之中，可說是近幾年來寫作教學求新求變最具體、最受矚目的表現。

可惜的是，小學階段的寫作教學對此種風潮卻並未同步趕上。但是國小學童在寫作上是最需要引導的，而且「限制式寫作」有著以單項能力為導向與靈活運用時間的優點，在小學階段裡最有發揮的空間，以補傳統式作文著眼於綜合能力訓練之不足，所以小學階段的「限制式寫作」，可說是一片肥沃的處女地，亟待有志之士投入開發，以擴大教學效果。

因此，一方面有感於「限制式寫作」在小學階段有極大的發展空間，再方面當時任教於國立花蓮師範學院中國語文教育學系，擔任「國民小學語文科教材教法」、「作文指導」等課程，對小學階段的寫作教學懷抱著一份使命感，於是在九十學年度提出「小學階段『限制式寫作』命題探析」專案計畫，並於是年通過國科會審查，於九十一學年度開始執行。在為期一年的專案執行期間，有四位小學教師擔任研究助理進行實作，他們是花蓮縣北昌國小藍玉霞、陳慧敏老師，兩位共同負責一年級，以及花蓮市花師實小王慧敏、林華峰老師，分別負責四年級與五年級，其中陳慧敏、王慧敏、林華峰三位老師，曾修習過我於教學碩士班開設的「作文指導」；四位老師教學經驗豐富，而且極富教學熱誠，對於「限制式寫作」實作教學十分投入，並展現了專業素養與源源不絕的創意，是本次專案計畫能順利執行的最大功臣。經過一年的實作之後，藍玉霞、陳慧敏老師共總結出十七回學生實作成果檢討，王慧敏老師共總結出二十回學生實作成果檢討，林華峰老師共總結出八回學生實作成果檢討，而且每個實作成果檢討都包括了設計理念、寫作題目（多為題組）、引導過程、學生作品及賞析、教學省思等。不過，在結集成書時，因為篇幅所限，不得不刪去十幾回，而且作為例證的學生作品也只能保留三至四篇，這是相當可惜的，希望日後能有機會以原貌呈現在讀者眼前。

此外，值得一提的是，專案執行期間召開過兩次諮詢會，出席的學者專家有台灣師大陳滿銘教授、台灣師大蔡宗陽教授、成功大學張高評教授、花蓮師院許學仁教授、國北師院羅秋昭教授、國北師院張春榮教授、市立師院盧雪梅助理教授、台科大鄭圓鈴助理教授、國語文教學專家賴慶雄先生、太平國小連寬寬校長、志學國小陳建明校長，還有在小學任教的第一線教師中港國小賴妍妏老師、更寮國小陳志哲老師、五結國小趙逸萍老師，他們或從學理、或從實務，給予許多寶貴的建議，讓本專案在執行時能針對缺失力求改進，這是必須衷心感謝的。

本書即為此專案研究計畫的成果結集，而且討論的範圍已不限於「命題」而已，還包括了指引的技巧、實作成果的呈現與分析，以及實際教學之後的省思等，所以在綱目的安排上，是先作約兩萬字的「導論」，然後分「一年級編」、「四年級編」、「五年級編」，分別呈現實作成果，並且為了清楚地標誌出所欲訓練的能力，因此依一般能力（含觀察力、記憶力、聯想力、想像力、思維力、創造力）、特殊能力（含立意能力、取材能力、構詞與組句能力、措辭能力、運材與佈局能力等）、綜合能力依序排列（關於這些能力的說明，請參見「附錄一：寫作能力簡述」），而且考量到寫作教學與閱讀教學應該是緊密結合的，因此均附上所配合的課文或自編教材，最後並安排有「附錄二」，是針對四年級實作學生所做問卷調查的成果報告，從中或可一窺國小學童對「限制式寫作」的接受程度；因為本書包含了上述內容，所以書名也就訂為《小學「限制式寫作」之設計與實作》，以清楚地說明本書的性質。本專案的所有成員，是抱著野人獻曝的心情，將這些心得與所有教育工作者共享，期望能將「限制式寫作」推廣到每個國小校園中。記得在諮詢會中，有位諮詢委員看了實作成果後，語重心長地表示：花蓮的孩子可以做得到，其他地方的孩子也一定做得到。是的，一定做得到，多麼希望看到「限制式寫作」在小學教學中生根、發芽、茁壯，讓更多的莘莘學子受惠。

附帶一提的是，在實作的過程中，深深感覺到建立小學階段「限制式寫作」題庫的迫切性與重要性，所以為了便利老師們應用，以造福更多學子，最好的作法便是集合老師們的智慧結晶，因此希望對「限制式寫作」有興趣的老師，能將您們所設計的題目與實作傳送到下列的電子郵件信箱：ping8227106@yahoo.com.tw，由於我們將會整理出版，所以請附上您們的真實姓名、任教學校、任教年級，以便在出版時註明清楚此題目本自哪位老師，以示尊重各位老師的智慧財產權。

最後，有一點感想與「限制式寫作」無關，但是卻不吐不快。那就是在著作權法的規定下，凡是引用現代人的文章詩篇（當然也包括了課文），以及圖片、照片等，都必須取得作者授權，並且付出一定的權利金。這麼做是為了尊重並保障作者的智慧財產權，出發點是非常值得肯定的，但是實際執行時，卻引發了一些困擾、困惑。首先是作者不易聯繫，因為有些作者固然是名作家、名詩人，聯繫上較不成問題，可是也有許多作者可能只留下幾篇作品，從此在文（詩）壇上消失無蹤，根本無從聯繫，譬如本書「導論」中原本以盧繼寶〈醜〉、林宜臻〈多變的水〉來設計題目，但是想到不可能聯絡到這兩篇詩篇的作者，最後只好忍痛割愛，此外四年級實作老師以網路上蒐集到的圖片來指引學生寫作，效果很好，可是想到授權上的問題，也只好悉數刪除；而且有時作者遠在國外，好不容易找到並且聯繫上了，函電交馳，所耗時日可能長達數月，實在讓編輯者心力交瘁。因此本書中有好些題目設計，就是為了這樣的考量而選取早期或非台灣作者的作品，甚至是自己學生的習作，但是這樣就讓取材的範圍大為受限，而且對於創作者而言，這也並非可喜的現象。其次是本書以及其他以賞析為主的書，都並非裒集一些作品就來出書賣錢，反而透過對作品的詮釋而有「再開發」之功；並且這類書籍的價值，也並不是單靠所引用的作品撐起來的（當然視作互惠、互利是更為恰當的），因此並不宜把這類書籍與其他將作品成集的散文選、詩選等量齊觀，或可考慮更融通的做法，以求取讀者、作者、評論者（教學者）、編輯者多方的最大利益，這才是真正可長可久、最有利於現代文學（含兒童文學）研究與教學的方式。此外，也希望能成立「作家聯誼會」之類的組織，留下並隨時更新作家們的聯絡方式，以利編輯者作業，如此必將節省許多寶貴的時間。

本書能夠順利出版，首先要感謝台灣師範大學陳滿銘教授的鼓勵與督促，其次要感謝萬卷樓圖書股份有限公司總經理梁錦興先生，以及編輯部陳欣欣、余月霞兩位小姐的大力協助。不過，因為時間倉卒，疏漏之處在所難免，尚祈　博雅君子不吝指正。

仇小屏　序於花蓮
二〇〇三年七月

實作教師的話

藍玉霞．陳慧敏

一年級編

用心播種　喜悅收穫

剛接下限制式寫作的教學實驗，心裡著實是誠惶誠恐，深怕無法掌握教學的重點，也擔心學生會排拒額外的負擔，尤其剛接手的學生是小一的新生，才剛要學習注音符號，國字也沒認得幾個，所以在開始進行時，先試著讓他們多發表，多聽多說，並且要求他們用完整的句子回答問題，一開始，小朋友不太習慣，總是用簡單的幾個字回答，經過反覆不斷的練習，他們才漸漸改變簡答的習慣，仔細的聆聽老師和同學所分享的句子，並且有良好的回應。

接下來，試著讓他們將課堂上所練習的東西寫下來，結果很令人失望的是注音符號的拼寫是一團混亂，必須要找同學來問清楚，因此，事後我改變策略，不急著讓小朋友寫下來，讓他們在課堂上多做發表，只寫一些簡單的語彙和句子，再用畫畫來補不足之處，等到注音符號的學習告一個段落，才正式進入限制式寫作的練習。

經過一學期階段式反覆不斷的練習，出乎我意料之外的是，小朋友的進步是看得見的，就連平日班上語文程度中下的小朋友，都有驚人的表現，而語文程度好的小朋友，寫出來的作品，更讓老師覺得在批改的同時就是一種享受。這時才發現，原來在老師有計畫、階段性的導引之下，定期花時間做限制式寫作的教學，不必等到期末，在期中的成果整理，就可以分享到豐碩的果實。

不可否認的是，每次上課，事前的準備是不可馬虎的，必先設計好題型，想好範例，並且在課堂上做有效的引導以及適當的鼓勵和打氣，而課後還必須給一些沒掌握住重點的小朋友個別的指導，批改訂正完之後再與全班分享。

耕耘的過程雖然辛苦，但收穫的滋味確實甜美，因此，與其去空等果實的成熟，還不如用心的去栽種吧！

四年級編

回顧與展望

王慧敏

一年前，為因應專案研究所需，改用「限制式」寫作教學來引導孩子作文，期間不斷思索小學階段可以採用的命題方式，以及如何進行教學工作，甚至是怎麼樣才能夠客觀公允的評定孩子的作品。實作一年，收穫頗多，也發現發現「限制式」寫作教學具有如下之優點：切合學生的生活經驗；題目新穎、活潑，題型廣泛，可以涵蓋不同學科或領域；可採循序漸進方式引導；可鎖定單項能力；具有效驗性，評量容易，命題者能精確考察學生之寫作能力；命題範圍寬窄適中；讀寫結合（可以結合範文教學）；切合實際，聯繫社會生活；開拓思維、促進想像……等。因此，絕大多數的孩子，在引導下進步快速，他們日漸喜歡創作、發表，不再視寫作為苦差事，也因此讓筆者對「限制式」寫作教學充滿信心。

當然，在實作過程中也遭遇不少困難，首如可資參考的文獻不多，即使有，也僅限於國、高中適用，筆者須進一步將其轉化方可進行教學。再者，九年一貫語文領域的寫作能力指標，給教科書出版商及老師們相當大的自主權，教學者可以視需要靈活設計教材，但是有時候縱貫銜接的課程目標不夠明朗，會使得教學者難以拿捏。

由於實作時間並不長，所開發的題型有限，期盼對寫作教學有興趣的夥伴，也能投入是項研究，建立更完整的題庫，為國小的語文教育紮根！

五年級編

待續，明天還要繼續……

林華峰

故事是在不經意的一個決定開始的。那天正和妻小歡慶暑假的課程結束，突然接到同學的電話，問我要不要參加仇老師主持的限制式寫作教學研究？因上課時深深感受到仇老師對寫作教學的熱忱和使命感，覺得這是一個很好的學習機會，所以沒考慮太多，就一口答應了。

只是萬萬沒想到實作過程是一連串面對自我的挑戰。幾度懊惱自己的輕率決定，甚至一度想放棄，還好仇老師不厭其煩的指導和鼓勵，以及研究伙伴的支持和打氣，更有五年仁班小朋友熱情的回饋，讓我有信心堅持走下去。

一年了，看到小朋友集結成冊的作品，從中窺見他們成長進步的軌跡時，心裡的震撼和感動是無法言喻的。所以個人覺得限制式寫作教學在國小是值得嘗試的，它不僅是有系統的作文指導，讓小朋友有素材可寫，解決他們「不知道要寫什麼」的困境，更提供孩子方法上的指導，讓他們學會「如何說得好」的技巧；於是，班上的作文課不再是師生共同的痛，而是心靈交流、感情互動的溫馨時刻，小朋友在作品中所表現出的無比潛力和創造力，更讓我驚豔和讚嘆，而我在這過程裡，所得到的快樂和收穫，更是始料未及的。

彷彿是連續劇的情節，總是在最高潮時，戛然而止。一年的合作即將結束，但是，我對寫作教學有了更深的把握和體會；就像電視畫面左下角的「待續」一樣，我知道：在限制式作文教學的領域裡，明天還有更多的驚豔和可能等待我去發現！是的，明天，明天還要繼續……

目錄

四年級寫作訓練——王慧敏

五年級寫作訓練——林華峰

導論

「限制式寫作」的名稱是在九十一年陳滿銘教授主持、考選部編印的《國家考試國文科專案研究報告》中所提出的，而「小學階段『限制式寫作』命題探析」專案計畫於九十學年度通過國科會的審查，九十一學年度開始執行。本專案由當時任教於國立花蓮師範學院中國語文教育學系的助理教授仇小屏擔任主持人，另有四位小學教師擔任研究助理進行實作，他們是花蓮縣北昌國小藍玉霞、陳慧敏老師，兩位共同負責一年級，以及花蓮市花師實小王慧敏、林華峰老師，分別負責四年級與五年級，其中陳慧敏、王慧敏、林華峰三位老師，曾修習過仇小屏於教學碩士班開設的「作文指導」。經過一年的實作之後，藍玉霞、陳慧敏老師共總結出十七回學生實作成果檢討，王慧敏老師共總結出二十回學生實作成果檢討，林華峰老師共總結出八回學生實作成果檢討，而且每個實作成果檢討都包括了設計理念、寫作題目（多為題組）、引導過程、學生作品及賞析、教學省思等。

專案執行期間並召開過兩次諮詢會，出席的專家學者有台灣師大陳滿銘教授、台灣師大蔡宗陽教授、成功大學張高評教授、花蓮師院許學仁教授、國北師院羅秋昭教授、國北師院張春榮教授、市立師院盧雪梅助理教授、台科大鄭圓鈴助理教授、國語文教學專家賴慶雄先生、太平國小連寬寬校長、志學國小陳建明校長，還有在小學任教的第一線教師中港國小賴妍妏老師、更寮國小陳志哲老師、五結國小趙逸萍老師，他們或從學理、或從實務，給予許多寶貴的建議。

本書即為此專案研究計畫的成果結集，而且討論的範圍已不限於「命題」而已，還包括了指引的技巧、實作成果的呈現與分析，以及實際教學之後的省思。為了進一步讓閱讀本書的讀者對於「小學階段『限制式寫作』」能有清晰深入的了解，特地作一導論以介紹「寫作教學的重要性」、「現階段小學寫作教學的題目類型」、「何謂『限制式寫作』」、「小學階段『限制式寫作』命題原則」、「小學階段『限制式寫作』類型簡介」、「小學階段『限制式寫作』的優點」、「小學階段『限制式寫作』的前景」。其中「小學階段『限制式寫作』命題原則」、「小學階段『限制式寫作』類型簡介」主要摘錄自仇小屏發表在「九十一學年度師範學院學術論文發表會」的論文——〈小學階段「限制式寫作」命題探析〉，而「小學階段『限制式寫作』的優點」、「小學階段『限制式寫作』的前景」兩部份，則是執行此次專案計畫的心得的整體呈現。經由這樣的介紹，期望能將小學階段「限制式寫作」的全貌作一簡要清晰的呈現。

一、寫作教學的重要性

《國民中小學九年一貫課程綱要》在基本理念中即揭示：本國語文教學期使學生具備良好的聽、說、讀、寫、作等基本能力，其中「作」就是指寫作能力。周元《小學語文教育學》在談及作文教學的意義時，列舉下列數端：發展學生的言語能力、促進學生智力的發展、有助於學生非智力心理因素的發展；總而言之，作文是語文綜合能力的訓練，也是多種心理品質的訓練。而且一般說來，學齡前的兒童只能運用口頭言語，還沒有掌握書面言語，兒童真正掌握書面言語，是從入學學習以後才開始的，由此可見得學校中寫作教學的重要性。

除此之外，寫作在評量中亦佔著重要角色，因為正如周元《小學語文教育學》所言：（作文）是衡量學生認識水平和語文水平的一個重要尺度，也是顯示語文教學質量的一個重要標誌。面對「九年一貫」課程，如何將十大基本能力從綱要中轉換成學力指標，以及教授的內容是否與之真正吻合，這部份的評量工作的發展是相當重要的，值得注意的是：寫作是衡量兒童書面語言發展能力的最重要指標，也是除傳統的「量化評量」之外，所亟須納入的「質化評量」中很重要的一種。

二、現階段小學寫作教學的題目類型

根據郭凰如、張嘉容、王香蓮〈談國小命題作文教學的命題方式〉，以及賴慶雄《作文題海》，可將命題作文分成三種方式：「完全命題」、「半命題」與「自由命題」。其下就依此分類來略作介紹：

㈠**完全命題**：是指由老師根據學年計畫，所擬定供學童習作的完整的作文題目。例如「到海邊玩」、「得意的一天」等題目就是屬於完全命題。

㈡**半命題**：就是老師依據學年計畫與教學目標，在擬定作文題目時，只呈現題目的部份文字，留下一部份的空白，讓學生自行補足的命題方式。賴慶雄《作文題海》將之分為三類：「起頭式」、「中空式」、「結尾式」，可能出現的題目分別如「如果我是××」、「我××的時候」、「××，請聽我說」。

㈢**自由命題**：就是教師把命題的權利交給學生，但由教師確定作文內容的方向，並限定題目的範圍，使題型不致於無邊無際，再由學生自行擬定題目的命題方式，可說是「題目個人化」。例如教師限定以「我的老師」為範圍，學生可能定出「從不打人的李老師」、「阿美」、「老師的一席話」、「老師，我愛你」等題目。

在這三種作文命題中，最常見的當屬「完全命題」。根據周元《小學語文教育學》所言，此類命題有下列優點：1. 主導性。教師根據不同階段的作文訓練要求，精心制定作文命題系列，適應學生的不同水平，指導他們掌握多種體裁、表達方法和修辭手段，能較好地體現作文訓練的科學化和序列化。2. 定向性。命題作文對學生的作文訓練起著定向和限制的作用，學生應按照題目所指示的方向、所限定的範圍進行構思，可排除其他思緒干擾，防止猶豫不定，有利於體現作文訓練的重點。3. 可比性。所有學生都按照同一個題目寫作，作後可彼此交流，比較借鑑；教師便於進行指導、評判和講評。可是缺點也是顯而易見的，首先是不能完全適應學生的個別差異，其次是有時題語陳腐，不易引起學生興趣，再說要求寫一篇完整的文章，對低年級或程度較低的學生而言，是頗為吃力的，而且教師也須勻出足夠的時間方能進行作文習寫，課程繁重時就有點為難了，同時在批改上也相當吃重，令許多老師視為苦差。

至於「半命題」和「自由命題」，雖然在一定程度上可以彌補完全命題「不能完全適應學生個別差異」、「題語陳腐」的弊病，但是對於其他缺點就無能為力了。可是「限制式寫作」命題不僅可以完全避免上述缺點，而且還能夠保有並且加強優點的部份，因此可說是非常值得推廣的命題方式。

三、何謂「限制式寫作」

「限制式寫作」的名稱是在九十一年考選部編印的《國家考試國文科專案研究報告》中所提出的，之所以定名為「限制式」，那是因為此類題型通常有較長的說明文字、較多的條件限制，可以說是針對所欲訓練的能力而將「遊戲規則」定得非常清楚；不過從另一方面來說，「限制」就是「引導」，因為能針對所欲訓練的能力作出清楚的規範，那其實就是一種明確的引導，使學生不至於漫無目標、無從措手，更何況這種命題方式很容易設計出活潑有趣的面貌，可以有效地吸引學生進行寫作，所以著眼於積極的一面，也可以稱之為「引導式寫作」，在對學生說明時，「引導式寫作」的名稱可能是更適合的。

在大陸地區，自一九七八年以來，「限制式寫作」的題目就一直是考試中很熱門的寫作命題型態，已經累積了相當多的資料。而台灣則是自從八十三年大學入學考試學科能力測驗，以及八十六年大學聯考作文試題，突破了傳統以來「完全命題」的方式，分別出現了「限制式寫作」的命題之後，在許多大大小小的考試中，「限制式寫作」命題就如同百花齊放般地紛紛出現了，使中學階段相沿已久的作文教學，出現了很大的變革，而且這股風潮甚至蔓延到研究所考試、國家考試等重要考試之中，可說是近幾年來寫作教學求新求變最具體、最受矚目的表現。

儘管如此，小學階段的寫作教學對此種風潮卻並未同步趕上。可是因為國小學童在寫作上最需要引導，所以「限制式寫作」的優點在小學階段是最有發揮空間的，因此小學階段的「限制式寫作」，可說是一片肥沃的處女地，亟待有志之士投入開發。

四、小學階段「限制式寫作」命題原則

黃錦鋐《中學國文教材教法》中提及：「作文本來是一種積蓄。……內心有了積蓄，才能執筆為文，很自然地表達出來。但是，假使令學生心有積蓄才來習作，有時反會令學生有不知何去何從之感。而且偷懶的學生，難免把作文範本抄上一篇，或是藉口內心沒有積蓄，一學期交不出一篇作文來。這樣，仍然收不到習作的效果，所以只好採用命題習作的辦法。」不僅中學有這樣的情況，小學更是如此，因此這段話可說是道盡了命題寫作不得不然的原因。而且，更進一步來說，小學生處在學習的初階，絕非成熟的創作者，而是非常需要引導的；因此，「好」的寫作題目，能適合學生的能力、程度，使他們易於發揮，而且也能針對學生的弱點，來加以補強，所以，題目本身其實就是一種引導。

關於寫作的命題原則，已有多位學者對此有所闡述（可參考曾忠華《作文命題與批

改》、陳滿銘《作文教學指導》，還有考選部編印的《國家考試國文科專案研究報告》），參酌前人的說法，並針對「限制式寫作」的特點，可以歸納出幾項「限制式寫作」的命題原則。而且因為「限制式寫作」是以「能力」為命題依歸，說明的部份多，而且適合以「題組」的方式出現，目的在於以各個子題循序漸進地培養學生的寫作能力；因此在命題原則的部份，可以分成兩個大類來探討：「『限制式寫作』的命題原則」和「『限制式寫作』題組的命題原則」：

㈠「限制式寫作」的命題原則：

1 以培養能力為最重要考量

「九年一貫」課程最強調培養學生能力，而寫作能力可區別為「一般能力」（含觀察力、記憶力、聯想力、想像力、思維力、創造力）、「特殊能力」（含立意、取材、措辭、構詞與組句、運材與佈局的能力）、「綜合能力」（關於各個一般能力、特殊能力、綜合能力的說明，請參見「附錄一：寫作能力簡述」）。在傳統的「一題一篇」的作文方式中，所訓練的是學生全面的作文能力（即綜合能力），可是這樣因為太過廣泛，反而不容易達成有效的訓練；但在「限制式」寫作中，卻可以藉著匠心的設計，而針對一些特別重要的能力，或學生特別不足之處加以強化。譬如王耘、葉忠根、林崇德合著的《小學生心理學》中提及小學生對「對立與統一」的辯證判斷是最為薄弱的；那麼就可以在「賞析式」題型中，要求他們辨識出文章中的「正反」章法的應用情形，甚至根據這種章法，來寫成一小段乃至一整篇的作文。

2 切合學生程度

這一點是所有命題寫作的重要考量，因為正如林玉体《教育概論》中所言：「進步式的教育是以兒童為教育起點，課程及教材應配合學生，但卻是引領孩童步向教育目標的途徑。」簡單地說，就是「離水三寸」，不能完全貼近到沒有引導作用，但是也不能高遠到學生不能企及。譬如在「改寫」的題型中，要求小學生閱讀蘇軾〈念奴嬌〉之後，把它改寫成一篇散文，這就是強人所難了。

3 切合學生興趣

章微穎《中學國文教學法》中提及：「命題作文，固然太不合乎思想情意發表的自然性，但去盡量考慮學生的生活經驗、學力、需要與興趣，使這不自然的切近於自然。」要做到這一點，除了平時多觀察學生興趣的所在，測知他們胸中積蓄些什麼之外，還可以如陳滿銘《作文教學指導》中所談到的，從題面的設計上加以著手。幸運的是，「限制式」寫作在這方面可說是得天獨厚，其多變的設計，常會引起學生的注意，並進而挑起迎接挑戰的強烈動機，那麼寫作的興趣就自然地生發出來了。

4 結合範文教學

陳滿銘《作文教學指導》中說道：「所謂的『範文』，顧名思義，正是學生在讀、寫上足作模範的詞章，是藉以指引學生寫作各體詞章及審題、立意、運材、佈局、措辭的最佳範例。」因此閱讀教學與寫作教學原本就應該是緊密結合的，在「限制式」寫作命題時，更可以有意地朝「讀寫結合」的方向發展。舉例來說，如果學生剛剛從範文中習得「夸飾」格，那麼，就可以在題目裡要求他將夸飾的手法運用在寫作中。

5 重視科際整合

文學創作中主要運用的是形象思維，而此種思維是感性與理性融合的一種思維活動，所以在進行寫作教學時，原本就要注意感性與理性的融合；而黃炳煌《課程理論之基礎》探討如何組織學習經驗時，也談道：「統合性——是指課程經驗之『橫』的聯繫。學習經驗的組織務必做到能協助學生逐漸獲得統整的觀點。」配合刻正實施的「九年一貫課程」，對統整各科知識，以融入作文教學而言，更是不能忽視。舉例來說，可以在作文題目中告訴學生鑽石和石墨都是碳構成的，只是鑽石必須經過高溫及高壓，所以只要讓石墨也承受高溫及高壓，就可以變成鑽石，請學生就此發表他們的看法。

6 重視思維訓練

黃煜峰、雷靂《國中生心理學》中說道：正常的思考活動時時伴隨著個人相應的言語活動，而人的言語發展狀況也反映了他的思考發展水準。因此，可想而知的是：鍛鍊學生的作文能力，絕對有助於學生思考能力的發展。譬如小學生的思考是由具體形象思考，逐步過渡到以抽象邏輯思考為主要形式，因此針對這點有意識地加以強化，應該是相當有意義的；所以「圖表式」題型，就是相當不錯的命題方式。

7 重視應用文的寫作

教育部編印《國民中小學九年一貫課程綱要》中，具體列出第一階段（一至三年級）學生，應「能配合日常生活，練習寫作簡單的應用文。如：賀卡、便條、書信及日記等」，以及第二階段（四至六年級）學生，應具備「能配合學校活動，練習寫作應用文（如：通知、公告、讀書心得、參觀報告、會議記錄、生活公約、短篇演講稿等）」的能力。因此在寫作教學時有計畫地加以訓練，可以大幅度地發揮語文所應具備的交際功能。

8 應包含各種文體

教育部編印《國民中小學九年一貫課程綱要》中提及第一階段（一至三年級）學生應能寫作簡單的記敘文和說明文，第二階段（四至六年級）學生應能掌握記敘文、說明文和議論文的特點；而且章微穎《中學國文教學法》中也提到：大致以議論為最難，抒情、說明和描寫次之，記述算是最容易的一種；教師應考慮其年級，作由易入難的嘗試。這也是教師在命題時所應考慮的。

9 宜善用圖表、小故事來引導學生

國小學童易被圖表、小故事吸引，這是人所共知的，因此善加利用這個特點，就可以設計出新穎有趣的題目，使學生對寫作充滿興趣。譬如在題目中出現某個物品的圖片，要求學生為此物品擬一個動人的廣告詞，或是以一個麥可・喬登的小故事開始，引導學生思考一個成功人物所需具備的條件，這些都是很好的做法。

(二)「限制式寫作」題組的命題原則：

1 子題之間須有關聯性

在命「限制式寫作」題組時，最好是根據著一個主題來設計各個子題（這個主題通常是所欲訓練的某種能力），每個子題可能運用了不同的題型（譬如第一個子題是應用詞語訓練式，第二個是組合式，第三個則是擴寫式），不過因為各個子題是環繞著同一個主題而被設計出來的，所以自然而然地會具有關聯性，並因此能針對這個主題，讓學生得到比較多的訓練，確保他們不會因為跳得太快而跟不上，然而需要注意的是，為了不讓寫作過程太過冗長，使學生易生厭倦，因此最好不要超過三個子題。如果沒有考慮到關聯性，而讓各個子題如同多頭馬車般各跑各的，那麼就浪費了題組的功能，也就實在沒有設計題組的必要。

2 由淺入深

各個子題的難易度須作「由淺入深」的安排，才能循序漸進地引領學生。譬如譬喻格在小學範文中出現得早、出現得多，可見得掌握譬喻格是學生必須具備的能力，因此如欲訓練學生的譬喻寫作能力，就可以從「相似聯想」的能力開始，然後進展到抓相似點、造譬喻句，再進展到於作文中靈活地運用譬喻格。

3 由短而長

教育部編印《國民中小學九年一貫課程綱要》中，針對本國語文的寫作能力，有如下的規範：「F-1-2 能擴充詞彙，正確的遣詞造句，並練習常用的基本句型。」「F-2-2能正確流暢的遣詞造句、安排段落、組織成篇。」亦即一至三年級、四至六年級，應該循序漸進地具備練詞、鍛句、結段而成篇的能力。因此，在寫作教學時，不僅可以視年級高低安排練詞、鍛句、結段、成篇的練習，還可以在同一組題目中，從練詞、鍛句開始，再發展到結段、成篇。而且短篇的寫作勝在可以做多變的設計，並且因為負擔減輕，學生在習作時不易起抗拒的心理；但是長篇的寫作所需要的謀篇佈局和深入闡發的能力，是短篇寫作所不容易測出的，因此兩者都有優點，不應偏廢，宜做適當的搭配。

在命「限制式寫作」的題目時，若能考慮前述的注意事項，那麼儘管題目會千變萬化，但是「萬變不離其宗」，自然地就不會流於只追求奇巧的變化，而忘了命題寫作原本的宗旨了。不過，特別需要注意的是，在「限制式寫作」的題目中，往往會給些引導，雖然對於程度差的同學會有很大的幫助，但是對程度好的同學來說，過度的引導有時反而會成為一種限制，最後的結果是讓能力無法完全發揮，而導致訓練的效果或是鑑別度降低，因此如何掌握住那「過猶不及」的界線，是老師們在命題時所一定要考慮到的。

五、小學階段「限制式寫作」類型簡介

檢視小學的寫作教學，可以發現為了因應小學學童（特別是低年級）識字不多、語文能力有限的情況，因此發展出如下幾種教學法：1.填充法：把在課堂上學習的詞彙，用填充的方式讓兒童常做練習和運用。2.問題法（也稱助作法）：老師給學生一串問題，學生把答案寫出來，然後連綴答案就可以成為一篇文章。3.共作法：老師和學生一起討論一個題目，老師把討論結果一句一句寫下來，幫著連綴成一篇文章，再讓學生抄下來。4.看圖作文法：訓練學生仔細觀察圖片，然後加以寫作。5.對話作文法：以對話方式聯綴成一篇文章。6.圖表作文法：運用圖表幫助學生進行聯想，寫成作文。7.仿作法：閱讀完一篇課文或文章後，模仿其寫作形式。8.感官練習法：訓練學生寫自身感官所感受到的事物，讓學生覺得有東西可寫。9.改寫法：可以讓學生把聽過、讀過的故事、課文加以改寫。10.組字、組句法：給學生一組字，要求其組織成一篇短文。11.整理歸納法：讓學生蒐集資料或由老師發給資料，讓

學生閱讀之後，作整理歸納的工作（參見羅秋昭《國小語文科教材教法》）。這些固然是教學方法，但是也很可以將之轉換成「限制式寫作」的命題，譬如「仿寫式」、「改寫式」、「組合式」、「賞析式」的命題方式，就與前述的「仿作法」、「改寫法」、「組字、組句法」、「整理歸納法」若合符節。因此可以說：在小學寫作教學中，對「限制式寫作」命題原本就不陌生，更進一步來說，「限制式寫作」包容句、段、篇的命題方式，是非常適合小學寫作教學需求的。

關於「限制式寫作」的題型，前人已作過分類的努力（可參考曾忠華《作文命題與批改》、陳滿銘《作文教學指導》、賴慶雄、楊慧文《作文新題型》、黃金玉等《新型作文瞭望台》、考選部編印《國家考試國文科專案研究報告》）。茲依據前人的研究所得，並加入自己的意見，將「限制式寫作」題型分作十三項，並且依照難易度略作排序，不過須要說明的是：個別題目的內涵不同，難易度往往有很大的調整空間，因此也不能一概而論。

㈠詞語訓練式：

王耘、葉忠根、林崇德合著的《小學生心理學》中提到：詞語是語言的基本單位，因此熟悉和運用詞語，是相當重要的，尤其對小學生而言，更是如此。而如何訓練學生妥適地運用詞語呢？「字詞擴展」、「詞語替代」、「詞語組合」……等作法，都是相當值得推廣的命題方式。例題如下：

1

範例：

1.國王把種子挖出來，「扔」到御河裡去。

「扔」字可替換為「丟」、「拋」、「投」、「擲」、「甩」等字

2.種子「彷彿」長了翅膀，飛得很遠，落到一片碧綠的田裡。

「彷彿」可以替換為「好像」、「如同」、「似乎」、「像是」等詞語

（參考陳龍安《創造思考教學的理論與實際》）

小朋友，請你閱讀過上面的範例之後，也試著來玩一玩「詞語替換」的遊戲，看看你能夠找到多少個詞語？越多越好喔！

1. 我好「想」乘著魔毯環遊地球喔！
2. 夜空中閃爍的小星星，就像弟弟的「眼睛」。
3. 涼涼的風吹拂過「面頰」，真是舒服啊！
4. 啊！明天就要考試了，我真是「煩惱」。

2

說明：下列有八個詞彙，請任選其中的四個，用在「我的同班同學」這篇作文中。記得在使用規定的詞彙時，要加上括號（）。加油喔！

熱心　可愛　喜歡　討厭　聰明　乖巧　漂亮　帥氣

（此題目為花蓮師範學院初等教育系三乙張慧娟試擬）

㈡仿寫式：

王耘、葉忠根、林崇德合著的《小學生心理學》中提到：「教學活動的研究顯示，模仿是小學生學習寫作文的重要途徑，也符合兒童思考發展中從『再造想像』到『創作想像』的規律。」因此教育部編印《國民中小學九年一貫課程綱要》即規定：第一階段（一至三年級）應「能仿寫簡單句型」，其實仿寫的範圍可以不限於句型而已，還可以隨著年紀的增長，擴展至段、篇。這種寫作方式可以幫助學生練習寫作時的各種技巧，為獨立構思文章打下良好的基礎，很適合初學者使用。仿寫一般可以分成內容的仿寫、形式的仿寫，以及綜合的仿寫，而且用來當作範例的文字總要在形式或內容上有明確特色，讓人能具體掌握的才適合；特別需要注意的是：仿寫時最重要的是依據所要求的重點來模仿寫作，而非字模句擬，這樣才能收到學習之效。例題如下：

1

每個人都有朋友，班上誰是你的好朋友呢？跟著下面的句子來形容他，讓同學一起來猜猜看你的好朋友是誰吧！而且這些句子連綴起來，就是一個完整的小段喔！

1. 他的頭髮很黑，就像晚上的天空一樣黑。

↓他的＿＿＿＿

2.他很喜歡收集鉛筆，各式各樣的鉛筆。

↓他很喜歡＿＿＿＿

3.我最喜歡他的一點是，他常常微笑。

↓我最喜歡＿＿＿＿

4.我希望能跟他作一輩子的朋友。

↓我希望＿＿＿＿

（此題目為花蓮師範學院初等教育系三乙洪雅靜試擬）

2

彩虹　李佳芬

紅色是糖葫蘆的顏色
橙色是太陽公公的顏色
黃色是柳橙汁的顏色
綠色是大樹和小草的顏色

藍色是天空的顏色
靛色是藍莓果醬的顏色
紫色是葡萄口味泡泡糖的顏色
彩虹是我夢的顏色

糖葫蘆是紅色，柳橙汁是黃色，藍莓果醬是靛色，葡萄口味泡泡糖是紫色，這些都是我喜歡的零食、我喜歡的顏色。等等！還有呢！太陽公公是橙色，大樹和小草是綠色，天空的顏色是藍色，好多好多漂亮的顏色啊！不過，最最漂亮的是我的夢的顏色——彩虹色。在這首詩中，作者用「紅、橙、黃、綠、藍、靛、紫」七種顏色，帶出七種美好的事物，而且在最後匯歸為一句：「彩虹是我夢的顏色」，其中以「彩虹」收前面的七種色彩，以「夢」收前面的七種美好的事物，全詩的設計頗為成功。

小朋友，你有沒有自己最喜歡的東西、最喜歡的顏色呢？請你仿照這首詩，把它寫出來吧！

(三)改寫式：

這是提供一篇文章，讓學生改變其形式或某些內容，以寫成與原作關係密切而又互不相同之作的一種命題方式。在形式方面，可以要求改變體裁（如將記敘文改為論說文）、敘述角度（如第一人稱變成全知觀點）、作法（如順敘改為追敘）……等；在內容方面，可以要求改變主題思想、中心人物、故事情節的線索……等。改寫是一種再創造，因此要認真閱讀原作，並思考改寫要求，才能寫出一篇精采的改寫文章。而且教育部編印《國民中小學九年一貫課程暫行綱要》中，即要求第二階段（四至六年級）學生應能應用改寫的方式寫作，所以更應讓學生熟習這種題型。例題如下：

1

小朋友，大家都讀過「小木偶皮諾查」的故事吧！在故事中，小木偶只要一說謊，鼻子就會變長，因此發生了許許多多令人印象深刻的事。可是現在小木偶不一樣了，因為他太愛喝汽水，喝得肚子都脹起來了，所以小仙女施了一個魔法，只要小木偶一喝汽水，他的皮膚就會變成藍色。請你想想看，這樣的小木偶在校慶園遊會當天又會發生什麼有趣的事呢？請你把它寫下來。

2

小花貓　林祐如

可愛的可愛的小花貓

牠總是對著我喵喵叫
好像是在跟我撒撒嬌
頑皮的頑皮的小花貓
牠喜歡圍著我繞圈圈
好像是在和我玩遊戲

這首短短的詩把小花貓又可愛又頑皮的樣子寫活了，讓人覺得小花貓真是逗人喜歡啊。小朋友，你有沒有特別喜歡的小動物呢？是小狗？天竺鼠？還是小兔子？請你把詩中的小花貓換成你喜歡的小動物，然後改寫這首詩。

㈣補寫式：

補寫式又稱續寫式，教育部編印《國民中小學九年一貫課程綱要》中說：第二階段（四至六年級）應能應用續寫的方式寫作。至於何謂「補寫」呢？那就是把不完整的文章補寫完整。補寫式題型因為有一段或一則短文作基礎，使學生有基本的材料可依據，不致漫無範圍；而且又留有相當的自主空間，使學生能有所發揮，因此是相當好的一種命題方式。補寫可以分成三種：其一是提供一個開頭，要求學生接著補寫下去；其二是提供一個結尾，要求學生補寫前面的部份；其三是提供開頭和結尾，由學生聯結頭尾、補寫中間的部份。《中學生當場作文四十問》中強調：續寫時要先仔細閱讀已提供的材料，然後確定文章中心，而且聯想要合乎情理。例題如下：

1 有一個糊塗的小作家，在交稿的前夕，居然將稿件弄丟了，只剩下第一張，內容是這樣的……

「在這晴朗的早晨，一群小朋友在學校的後山上玩捉迷藏，小志和小強不約而同的躲進一棵老樹的樹幹，挺拔的樹幹中充滿了歷史的痕跡和氣味。忽然，他們發現這棵老樹的樹幹裡，還有一個深深的洞穴，在那洞穴的另一頭似乎有著一絲絲的亮光。因此，好奇心牽引著他們，開始走進那未知的洞穴。他們聽不見樹外同學們尋找他們的叫喊聲，兩人牽著手，內心充滿了興奮和害怕……」

請運用你的想像力，幫忙這位小說家完成這篇小說吧！

提示：不需要抄原文，不需要定題目，字數不限。

（此題目為花蓮師範學院初等教育系三乙陳琬嫣試擬）

2

請書寫一段文字，不過第一句必須是「每個人都有許多不同的、愉快的第一次」；而且最後一句必須是「其實，跨出第一步並不難。」

提示：兩句話之間可以自由發揮，但整段文字的結構必須完整，文長（含標點符號）勿超過300字。

（此題目為花蓮師範學院初等教育系三乙劉怡君試擬）

㈤縮寫式：

這是提供一篇長文，讓學生縮寫成一段或一則短文的一種命題方式；它要求的是掃除枝葉、保留重點。賴慶雄、楊慧文《作文新題型》中提到，縮寫的方法有兩種：一是刪削，將原文中一些次要的詞句、段落、情節、人物描寫等刪去，盡量保留原文中重要的句子；一是概括，可以適度地用自己的語言將文章的重點加以整理統攝，也就是我們常說的摘要。王耘、葉忠根、林崇德合著的《小學生心理學》談到「概括段落大意」和「概括課文的中心思想」，在理解課文時的重要性，但是同時也指出小學生由於受到思考能力發展的侷限，想要完成這一任務，非常需要老師的幫助和指導；所以教育部編印《國民中小學九年一貫課程綱要》特別列明：第二階段（四至六年級）應能應用縮寫的方式寫作，因此老師們在命題時，就不應忽略了這方面的訓練。例題如下：

1

小朋友，你一定聽過安徒生的童話〈小美人魚〉吧！你還記得故事中的情節嗎？現在請你用400字左右的篇幅，將這個故事簡要地記述下來；在記述的時候，一定要挑選最重要的部份來記錄，而且還要注意故事是否完整喔！

2

媽媽哭了（康軒版國語課本第七冊第六課）（全文見頁二三三）

請將〈媽媽哭了〉這一課的劇情故事，縮寫成150字（含標點符號）的短文。濃縮的時候要掌握以下三個要點：

㈠事情發生的原因是什麼？

㈡經過情形怎樣？

㈢結果如何呢？

將以上三個問題的答案加以整理過後就是本課的縮文了。小朋友，加油喔！

（此題目為花師實小王慧敏老師所擬）

㈥擴寫式：

教育部編印《國民中小學九年一貫課程綱要》中說：第二階段（四至六年級）應能應用擴寫的方式寫作。擴寫就是在不改變原文主要內容和中心思想的條件下，把某些句子、段落或短文加以擴展、充實、修飾、刻畫，使原來不夠豐實的文章變得生動、具體、形象、感人。擴寫時要掌握的原則是：「添加枝葉，只增不減」、「擴展內容，豐富情節」、「精細刻畫，描摹生動」。擴寫依照材料提供的多寡，又可以分為擴句、擴段、擴篇、提示性擴寫（即命題者根據原文提出一些擴寫要求，學生依此寫作）四種。不過，因為這種題型的寫作限制較多，所以較適合引導程度差的學生習作，這是在命題時需要注意的。例題如下：

1

小朋友，請閱讀下面這篇有關「大脖子希特勒」文章，並且在括號的部份，依照要求寫作，不需要抄原文。

在非洲大草原的一個池塘邊，住著一隻名叫「大脖子希特勒」的獅子。大脖子的多疑可是出了名的，大脖子常常說：「這個世界唯一可以信賴的人就是我自己，其它的都是敵人。」

大脖子並不聰明，但是牠有一個硬朗的身體⑴。大脖子的脾氣壞、對人又不信任⑵，因此一個朋友都沒有。

大脖子越來越蠻橫無理，大家已經沒有辦法再忍受。於是牠們決定開個動物大會，好討論如何解決這個問題⑶。

後來⑷。

提示：

⑴請以約50字的篇幅，描述一下大脖子的外貌，而且牠的外表和名字有沒有關聯呢？

⑵請以約100字的篇幅，舉例說明大脖子的脾氣有多壞？或者是牠有多不信人？

⑶請以約150字的篇幅，描述一下討論的過程和結果。

⑷請以約150字的篇幅，描述一下故事的結局。

（此題目為花蓮師範學院初等教育系三乙陳俐縈試擬）

2

請利用下面的材料，將它擴寫成一篇400字左右的記敘文，並且請自擬一個題目。

芝加哥自然博物館的研究員——施密特博士，獨自在遠離城市的實驗室觀察南美毒蛇，但不幸被毒蛇咬傷，而且此時發現電話打不出去，因此他知道生命難保。為了給後人留下寶貴的科學資料，他記錄下自己危急時的感覺。

施密特博士在被毒蛇咬傷的5小時後與世長辭了。

（此題目參考賴慶雄、楊慧文《作文新題型》）

㈦改正式：

一般說來，文章常見的錯誤，小者有標點符號的誤用或缺漏、錯別字、贅詞、缺漏字詞、詞語使用錯誤、詞語搭配不良、詞語順序不當、文法不通、語氣不合……等等，大者有悖離題旨、結構失當、理路不清……等缺失。學生往往一再重複同樣的錯誤而不自知，因此若能針對此現象命題，要求學生改正，那麼自然容易留下深刻的印象。例題如下：

1 下面的這些句子，多多少少都有一些錯誤，看看聰明細心的你，是不是能把錯誤找出來呢？

1. 校園裡靜悄悄的，只有幾個低年級的學生在大聲朗讀
2. 在班會中，我們交換了對慶祝校慶的熱心意見
3. 看到那隻大狗的吠叫聲，小明怕得走回家了
4. 小華今天沒有來上課，總之他一定是生病了
5. 小英這次考得不好，所以她很不希望發成積單
6. 經過老師的教導，我已經成為一個才德兼備的小學生了

2 請仔細閱讀下面的這篇文章，並且依照要求加以改正。

今年寒假的第一天，爸爸就帶我們回外婆家，而且要給我們驚喜，這消息一傳來，我和弟弟立刻高興得雀躍三尺。

在高速公路上，一路風景優美，令人有飄飄然的感覺。到了外婆家，外婆為了歡迎我們的蒞臨，所以煮了很豐盛的菜，有人參雞、當歸湯、鱸魚……等。吃完晚飯後，每個人的肚子都挺得大大的，真像吃了「歐羅肥」！

往後的幾天，爸爸帶我們去田裡烤蕃薯。烤蕃薯的第一步是將土堆起來，像一個小火爐，然後在土下挖一個洞，生火將土燒得白裡透紅，將番薯丟下去，再把土打碎，這樣才能將番薯悶爛。包準你吃了以後一定會想再吃，不想吃的人也會垂涎三尺。

住在鄉村的日子很愉快，但日子過得真快，一星期很快的過了。又踏上歸途，可是我還真希望能多待幾天，享受一下。套一句歌詞來說明我對這的感想：「走在鄉間的小路上，牧童的老牛是我同伴」，這首歌一直迴盪在我心中。（此文乃根據台北縣板橋市實踐國民小學出版之《書香書鄉》的文章所改寫而成）

1. 在第一段中，有一個逗號改成句點會更好，是哪一個呢？
2. 在第二段中，有一個詞彙用得不對，是哪一個呢？
3. 在第三段中，有一個成語因為與平常的用法不同，所以應該加上引號，是哪一個成語呢？而且有一句敘述得自相矛盾，又是哪一句呢？
4. 在最後一段中，作者用一段歌詞作為結束，頗為別致。如果是你，會用什麼方式來結束文章呢？請你寫下來。
5. 如果這篇文章的題目定為「烤蕃薯，趣味多」，你覺得適不適當？

(八)組合式：

將句、段組合成篇，原本就是一種重要的訓練寫作的方式，羅秋昭《國小語文科教材教法》中就提出「組字、組句法」，而這種方法可以順理成章地轉化成「限制式寫作」命題。此種組合式命題，可以是幾個句子組合成一段，也可以是幾段文章組合成一篇，學生必須能夠掌握所提供的資料，尋繹出其中的脈絡，才能順利地完成寫作，藉此可以訓練學生運用詞語、組織、推理的能力。文章之組合自然有種種可能性，所以可以要求學生完成組合後說明組合的原因。例題如下：

1

這首詩篇為吳岸所寫的〈瀑的話〉，可是除了第一行和最後一行外，次序都抖亂了。請重新加以組合，並就組合之後的詩，寫出你的看法，字數在一百至一百五十之間。

如果不是來自山林
如果不敢飛越懸崖絕壁
如果沒有岩石阻攔
我哪會這樣奔放

我哪會如此冰清
我哪會有如此磅礴的生命

2

底下的這篇文章是許地山的〈梨花〉，不過次序已經被打亂了。文章原本是依照時間先後來敘寫的，請你根據這個線索，將這篇文章還原。

1. 落下來的花瓣，有些被她們的鞋印入泥中；有些黏在妹妹身上，被她帶走；有些浮在池面，被魚兒銜入水裡。那多情的燕子不歇地把鞋印上的殘瓣和軟泥一同銜在口中，到梁間去，構成他們的香巢。

2. 姊姊說：「你看，花兒都倦得要睡了！」
「待我來搖醒她們。」
姊姊不及發言，妹妹的手早已抓住樹枝搖了幾下。花瓣和水珠紛紛地落下來，鋪得銀片滿地，煞是好玩！

3. 她們還在園裡玩，也不理會細雨絲絲穿入她們的羅衣。池邊梨花的顏色被雨洗得更白淨了，但朵朵都懶懶地垂著。

4. 妹妹說：「好玩啊，花瓣一離開樹枝，就活動起來了！」「活動什麼？你看，花兒的淚都滴在我身上哪。」姊姊說這話時，帶著幾分怒氣，推了妹妹一下。她接著說：「我不和你玩了，你自己在這裡罷。」

㈨整理式：

這種命題方式是在題目中提供一段或數段具有相關性的資料，要求學生將這些資料加以整理，組織成一篇條理清楚、主題明確的文章。藉此可以測驗學生歸納、整理、排序及掌握要點、剪裁繁蕪的能力。命題時，所提供的各則資料最好能打亂次序，以便測驗學生重新組織的能力，而且整理後的文章，宜有字數限制，以免有「照單全抄」的情形（參見考選部編印《國家考試國文科專案研究報告》）。例題如下：

1

下面有三項資料，是三隻駱駝的自述，請仔細閱讀後，寫一篇介紹駱駝的說明文，字數在一百五十至二百之間。

1. 我叫晴晴，我的身體長得很高，脖子很長，在沙漠裡能看得很遠。上星期我在沙漠裡走了七天，又找不到水源，幸好我是不會覺得口渴的，因我的駝峰貯存了很多脂肪，供我救急之用。

2. 我叫輝輝，昨天跟一大隊旅行隊走在沙漠，那時風沙真大，我趕忙緊閉鼻孔，才能抵禦漫天的風沙。我看見那些商旅趕忙用毛巾掩著鼻子，真是有趣。

3. 我沒有名字，但人們看見我和我的同類，都叫我們「沙漠之舟」，因為我們完全適應的沙漠的生活，人們都把我們當成是沙漠上的交通工具。在沙漠上行走，人們最感謝我的，是我經常替他們尋找水源，因為我的嗅覺特別靈敏呢！

1. 駱駝是如何適應沙漠生活的？請你根據上面三則自述，將駱駝的特性歸納成幾點。

2. 請你將這幾點組織起來，寫成一篇完整的文章。

（此題目參考考選部編印《國家考試國文科專案研究報告》）

2

請從下面所提供的材料中篩選出論據（不需要全部都用，也可以補充其他材料），以〈談追求〉為題寫一篇議論文，字數在三百至三百五十之間。

1. 愛迪生研究橡膠的那幾年，談的、想的、晚上夢見的都是橡膠，他甚至禁止別人與他談橡膠以外的事。
2. 狄更斯不管刮風下雨，每天到街上去觀察、諦聽，記下行人的所說的話。
3. 歐陽修四歲喪父，因為家裡貧窮買不起紙和筆，所以母親用荻畫地，教他寫字。
4. 《本草綱目》的作者李時珍為了取得第一手資料，曾吞服曼陀羅等劇毒的藥物，甚至到精神恍惚，失去知覺的地步。
5. 萬丈高樓平地起
6. 水滴石穿，繩鋸木斷

(十)賞析式：

教育部編印《國民中小學九年一貫課程綱要》說明「閱讀能力」時提到：第一階段（一至三年級）應「能從閱讀的材料中，培養分析歸納的能力」，第二階段（四至六年級）則「能夠思考和批判文章的內容」；而且我們也知道：學生的言語發展和思考活動，常常是互動、循環、提升的，而「賞析式」題型就能夠有效地結合「閱讀」和「寫作」，使這兩方面的能力都能有長足的進步。例題如下：

1

大海那邊

岡本良雄

早晨，海對面的天空現出美麗的玫瑰色。靜靜的海灘上，三隻早起的小螃蟹，揮動著大鉗子在做體操。

一，二，喀擦，喀擦，三，四，喀擦，喀擦，五，六，七，八……，就像是聽從指揮一樣，隨著小螃蟹鉗子的揮著舞著，玫瑰色的天空，漸漸變成了金色。

「瞧！瞧！」小螃蟹停止了做操。這時候，海面上突然冒出了又大又圓的太陽，這裡，那裡，到處都像灑下金色的粉末一樣。

「啊，海那邊是太陽的故鄉。」一隻小螃蟹說。

中午，三隻小螃蟹在熱得發燙的沙灘上比賽吹泡泡。噗嚕噗嚕，噗嚕噗嚕。這時候，一隻白輪船鳴著汽笛，飛快地朝海對面開去。

「那條船是去美國的。」另一隻小螃蟹說，「所以，海那邊是美國。」

到了夜晚，三隻小螃蟹在漆黑一片的海灘上散步。這時候，對面天空忽然一下子變亮了。小螃蟹覺得波浪上彷彿架起了一座銀光閃閃的橋，一直從海那邊通到海灘上。噢，月亮升起來了。

這時候，第三隻小螃蟹說：「海那邊是月亮的故鄉。」

真的，大海那邊到底是什麼呢？

1. 在這篇文章中，出現了三個對大海的猜測：大海的那邊是太陽、美國、月亮，請問這三件事之間，是怎麼連接起來的呢？

2. 作者說小螃蟹在做早操、吹泡泡、散步，這是運用了什麼修辭法呢？你覺得作者這麼寫造成了什麼效果？

3. 請你把自己當成是第四隻小螃蟹，猜猜看自己會看到什麼景象？大海的那邊到底是什麼呢？

2

挺立起另一種輝煌（節選）

毛志成

關於蠟燭的寓言已經很老很老

早該走出那一點卑微火焰的蒼涼

只有這樣才敢於宣布自己是烈火
在烘烤世界的同時
也爆發著自己的奪目輝煌

關於園丁的童話已經很舊很舊
早該走出小小花圃的感傷
只有這樣才敢於承認自己是喬木
在綠化世界的同時
也為一切大廈提供著硬質棟樑

關於母愛的比喻已經過分柔軟
早該走出母親瞳孔的淒惶
只有這樣才敢於承認自己是雄鷹
因為有了自己的高翔
才帶出了雛鷹的高翔

這首詩歌詠的是「老師」；但特別的是，它否定了以往常常用來比喻老師的「蠟燭」、「園丁」、「母親」，而代以作者認為更貼切的「烈火」、「喬木」、「雄鷹」。看過這首詩之後，請你回答下列問題：

1. 你覺得作者的說法好不好？你比較認同哪一種？為什麼？

2. 如果是你，你會用什麼事物來比喻老師？請你也試著寫成一節詩歌。

㈩設定情境式：

這種命題方式提供了具體的事件、場景或問題，為學生創設出一種情境，要求學生依據這樣的情境寫出適合的文章。這樣既可訓練學生面對事件，提出看法或解決之道；同時也提高了語言的交際功能。而且情境的設定宜讓學生有較大的發展空間，最好不要透露出命題者的預設立場；也就是盡量利用此種題型鼓勵學生的「發散性思考」。例題如下：

1

假設你的住家附近有些鄰居欠缺公德心，會把垃圾堆放在你的家門口，並因此而招來許多蚊蠅。這時你該怎麼做？請你在下面三種做法中選擇一個，並且寫一篇作文來說明為什麼？進行的步驟如何？最後造成了什麼結果？

1. 以身作則，影響別人

2. 請警察來處理
3. 用同樣的做法回敬給鄰居

（此題目參考陳龍安《創造思考教學的理論與實際》）

2

在擁擠的公共汽車中，一男一女並排地站在一起。由於到站，湧入更多人潮，在推擠中，男生不小心踩到了女生的腳……

1. 假設這一男一女互不相識
2. 假設這一男一女是同班同學
3. 假設這一男一女是男女朋友

請你選擇這三種假設情況中的一種（須在文章一開始就註明是第1或2或3種情況），接下去寫一篇記敘文，字數在400～500字之間。文章要注重人物的表情、對話和動作的刻畫，不須抄題。

㈢改變文體式：

以往常常用「翻譯」來訓練學生，所謂翻譯就是把古文或古典詩、詞、曲，翻成白話詩、文，藉此可測出學生對原文理解或感受的程度，也可以檢驗出學生運用白話文的能力。不只如此，同樣的理念也可以運用在「今」翻「今」上，亦即不同文體間的轉換，所以此種命題方式可定名為「改變文體式」。

1

躲　張滿祝

狗兒找貓咪
貓咪找老鼠
老鼠找乳酪

這首詩短短的，可是好可愛！請你想像它們彼此追逐的樣子，然後把它們的動作、對話寫出來，改寫成一個劇本。

2

月亮　陳婉寧

黑黑天空的眼睛
有時
笑瞇成一條小縫隙
有時又睜大了
亮亮的看著我
看著我

這首詩把月亮比喻成天空的眼睛，彎彎的時候是笑咪咪的眼睛；圓圓的時候是看著我的眼睛。小朋友，你一定看過月亮的變化吧！請試著把這首詩改寫成散文，而且可以多加上一點你自己獨特的觀察與體會喔！

㈢圖表式：

教育部編印《國民中小學九年一貫課程綱要》中說：第一階段（一至三年級）應「能學習觀察簡單的圖畫和事物，並練習寫成一段文字」；而且黃煜峰、雷靂《國中生心理學》中也引用高潤華教師之語道：進行寫作教學時，不能只注意表達能力的提高，而忽視認識能力的培養。如果對生活不去觀察，沒有感受，就談不上表達；或觀察後不會分析，認識不清實質，也不可能表達深刻。而圖表式命題，可說是針對這點來設計的；更何況對小學階段的學童而言，圖表原本就比文字更有吸引力，因此用圖表來引導，是能切合學生興趣的。這種方式是在題目中提供一幅圖畫或一個表格，讓學生據此來寫作；學生首先要仔細觀察圖表，然後展開合理的想像、聯想或揣測，最後再清晰、完整、豐富地把自己的感受表達出來。例題如下：

1

小朋友！上面的這個人物圖像，是一幅單格漫畫，請你看過、想過之後，回答下列問題：

1. 假設這幅單格漫畫的目的在推銷某種商品，你覺得會是什麼商品？並且請你說明為什麼你會這麼猜？
2. 如果這個人物真的就是在推銷某種商品，請你為他擬一篇動人的廣告辭，讓他的推銷行動能夠成功。

2

題目要求：本校將於五月的某個星期三下午，舉辦一個師生跳蚤市場，請你設計一張活動通知單：

1. 請你用表格的方式，列出這個跳蚤市場的時間規劃，如果有特別的活動設計，也要納入在這個表格中。

2. 請你為這個跳蚤市場取一個響亮的好名稱，以及順口好念的口號，以便與表格搭配在一起，成為活動通知單。

需要說明的是：誠如前面所言，「限制式寫作」往往是以「題組」的方式呈現，因此這些不同類型的題目，可以視情況搭配在同一組題目中，以由淺入深、由短而長地從各個方面來訓練學生的寫作能力。

六、小學階段「限制式寫作」的優點

關於小學階段「限制式寫作」的優點，可以從「語文能力的訓練」和「語文能力的評量」兩個方面來說：

㈠就語文能力的訓練而言：

1. 能鎖定學生的單項能力：鎖定單項能力訓練小朋友寫作，寫作的目標具體，教師較易掌握學生學習問題和關鍵，容易進行指導及補救教學，可以提升教師的專業能力。

2.能引起學生的寫作興趣：「限制式寫作」的形式變化豐富，較容易引起學生的興趣；而且可以適當運用小故事、圖表……等，引導學童進入情境，進而從事寫作；此外也容易切合實際，聯繫社會生活。

3.能由詞、句、段、篇循序漸進：小學階段的學童（尤其是中、低年級），由於識字不多、語文程度不足，因此寫整篇作文時，往往是力有未逮；但是「限制式寫作」命題則可包含詞、句、段、篇的訓練，因此可循序漸進，讓學童不僅不會望作文而生畏，更可以產生成就感，並能在寫作「詞、句、段」基礎上，訓練出寫作整篇作文的能力。

4.能統整範文與寫作教學：利用範文教學時指引學生寫作技巧，在寫作教學時要求學生仿作，學生可輕易掌握寫作要求和目標，事半功倍。

5.能統整各個科別的教學：可以結合不同科目的知識來命「限制式寫作」的題目，以統整各個學科的學習。

6.能靈活調節寫作時間：「限制式寫作」因題目要求的不同，寫作所需時間可長可短，教師可視課程實際需要調配。

7.可以與習作結合：習作是一個起點，由此可延伸至寫作，教師可以兼顧此二者，達到魚幫水、水幫魚的目的。

8.能活化寫作教學：「限制式寫作」命題可激發、展現教師的創意，並且在引導時為了配合「限制式寫作」的需要，而活化整個寫作教學。

(二)就語文能力的評量而言：

1.提升信度：因為「限制式寫作」的題目限制性很強——它在題面上就規定了一定的條件、範圍，不僅猜題、押題的機會減少，而且大大降低了閱卷的主觀性、隨意性，考試的「信度」也因此而大幅提升。

2.提升效度：「限制式寫作」可以針對所欲評量的能力來命題（例如可以測驗學生的譬喻修辭能力、聯想能力、構句能力等），篇幅也是可大可小（句、段、篇皆可包含在其中），也就是說，它能隨心所欲的檢測學生的某些語文能力，比起全面而籠統的測驗方式而言，「限制式寫作」題目的「效度」是很高的。

3.減輕批改壓力：「限制式寫作」有時只是要求句或段的寫作而已，而且因為題目活潑，學生的寫作往往呈現出多變的風貌，所以老師批改的壓力減低，也較不會感到乏味，這些對評量的準確性而言，是有相當正面的影響的。

此處所論述的「限制式寫作」的優點，確為實作老師們在為期一年的寫作教學中，所深深感到振奮與喜悅的，因為它突破了以往作文教學的許多困境，替寫作教學開展出新的活路，讓師、生兩方面都享受到美好的成就感。然而，在進行時也須注意到不宜「悅淺廢深」，而流於輕、薄、短、小，也就是說運用「限制式寫作」進行教學時，不要僅及於「句」、「段」的寫作而已，最終目的仍是要訓練出學生「篇」的寫作能力，這一點在高年級的教學中尤須注意；不過，話說回來，學生具有寫作「句」、「段」的能力，才可能寫好成「篇」的作文，因此「限制式寫作」的優勢是很顯然的。

此外，傳統的完全命題、半命題、自由命題作文也不可偏廢，因為它們都是以「篇」為單位，而且往往能提供給學生最大的空間，讓學生自由運用各種表現手法，以馳騁他們的思路，因此在訓練學生綜合的寫作能力上有其不可取代的地方。所以比較理想的作法是「限制式寫作」與其他命題作文搭配運用，而且可以視年級調整其比例，在中、低年級多用「限制式寫作」，高年級則須加入完全命題作文，這樣才能讓寫作教學循序漸進、由點到面。

七、小學階段「限制式寫作」的前景

「限制式寫作」在小學仍在起步階段，因此有一些困難是有待克服的：

1. 需明確寫作能力階段指標：目前九年一貫語文領域的寫作能力指標，在縱貫的銜接及細項能力上都不很明確，教師不易掌握學生在每一階段（每一年級）該學到何種程度？因此在命題時也無所憑依，只能靠經驗來命題，更遑論循序規劃一套完整的學期寫作課程計畫。

2.教科書的編輯須配合寫作教學：教科書在編輯上好像比較重視學生學會了多少生字，而在寫作教學的課程計畫上，沒有明確的縱貫銜接，因此這部份似乎可以再加強。

3.需加強教師專業能力：因為「限制式寫作」強調依據能力來命題，而且題目中所需提供的資訊較多，這些都考驗著教師的專業能力，若無適當支援，會感到壓力頗大。此外在實際寫作時的引導也是一大挑戰，老師須準備充分、掌握關鍵，才能作適切的引導，引導成功與否，對於寫作成果良窳影響甚大，其中特別需要注意的是：「限制」的部份只是起點，還有很大的空間可供學生發揮，切忌「引導」變「誤導」，使得學生寫出千篇一律的作品。

4.需建立小學階段「限制式寫作」題庫：目前有關「限制式寫作」的參考文獻有限，就算有，也是以國、高中居多，這是讓人感到非常遺憾的。以目前來說，題型開發的空間還很大，因為小學階段不同於中學階段，應該可以開發出適合小學階段的其他寫作題型；而且有些一般能力（譬如記憶力、聯想力、想像力、思維力、創造力等），該如何以寫作的方式來訓練？應該舉出具體的方法，以提供給教師參考；同時考量到教師時間、精力有限，所以最好每個年級、每項能力、每種題型均能提供許多題目，以供老師參考使用，而不要讓老師以單打獨鬥之姿自行開發題目。總而言之，小學階段「限制式寫作」題庫的建立，是非常迫切的一件事。

前面所談的四點，雖然都是目前所遭遇的困境，但是問題浮現之後，也就是轉變的開始。因此期望不久的將來，在大家的努力下，不僅可以克服上述的困難，還能夠因此而讓小學階段的寫作教學，往前邁進一大步，讓更多的莘莘學子受惠，那就再好不過了。

一年級寫作訓練之一般能力編

【觀察力訓練】

南風吹

教材來源

康軒課本首冊第六課——ㄨˊ ㄨㄟˇ ㄒㄩㄥˊ（無尾熊）

ㄨˊ ㄨㄟˇ ㄒㄩㄥˊ
ㄇㄠˊ ㄖㄨㄥˊ ㄖㄨㄥˊ
ㄆㄚ ㄗㄞˋ ㄕㄨˋ ㄕㄤˋ
ㄧˊ ㄉㄨㄥˋ ㄧㄝˇ ㄅㄨˊ ㄉㄨㄥˋ

ㄋㄢˊ ㄈㄥ ㄔㄨㄟ ˙ㄧㄚ ㄔㄨㄟ
ㄨˊ ㄨㄟˇ ㄒㄩㄥˊ
ㄕㄨ ㄕㄨ ㄈㄨˊ ㄈㄨˊ ˙ㄉㄜ
ㄕㄨㄟˋ ˙ㄧㄚ ㄕㄨㄟˋ

無尾熊
毛絨絨
趴在樹上
一動也不動

南風吹呀吹
無尾熊
舒舒服服的
睡呀睡

一、範文分析

本課選擇外表可愛、性情溫馴的無尾熊作為觀察對象，可激發學生學習的興趣，其毛絨絨的外形與貪睡的特性更是易於觀察與描述。利用「一動也不動」描寫出無尾熊慵懶的特性，讓學生學習觀察並掌握事物的主要特徵與習性。目的在訓練學生的觀察能力。

二、設計理念

一年級的學生剛脫離幼稚園說、唱、跳、唸的學習模式，一入小學之後，開始學習注音符號，從口語到書寫，的確是有一段難關需要克服，那就是「拼音的問題」，因此，在設計這篇短文時，結合「限制式寫作」中的「仿寫」與「續寫」方式，要求學生運用觀察力，進行文章續寫練習。從範文中擷取「南風吹呀吹」當作引文句子，讓小朋友參考範文進行仿寫。

三、寫作題組

(一)觀察寫作練習：

ㄒㄧㄠˇ ㄆㄥˊ ㄧㄡˇ，ㄋㄧˇ ㄧㄡˇ ㄇㄟˊ ㄧㄡˇ ㄍㄨㄢ ㄔㄚˊ ㄍㄨㄛˋ ㄒㄧㄠˇ ㄉㄨㄥˋ ㄨˋ ㄕㄨㄟˋ ㄐㄧㄠˋ ˙ㄉㄜ ㄐㄧㄥ ㄧㄢˋ？ㄖㄨˊ ㄍㄨㄛˇ ㄇㄟˊ ㄧㄡˇ ㄎㄢˋ ㄍㄨㄛˋ ˙ㄉㄜ ㄏㄨㄚˋ ㄎㄜˇ ㄧˇ ㄑㄧㄥˇ ㄐㄧㄠˋ ㄑㄧˊ ㄊㄚ ˙ㄉㄜ ㄊㄨㄥˊ ㄒㄩㄝˊ。ㄑㄧㄥˇ ㄋㄧˇ ㄒㄧㄤˇ ㄧ ㄒㄧㄤˇ，ㄒㄧㄠˇ ㄉㄨㄥˋ ㄨˋ ㄗㄞˋ ㄕㄣˊ ˙ㄇㄜ ㄉㄧˋ ㄈㄤ ㄕㄨㄟˋ ㄐㄧㄠˋ ˙ㄋㄜ？ㄊㄚ ˙ㄇㄣ ㄕㄨㄟˋ ㄐㄧㄠˋ ˙ㄉㄜ ㄕˊ ㄏㄡˋ ㄕˋ ㄕㄣˊ ˙ㄇㄜ ㄇㄛˊ ㄧㄤˋ ˙ㄋㄜ？ㄑㄧㄥˇ ㄋㄧˇ ㄅㄚˇ ㄋㄧˇ ㄍㄨㄢ ㄔㄚˊ ㄉㄠˋ ˙ㄉㄜ ㄑㄧㄥˊ ㄒㄧㄥˊ ㄒㄧㄝˇ ㄗㄞˋ ㄒㄩㄝˊ ㄒㄧˊ ㄉㄢ ㄌㄧˇ，ㄒㄧㄝˇ ˙ㄉㄜ ㄩˋ ㄒㄧㄤˊ ㄒㄧˋ ㄩˋ ㄏㄠˇ ㄛ！

（小朋友，你有沒有觀察過小動物睡覺的經驗？如果沒有看過的話可以請教其他的同學。請你想一想，小動物在什麼地方睡覺呢？他們睡覺的時候是什麼模樣呢？請你把你觀察到的情形寫在學習單裡，寫得愈詳細愈好喔！）

(二)續寫練習：南風吹呀吹

ㄒㄧㄠˇ ㄆㄥˊ ㄧㄡˇ，ㄑㄧㄥˇ ㄋㄧˇ ㄗㄞˋ「ㄋㄢˊ ㄈㄥ ㄔㄨㄟ ˙ㄧㄚ ㄔㄨㄟ」ㄓㄜˋ ㄐㄩˋ ㄏㄨㄚˋ ㄏㄡˋ ㄇㄧㄢˋ，ㄒㄧㄝˇ ㄔㄨ ㄒㄧㄠˇ ㄆㄥˊ ㄨˇ ㄗㄞˋ ㄋㄢˊ ㄈㄥ ˙ㄉㄜ ㄔㄨㄟ ㄈㄨ ㄒㄧㄚˋ，ㄏㄨㄟˋ ㄈㄚ ㄕㄥ ㄕㄣˊ ˙ㄇㄜ ㄕˋ？

（小朋友，請你在「南風吹呀吹」這句話後面，寫出小動物在南風的吹拂下，會發生什麼事？）

四、引導過程

㈠觀察寫作練習：

範文中無尾熊是「趴」在樹上睡覺，因此要小朋友注意觀察人或小動物睡覺時是怎麼睡的？睡在什麼地方？可以多寫幾種，把自己觀察到的都寫下來。

學習單：

（動物名字）	（怎麼睡）	（睡在什麼地方）	（其他觀察到的現象）
（小白兔）	（趴在）	（草地上、洞穴裡）	
（小熊）	（躺在）	（森林裡）	
（小蝴蝶）			

ㄇㄟˋ ˙ㄇㄟ（妹妹）	ㄒㄧㄠˇ ㄙㄨㄥ ㄕㄨˇ（小松鼠）	ㄒㄧㄠˇ ㄨ ㄍㄨㄟ（小烏龜）	ㄒㄧㄠˇ ㄑㄧㄥ ㄊㄧㄥˊ（小蜻蜓）	ㄒㄧㄠˇ ㄇㄠ ㄇㄧ（小貓咪）		

㈡口頭發表：

1在課堂上引導時，因考慮到小朋友注音符號拼音練習基本能力還沒有完全學會，尚有許多不足之處，因此先從口頭發表開始，老師先說：「南風吹呀吹」，然後由學生接著發表，例如：

老師說：南風吹呀吹

小朋友接著說：小花貓睡著了

2在發表的過程中，提醒小朋友用耳朵注意聽，老師引導他們把這句子再做擴寫，例如：「小花貓在哪裡睡著了」，並提醒他們聽完別人的敘說之後，不要重覆別人的語詞和句子，自己去想一句和別人不一樣的句子，若有一樣的地方，把它刪去，最後留下沒有重覆的部份，在做刪除的工作時，提醒小朋友還是要注意的聽。

㈢寫一寫、畫一畫：

自己做過口頭發表練習，也聽過別人的發表練習，把發表的內容寫下來，並且在空白的地方畫一畫圖。

五、學生作品

1 吳家佑

ㄋㄢˊ ㄈㄥ ㄔㄨㄟ ˙ㄧㄚ ㄔㄨㄟ

ㄒㄧㄠˇ ㄇㄠ ㄇㄧ ㄗㄞˋ ㄇㄚ ˙ㄇㄚ ˙ㄉㄜ ㄏㄨㄞˊ ㄅㄠˋ ㄌㄧˇ
ㄕㄨㄟˋ ㄓㄠˊ ˙ㄌㄜ

(南風吹呀吹
小貓咪在媽媽的懷抱裡
睡著了)

評析：「小貓咪在媽媽的懷抱裡」，家佑使用擬人化的寫法，表現出貓咪可愛溫馨的一面。

2 許家揚

ㄋㄢˊ ㄈㄥ ㄔㄨㄟ ˙ㄧㄚ ㄔㄨㄟ
ㄒㄧㄠˇ ㄋㄧㄠˇ ㄗㄞˋ ㄕㄨˋ ㄕㄤˋ ㄊㄧㄠˋ ㄌㄞˊ ㄊㄧㄠˋ ㄑㄩˋ
ㄊㄧㄠˋ ㄉㄠˋ ㄕㄨˋ ㄒㄧㄚˋ ㄨㄢˊ

(南風吹呀吹
小鳥在樹上跳來跳去
跳到樹下玩)

評析：家揚用「跳來跳去……跳到」的寫法，接續南風吹呀吹，展現出另一種不同的情境，「跳」字的用法，讓全句顯得更生動活潑。

3 徐培凱

ㄋㄢˊ ㄈㄥ ㄔㄨㄟ ˙ㄧㄚ ㄔㄨㄟ

ㄉㄚˋ ㄐㄧㄚ ㄉㄡ ㄕㄨㄟˋ ㄓㄠˊ ˙ㄌㄜ

ㄓˇ ㄧㄡˇ ㄇㄧˋ ㄈㄥ ㄏㄢˋ ㄓㄨㄛˊ ㄇㄨˋ ㄋㄧㄠˇ ㄇㄟˋ ˙ㄇㄟ ㄇㄟˊ ㄧㄡˇ ㄕㄨㄟˋ ㄓㄠˊ

(南風吹呀吹
大家都睡著了
只有蜜蜂和啄木鳥妹妹沒有睡著)

評析：「南風吹呀吹，大家都睡著了」，家揚在這裡忽然來個大逆轉，描寫只有「蜜蜂」和「啄木鳥妹妹」沒有睡著，增添不少趣味。句中的「都」和「只有」用得好，有畫龍點睛之妙。

4 陳巧涵

ㄋㄢˊ ㄈㄥ ㄔㄨㄟ ˙ㄧㄚ ㄔㄨㄟ

ㄒㄧㄠˇ ㄙㄨㄥ ㄕㄨˇ ㄗㄞˋ ㄍㄨㄥ ㄗㄨㄛˋ

ㄒㄧㄠˇ ㄏㄨˇ ㄉㄧㄝˊ ㄗㄞˋ ㄅㄠˋ ㄒㄧㄠˇ baby

ㄓ ㄓㄨ ˙ㄉㄜ ㄒㄧㄠˇ ㄅㄠˇ ˙ㄅㄠ ㄗㄞˋ ㄨㄢˊ ㄕㄨㄚˇ

(南風吹呀吹

小松鼠在工作
小蝴蝶在抱小baby
蜘蛛的小寶寶在玩耍）

評析：巧涵所營造出來南風吹拂下的畫面，是一幅既熱鬧又忙碌的景象。但是，因為在南風的吹拂下，那幅景象就越發顯得生動而有趣。同時，文中的擬人法用得真是可愛。

六、教學省思

(一)剛開始教學時，在情境了解上的引導不足，加以學生目前的拼音能力較為薄弱，因此，使學生陷於模仿範例，無法跳脫。後來改用擬人法的引導方式，寫作情形明顯改善。

(二)本次教學設計較為簡單，只要求學生寫出兩段完整的句字，大部份的學生都可以自行完成。

(三)原本擔心小朋友拼音能力不足，在書寫上可能有問題，但是出乎意料，大部份的小朋友都能完整的表達自己的意思。只有一、兩個小朋友因為注音符號書寫能力薄弱，而無法完成。

(四)讓剛學注音符號的小朋友下筆寫作，是有一點冒險又容易失敗的事，但是在經過適當的引導教學後，全班有近乎95％的小朋友可以達成老師的要求，只有約5％的小朋友因為拼音能力不足的問題而無法達到標準，但事後經過個別指導後，也可以完成最簡單的短文寫作，可見「限制式作文」教學，在低年級的作文引導上，有很大的助益。

㈤剛開始使用書面語言，學生有由左向右書寫的直式書寫格式出現，在下次引導寫作時，要提出來檢討改進。

㈥在仿寫的引導過程中，大部份小朋友都能按部就班的依照範文仿寫，但沒想到平日一些語文表現不是很突出的小朋友，也能適時的發揮他們的聯想力，跳脫老師給他們的模式，有特別的表現，這是教師始料未及的。部份優秀的同學，在續寫時及仿寫時，不但可以跳脫課文的內容與形式的拘束，不只侷限於著眼在「睡著了」這件事的描述，更充份運用聯想力，透過自己的生活經驗寫出更豐富的內容，如「小松鼠在工作，小蝴蝶在抱小baby，蜘蛛的小寶寶在玩耍」、「蝴蝶在花上採花蜜」、「小鳥在樹上跳來跳去，跳到樹下玩」，足見低年級的學生在經過適當的引導後，是可培養出相當優秀的寫作能力。

㈦一開始的練習不必要求一年級的小朋友寫很多內容，只要他們能寫出完整的句子，就給予肯定與鼓勵，這樣可以建立他們的寫作信心，踏出寫作的「第一步」，接下來的教學會比較順利。

【觀察力訓練】家

教材來源

康軒生活領域課本第一冊、康軒國語課本第一冊語文活動三——ㄐㄧㄚ（家）

一、設計理念

學生在日常生活中，經常會使用到各種不同的方位，來表示物品的位置，方位的介紹，是這學期的教學內容之一，因此配合生活領域與語文活動中的圖片，結合語詞替換的寫作能力訓練，引導學生用各種不同的方位，描述一個物品或是地點，藉著這樣的寫作練習，培養學生更敏銳與精確的觀察能力，及更寬廣的想像力。

二、寫作題組

㈠認識不同的方位：

1 ㄒㄧㄠˇ ㄆㄥˊ ㄧㄡˇ，ㄋㄧˇ ˙ㄉㄜ ㄑㄧㄢˊ ㄇㄧㄢˋ ㄗㄞˋ ㄋㄚˇ ㄌㄧˇ ˙ㄋㄜ？ㄑㄧㄥˇ ㄋㄧˇ ㄓˇ ㄔㄨ ㄌㄞˊ，ㄋㄧˇ ㄎㄜˇ ㄧˇ ㄍㄠˋ ㄙㄨˋ ㄨㄛˇ ˙ㄇㄣ ㄋㄧˇ ˙ㄉㄜ ㄑㄧㄢˊ ㄇㄧㄢˋ ㄧㄡˇ ㄕㄣˊ ˙ㄇㄜ ㄉㄨㄥ ˙ㄒㄧ ˙ㄇㄚ？

2 ㄑㄧㄥˇ ㄋㄧˇ ㄗˇ ㄒㄧˋ ㄍㄨㄢ ㄔㄚˊ ㄧˊ ㄒㄧㄚˋ ㄋㄧˇ ˙ㄉㄜ ㄙˋ ㄓㄡ ㄨㄟˊ，ㄓˇ ㄔㄨ ㄕㄤˋ、ㄒㄧㄚˋ、ㄗㄨㄛˇ、ㄧㄡˋ、ㄑㄧㄢˊ、ㄏㄡˋ ㄍㄜˋ ㄓㄨㄥˇ ㄅㄨˋ ㄊㄨㄥˊ ˙ㄉㄜ ㄈㄤ ㄒㄧㄤˋ？ㄅㄧㄥˋ ㄑㄧㄝˇ ㄍㄠˋ ㄙㄨˋ ㄨㄛˇ ˙ㄇㄣ ㄋㄧˇ ㄎㄢˋ ㄉㄠˋ ˙ㄌㄜ ㄒㄧㄝ ㄕㄣˊ ˙ㄇㄜ ㄉㄨㄥ ˙ㄒㄧ？

(1小朋友，你的前面在哪裡呢？請你指出來，你可以告訴我們你的前面有什麼東西嗎？)

(2請你仔細觀察一下你的四周圍，指出上、下、左、右、前、後各種不同的方向？並且告訴我們你看到了些什麼東西？)

㈡觀察力訓練：

ㄒㄧㄠˇ ㄆㄥˊ ㄧㄡˇ ㄑㄧㄥˇ ㄋㄧˇ ㄒㄧㄤˇ ㄧˋ ㄒㄧㄤˇ，ㄋㄚˇ ㄧˊ ˙ㄍㄜ ㄖㄣˊ ˙ㄉㄜ ㄐㄧㄚ ㄖㄤˋ ㄋㄧˇ ㄧㄣˋ ㄒㄧㄤˋ ㄗㄨㄟˋ

ㄕㄣ ㄎㄜˋ？ㄏㄨㄛˋ ㄓㄜˇ ㄕˋ ㄋㄧˇ ㄗㄨㄟˋ ㄒㄧˇ ㄏㄨㄢ ㄋㄚˇ ㄧˊ ㄍㄜ˙ ㄖㄣˊ ㄉㄜ˙ ㄐㄧㄚ？ㄑㄧㄥˇ ㄋㄧˇ ㄨㄟˋ ㄊㄚ ㄅㄨˋ ㄓˋ ㄧˊ ㄍㄜ˙ ㄐㄧㄚ，ㄍㄠˋ ㄙㄨˋ ㄨㄛˇ ㄇㄣ˙ ㄊㄚ ㄉㄜ˙ ㄕㄤˋ、ㄗㄨㄛˇ、ㄧㄡˋ、ㄑㄧㄢˊ、ㄏㄡˋ ㄧㄡˇ ㄋㄚˇ ㄒㄧㄝ ㄉㄨㄥ ㄒㄧ？

（小朋友請你想一想，哪一個人的家讓你印象最深刻？或者是你最喜歡哪一個人的家？請你爲他佈置一個家，告訴我們它的上、左、右、前、後有哪些東西？）

㈢寫作題目：○○的家（○○的家）

ㄒㄧㄠˇ ㄆㄥˊ ㄧㄡˇ，ㄇㄟˇ ㄍㄜ˙ ㄖㄣˊ ㄉㄡ ㄧㄡˇ ㄐㄧㄚ，ㄋㄚˇ ㄧˊ ㄍㄜ˙ ㄖㄣˊ ㄉㄜ˙ ㄐㄧㄚ ㄖㄤˋ ㄋㄧˇ ㄍㄢˇ ㄉㄠˋ ㄒㄧㄥˋ ㄑㄩˋ ㄋㄜ˙？ㄋㄧˇ ㄕˋ ㄈㄡˇ ㄗˇ ㄒㄧˋ ㄉㄜ˙ ㄍㄨㄢ ㄔㄚˊ ㄍㄨㄛˋ ㄊㄚ ㄉㄜ˙ ㄐㄧㄚ ㄋㄜ˙？ㄊㄚ ㄐㄧㄚ ㄉㄜ˙ ㄙˋ ㄓㄡ ㄧㄡˇ ㄋㄚˇ ㄒㄧㄝ ㄐㄧㄥˇ ㄨˋ？ㄑㄧㄥˇ ㄋㄧˇ ㄏㄠˇ ㄏㄠˇ ㄩㄥˋ ㄒㄧㄣ ㄍㄨㄢ ㄔㄚˊ ㄧˊ ㄒㄧㄚˋ ㄊㄚ ㄐㄧㄚ ㄉㄜ˙ ㄕㄤˋ、ㄒㄧㄚˋ、ㄗㄨㄛˇ、ㄧㄡˋ、ㄑㄧㄢˊ、ㄏㄡˋ ㄧㄡˇ ㄋㄚˇ ㄒㄧㄝ ㄉㄨㄥ ㄒㄧ？ㄑㄧㄥˇ ㄋㄧˇ ㄅㄤ ㄊㄚ ㄇㄣ˙ ㄒㄧㄝˇ ㄔㄨ ㄌㄞˊ，ㄒㄧㄝˇ ㄉㄜ˙ ㄩˋ ㄒㄧㄤˊ ㄒㄧˋ ㄩˋ ㄏㄠˇ ㄛ˙！

ㄌㄧˋ ㄖㄨˊ：ㄨㄛˇ ㄉㄜ˙ ㄐㄧㄚ

ㄑㄧㄢˊ ㄇㄧㄢˋ ㄧㄡˇ（ㄒㄧㄠˇ ㄏㄜˊ），

ㄏㄡˋ ㄇㄧㄢˋ ㄧㄡˇ（ㄕㄢ ㄆㄛ），

ㄧㄡˋ ㄅㄧㄢ ㄧㄡˇ（ㄙㄣ ㄌㄧㄣˊ），

ㄗㄨㄛˇ ㄅㄧㄢ ㄕˋ（ㄉㄨㄢˋ ㄧㄞˊ），
ㄕㄤˋ ㄇㄧㄢˋ ㄧㄡˇ（ㄅㄞˊ ㄩㄣˊ），
ㄉㄧˋ ㄕㄤˋ ㄧㄡˇ（ㄑㄧㄥ ㄘㄠˇ）。

（小朋友，每個人都有家，哪一個人的家最讓你感到興趣呢？你是否仔細的觀察過他的家呢？他家的四周有哪些景物？請你好好用心觀察一下他家的上、下、左、右、前、後有哪些東西？請你把它們寫出來，寫得愈詳細愈好喔！）

例如：我的家

前面有（小河），
後面有（山坡），
右邊有（森林），
左邊是（斷崖），
上面有（白雲），
地上有（青草）。

三、引導過程

㈠教師利用課本上的圖片，先讓學生了解各方位，並利用教室內的物品，請學生口頭描述它們所在的方位，要求學生使用完整而清楚的句子的描述。

㈡請學生想像一個自己喜歡的人物，在腦海中為他佈置一個家。口頭發表，他想像中的人物的家，四周的景象，鼓勵學生儘量包含前、後、左、右、上、下、對面，各個不同方位，其他的同學可以提供他們修改的意見。

㈢請學生將他們所發表過的內容寫下來，鼓勵他們寫得愈完整愈好。

四、學生作品

1 鍾佳臻

ㄕㄥˋ ㄉㄢˋ ㄌㄠˇ 公公的家，
ㄕㄥˋ ㄉㄢˋ ㄌㄠˇ 公公的家ㄓㄨˋ在ㄕㄢ的ㄏㄡˋ ㄇㄢˋ，
ㄊㄚ的ㄕㄤˋ ㄇㄢˋ ㄧㄡˇ ㄆㄠˇ ㄌㄤˋ的星星，

ㄊㄚ的左ㄅㄧㄢ ㄧㄡˇ ㄨˇ ㄧㄢˊ ㄌㄧㄡˋ ㄙㄜˋ的ㄏㄨㄚ ㄩㄢˊ，

ㄊㄚ的ㄧㄡˋ ㄅㄧㄢ ㄧㄡˇ ㄧˊ ㄊㄧㄠˊ ㄑㄧㄥ ㄔㄜˋ的小河，

ㄊㄚ的ㄑㄧㄢˊ ㄇㄧㄢˋ ㄧㄡˇ ㄧˊ個ㄏㄞˊ ㄇㄟˊ ㄓㄤˇ大的ㄇㄧˊ ㄌㄨˋ，

ㄊㄚ的ㄏㄡˋ ㄇㄧㄢˋ ㄧㄡˇ一個大ㄘㄠˇ ㄩㄢˊ，

ㄉㄨㄟˋ ㄇㄧㄢˋ ㄧㄡˇ ㄧˋ ㄊㄧㄠˊ ㄨㄢ ㄨㄢ的ㄘㄞˇ ㄏㄨㄥˊ。

（聖誕老公公的家，

聖誕老公公的家住在山的後面，

他的上面有漂亮的星星，

他的左邊有五顏六色的花園，

他的右邊有一條清澈的小河，

他的前面有一個還沒長大的麋鹿，

他的後面有一個大草原，

對面有一條彎彎的彩虹。）

評析：佳臻這篇作品寫得非常的好，尤其是在形容詞上的運用十分恰當，也可以看得出平日在閱讀上所下的功夫，有不少好詞佳句，都能貼切的運用在這篇作品當中，充分展現出她良好的寫作能力。

2 翁湘晴

ㄇㄨˇ ㄓˇ ㄍㄨㄥ ㄓㄨˇ 的ㄏㄜˊ ㄧㄝˋ 上ㄇㄧㄢˋ
有一ㄓ ㄇㄟˇ ㄌㄧˋ 的ㄏㄨˊ ㄉㄧㄝˊ，
ㄏㄨˊ ㄉㄧㄝˊ ˙ㄉㄜ 左ㄅㄧㄢ ㄔˋ ㄅㄤˇ ㄏㄢˋ 右ㄅㄧㄢ ㄔˋ ㄅㄤˇ，
都有ㄏㄣˇ ㄆㄧㄠˋ ㄌㄧㄤˋ 的ㄏㄨㄚ ㄨㄣˊ，
ㄉㄨㄟˋ ㄇㄧㄢˋ ㄏㄞˊ 有一ㄓ ㄌㄞˋ ㄏㄚˊ ˙ㄇㄚ，
中間ㄏㄞˊ 有一ㄊㄧㄠˊ 小河。
ㄇㄨˇ ㄓˇ ㄍㄨㄥ ㄓㄨˇ 在ㄏㄜˊ ㄧㄝˋ ㄕㄤˋ 玩ㄏㄨㄚˊ ㄆㄛˇ ˙ㄋㄜ
上ㄇㄧㄢˋ ㄊㄨˊ ㄖㄢˊ ㄌㄞˊ ˙ㄌㄜ 一ㄆㄛˊ ㄨ ㄐㄣˋ，ㄙㄨㄛˇ 一ˇ ㄇㄨˇ ㄓˇ 公主ㄍㄢˇ ㄎㄨㄞˋ ㄆㄛˇ ㄩˇ。
ㄍㄨㄛˋ 了ㄅㄨˋ ㄐㄧㄡˇ 太ㄧㄤˊ ㄔㄨ ㄌㄞˊ 了，ㄇㄟˊ ㄌㄧˋ 的ㄘㄞˇ ㄏㄨㄥˊ ㄧㄝˋ ㄔㄨ ㄌㄞˊ 了。
ㄇㄨˇ ㄓˇ ㄍㄨㄥ ㄓㄨˇ ㄍㄣ ㄒㄧㄠˇ ㄋㄧㄠˇ 玩ㄍㄣ ㄔㄤˋ ㄍㄜ，ㄘㄨㄥˊ ㄘˇ ㄍㄨㄛˋ ˙ㄓㄜ ㄎㄨㄞˋ ㄌㄜˋ 的ㄕㄥ ㄏㄨㄛˊ。
（拇指公主的荷葉上面
有一隻美麗的蝴蝶，
蝴蝶的左邊翅膀和右邊翅膀，
都有很漂亮的花紋，
對面還有一隻癩蛤蟆，

中間還有一條小河。
拇指公主在荷葉上玩花朵呢
上面突然來了一朵烏雲，所以拇指公主趕快躲雨。
過了不久太陽出來了，美麗的彩虹也出來了。
姆指公主跟小鳥玩跟唱歌，從此過著快樂的生活。）

評析：湘晴寫得很棒，想像力很豐富。

3 藍珮芸

我的ㄐㄧㄠˋㄕˋ
在ㄅㄟˇㄔㄤˊㄍㄨㄛˊ小的右ㄅㄧㄢ，
ㄕㄤˋㄇㄧㄢˋㄧㄡˇㄎㄚㄈㄟㄙㄜˋ的ㄉㄧㄢˋㄈㄥㄕㄢˋ，
ㄒㄧㄚˋㄇㄧㄢˋㄧㄡˇㄏㄣˇㄉㄨㄛㄧㄢˊㄙㄜˋ的ㄆㄨˊㄒㄧㄝˊㄏㄞˊㄧㄡˇㄆㄧˊㄒㄧㄝˊ，
中間ㄧㄡˇㄕㄥˋㄉㄢˋ樹，
ㄑㄧㄢˊㄇㄧㄢˋㄧㄡˇㄏㄟㄙㄜˋ的ㄏㄟㄅㄢˇ，
ㄏㄡˋㄇㄧㄢˋㄧㄡˇㄘㄠㄔㄤˇ，
右ㄅㄧㄢㄧㄡˇ我ㄗㄨㄟˋㄒㄧˇㄏㄨㄢ的ㄊㄨㄥˊㄒㄩㄝˊ，
左ㄅㄧㄢㄧㄡˇㄌㄩˋㄙㄜˋ˙ㄉㄜㄓㄨㄛ˙ㄗ。

（我的教室
在北昌國小的右邊，
上面有咖啡色的電風扇，
下面有很多顏色的布鞋還有皮鞋，
中間有聖誕樹，
前面有黑色的黑板，
對面有操場，
右邊有我最喜歡的同學，
左邊有綠色的桌子。）

評析：珮芸的分段和標點，雖然不是很理想，但是內容十分的紮實，觀察得十分細微與用心，從「有我最喜歡的同學」這句話中，可以看出，她在寫作時投注了情感下去。

4 黃威凡

ㄨ ㄆㄛˊ的家住在ㄧˊ ㄗㄨㄛˋ山上，
ㄑㄧㄢˊ ㄇㄧㄢˋ ㄧㄡˇ可ㄆㄚˋ的ㄏㄟ ㄙㄣ ㄌㄧㄣˊ，
ㄏㄡˋ ㄇㄧㄢˋ ㄕˋ ㄧˊ ㄗㄨㄛˋ ㄍㄠ ㄍㄨㄟˋ的ㄔㄥˊ ㄅㄠˇ，
左ㄅㄧㄢ ㄧㄡˇ ㄧˊ ㄗㄨㄛˋ ㄎㄨㄥˇ ㄅㄨˋ的ㄜˋ ㄇㄛˊ ㄉㄠˇ，

ㄧㄡˋ ㄅㄧㄢ是ㄍㄢ ㄐㄧㄥˋ的小河，
上ㄇㄧㄢˋ是一ㄉㄠˋ ㄘㄞˇ ㄏㄨㄥˊ，
中間ㄧㄡˇ 一ㄎㄜ好大的ㄖㄨㄥˊ樹，
下ㄇㄧㄢˋ ㄧㄡˇ 一ㄉㄨㄛˇ ㄈㄟ ㄔㄤˊ美麗的小ㄏㄨㄚ ㄦˊ。
我ㄒㄧㄤˇ ㄉㄞˋ ㄇㄟˋ ˙ㄇㄟ一起ㄍㄣ ㄨ ㄆㄛˊ玩。

（巫婆的家住在一座山上，
前面有可怕的黑森林，
後面是一座高貴的城堡，
左邊有一座恐怖的惡魔島，
右邊是乾淨的小河，
上面是一道彩虹，
中間有一棵好大的榕樹，
下面有一朵非常美麗的小花兒。
我想帶妹妹一起跟巫婆玩。）

評析：威凡很成功的用合適的形容詞與名詞，把巫婆家的四周的景物仔細的描寫出來，讓人感受到巫婆既神祕又恐怖的吸引力，最後還十分勇敢的想帶妹妹和巫婆一起玩耍，充分顯示出孩子可愛的童心。

五、教學省思

㈠第一階段的教學時，方位的訓練十分重要，要讓學生清楚明白，上、下、左、右、前、後、中間等不同的方位，接著選定一個物品，以它為觀察參考對象，進行四周不同方位景物的觀察與描述。

㈡利用替換語詞的練習，加強形容詞的寫作能力之訓練，可以提昇作品水準。

㈢第三階段的成篇寫作練習，宜在黑板上書寫範例，並做詳盡的說明與討論，讓學生清楚寫作的順序，部份學生在搞不清楚方位的情形下，寫作時會有錯誤場景描寫的現象發生。

㈣大部份的學生所寫的內容都以日常生活中的事物為範本。

㈤童話故事有助於學生寫作，部份同學會描述童話故事中的場景。

㈥寫作能力較強的學生在描寫場景之外，還可以投注自己的情感，使作品更具可讀性。

㈦這次的寫作成效頗佳，大概是因為在引導時，給予學生充分發表的機會，而學生對使用方位寫作的方式，也很感興趣的緣故所致。

【觀察力訓練】

難忘的事

教材來源 自編、感官觀察訓練

一、設計理念

低年級的作文教學，重點在於累積字彙詞語，提供寫作材料之所需，透過五種感官觀察能力的訓練，尋找豐富的寫作題材，使寫作內容更加充實，使學生文字的表達更為具體。

二、寫作題組

(一)觀察力訓練：

ㄒㄧㄠˇ ㄆㄥˊ ㄧㄡˇ，ㄑㄧㄥˇ ㄋㄧˇ ㄓㄠˇ ㄧˊ ˙ㄍㄜ ㄗㄨㄟˋ ㄍㄢˇ ㄒㄧㄥˋ ㄑㄩˋ ˙ㄉㄜ ㄉㄨㄥ ˙ㄒㄧ，ㄩㄥˋ ㄋㄧˇ ˙ㄉㄜ ㄨˇ ㄍㄨㄢ ㄌㄞˊ ㄍㄨㄢ ㄔㄚˊ ㄊㄚ，ㄅㄧㄥˋ ㄒㄧㄝˇ ㄔㄨ ㄊㄚ ㄊㄜˋ ㄅㄧㄝˊ ˙ㄉㄜ ㄉㄧˋ ㄈㄤ。

1 ㄩㄥˋ ㄋㄧˇ ˙ㄉㄜ ㄧㄢˇ ㄐㄧㄥ ㄎㄢˋ ㄧˊ ㄎㄢˋ，ㄅㄚˇ ㄎㄢˋ ㄉㄠˋ ˙ㄉㄜ ㄧㄢˊ ㄙㄜˋ、ㄒㄧㄥˊ ㄓㄨㄤˋ、ㄉㄚˋ ㄒㄧㄠˇ……ㄒㄧㄝˇ ㄔㄨ ㄌㄞˊ。

2 ㄩㄥˋ ㄋㄧˇ ˙ㄉㄜ ㄕㄡˇ ㄑㄩˋ ㄇㄛ ㄧˋ ㄇㄛ，ㄅㄚˇ ㄋㄧˇ ˙ㄉㄜ ㄍㄢˇ ㄐㄩㄝˊ ㄒㄧㄝˇ ㄒㄧㄚˋ ㄌㄞˊ：ㄘㄨ ㄘㄨ ˙ㄉㄜ、ㄖㄨㄢˇ ㄖㄨㄢˇ ˙ㄉㄜ、ㄅㄥ ㄅㄥ ˙ㄉㄜ、ㄖㄜˋ ㄖㄜˋ ˙ㄉㄜ……。

3 ㄖㄨˋ ㄍㄨㄛˇ ㄓㄜˋ ˙ㄍㄜ ㄉㄨㄥ ˙ㄒㄧ ㄏㄨㄟˋ ㄈㄚ ㄔㄨ ㄑㄧˋ ㄨㄟˋ ˙ㄉㄜ ㄏㄨㄚˋ，ㄩㄥˋ ㄋㄧˇ ˙ㄉㄜ ㄅㄧˊ ˙ㄗ ㄨㄣˊ ㄧˋ ㄨㄣˊ，ㄅㄚˇ ㄨㄣˊ ㄉㄠˋ ˙ㄉㄜ ㄑㄧˋ ㄨㄟˋ ㄒㄧㄝˇ ㄒㄧㄚˋ ㄌㄞˊ：ㄒㄧㄤ ㄒㄧㄤ ˙ㄉㄜ、ㄔㄡˋ ㄔㄡˋ ˙ㄉㄜ……。

4 ㄖㄨˋ ㄍㄨㄛˇ ㄓㄜˋ ˙ㄍㄜ ㄉㄨㄥ ˙ㄒㄧ ㄎㄜˇ ㄧˇ ㄔ ˙ㄉㄜ ㄏㄨㄚˋ，ㄩㄥˋ ㄋㄧˇ ˙ㄉㄜ ㄗㄨㄟˇ ㄅㄚ ㄔ ㄔ ㄎㄢˋ，ㄅㄚˇ ㄔ ㄑㄧˇ ㄌㄞˊ ˙ㄉㄜ ㄍㄢˇ ㄐㄩㄝˊ ㄒㄧㄝˇ ㄔㄨ ㄌㄞˊ：ㄊㄧㄢˊ ㄊㄧㄢˊ ˙ㄉㄜ、ㄙㄨㄢ ㄙㄨㄢ ˙ㄉㄜ、ㄌㄚˋ ㄌㄚˋ ˙ㄉㄜ……。

5 ㄖㄨˋ ㄍㄨㄛˇ ㄓㄜˋ ˙ㄍㄜ ㄉㄨㄥ ˙ㄒㄧ ㄏㄨㄟˋ ㄈㄚ ㄔㄨ ㄕㄥ ㄧㄣ ˙ㄉㄜ ㄏㄨㄚˋ，ㄋㄧˇ ㄩㄥˋ ㄋㄧˇ ˙ㄉㄜ ㄦˇ ˙ㄉㄨㄛ ㄊㄧㄥ ㄧˋ ㄊㄧㄥ，ㄅㄚˇ ㄋㄧˇ ㄊㄧㄥ ㄉㄠˋ ˙ㄉㄜ ˙ㄉㄜ ㄕㄥ ㄧㄣ ㄒㄧㄝˇ ㄔㄨ ㄌㄞˊ。

（小朋友，請你找一個最感興趣的東西，用你的五官來觀察它，並寫出它特別的地方。

1用你的眼睛看一看，把看到的顏色、形狀、大小……寫出來。

2用你的手去摸一摸，把你的感覺寫下來：刺刺的、軟軟的、冰冰的、熱熱的……。

3如果這個東西會發出氣味的話，用你的鼻子聞一聞，把聞到的氣味寫下來：香香的、臭臭的……。

4如果這個東西可以吃的話，用你的嘴巴吃吃看，把吃起來的感覺寫出來：甜甜的、酸酸的、辣辣的……。

5如果這個東西會發出聲音的話，你用你的耳朵聽一聽，把你聽到了的聲音寫出來。）

㈡難忘的事：（ㄋㄢˊ ㄨㄤˋ ㄉㄜ˙ ㄕˋ）

ㄒㄧㄠˇ ㄆㄥˊ ㄧㄡˇ，ㄑㄧㄥˇ ㄋㄧˇ ㄒㄧㄤˇ ㄧˊ ㄒㄧㄤˇ，ㄧㄡˇ ㄇㄟˊ ㄧㄡˇ ㄋㄚˇ ㄧˊ ㄐㄧㄢˋ ㄕˋ，ㄖㄤˋ ㄋㄧˇ ㄧㄣˋ ㄒㄧㄤˋ ㄕㄣ ㄎㄜˋ，ㄧˋ ㄓˊ ㄉㄡ ㄅㄨˋ ㄋㄥˊ ㄨㄤˋ ㄐㄧˋ，ㄓㄜˋ ㄐㄧㄢˋ ㄕˋ ㄈㄚ ㄕㄥ ㄗㄞˋ ㄕㄣˊ ˙ㄇㄜ ㄕˊ ㄐㄧㄢ？ㄕㄣˊ ˙ㄇㄜ ㄉㄧˋ ㄉㄧㄢˇ？ㄧㄡˇ ㄋㄚˇ ㄒㄧㄝ ㄖㄣˊ ㄨˋ？ㄊㄚ ˙ㄇㄣ ㄗㄨㄛˋ ˙ㄌㄜ ㄋㄚˇ ㄒㄧㄝ ㄉㄨㄥˋ ㄗㄨㄛˋ？ㄑㄧㄥˇ ㄋㄧˇ ㄅㄚˇ ㄋㄧˇ ㄙㄨㄛˇ ㄍㄨㄢ ㄔㄚˊ ㄉㄠˋ ˙ㄉㄜ ㄕˋ ㄨˋ ㄒㄧㄝˇ ㄔㄨ ㄌㄞˊ，ㄒㄧㄝˇ ˙ㄉㄜ ㄩˋ ㄒㄧㄤˊ ㄒㄧˋ ㄩˋ ㄏㄠˇ。

（小朋友，請你想一想，有沒有哪一件事，讓你印象深刻，一直都不能忘記，這件事發生在什麼時間？什麼地點？有哪些人物？他們做了哪些動作？請你把你所觀察到的事物寫出來，寫得愈詳細愈好。）

三、引導過程

㈠觀察力訓練：

1小朋友，我們身上有五個重要的部位，它們可以讓我們對這個世界更了解，你知道它們的名字和功用嗎？請你說一說。「眼睛―看」（視覺）、「耳朵―聽」（聽覺）、「鼻子―聞」（嗅覺）、「嘴巴―嚐」（味覺）、「手―摸」（觸覺）。

2請你找一個教室中的東西，用看、聽、聞、嚐、摸的方式具體描述那一個事物，讓大家猜一猜，看看誰的觀察最仔細？讓人一聽就知道他在描述的是什麼東西？

3請你找一個平常最感興趣的東西，用心想一想，如果讓你來介紹它，你要怎樣描述呢？別忘了，多用你的眼睛、耳朵、鼻子、嘴巴、和手好好觀察它。

指導要點：因為低年級的學生，寫作能力較為薄弱，不容易聚焦在事物的特性上，一次使用多種觀察方式經常無法掌握重點描述，因此，剛開始只要求學生用一種感官觀察，等到每一種感官觀察都做過訓練後，再請他們進一步的使用各種不同的感官一起觀察描述。

㈡說一個小故事：難忘的事

1加上時間說說看，你在什麼時候觀察的。

2加上地點說說看，你在什麼地方觀察的。

3加上人物說說看，有哪些人也在那裡。

4加上動作說說看，他（們）正在做什麼？

四、學生作品

㈠視覺訓練：

1 林庭毅

ㄉㄨㄢ ㄨˇ ㄐㄧㄝˊ的時候（端午節的時候），媽媽帶我去ㄨㄞˋ公ㄨㄞˋ ㄆㄛˊ家，我看到一個大大的ㄌㄨㄥˊ ㄒㄧㄚ，ㄌㄨㄥˊ ㄒㄧㄚ的ㄧㄢˇ ㄐㄧㄥ ㄩㄢˊ ㄩㄢˊ的，牠的ㄏㄨˊ ㄒㄩ ㄔㄤˊ ㄔㄤˊ的，牠的ㄕㄣ ㄊㄧˇ ㄏㄨㄟ ㄏㄨㄟ的，牠的ㄠˊ ㄐㄧㄢ ㄐㄧㄢ的，好像ㄐㄧㄢˇ刀，ㄨㄟˇ ˙ㄅㄚ好像ㄕㄢˋ子。ㄐㄧㄠˇ好像短短的ㄕㄥˊ子，ㄖㄢˊ ㄏㄡˋ我ㄇㄛ 一ㄒㄧㄚˋ，ㄊㄚ的ㄐㄧㄠˇ ㄏㄨ ㄖㄢˊ ㄅㄨㄥˋ了起來，我ㄒㄧㄚˋ ㄧˊ ㄊㄧㄠˋ，ㄩㄢˊ ㄌㄞˊ ㄕˋ ㄊㄚ的ㄐㄧㄠˇ在ㄅㄨㄥˋ啊！

（端午節的時候，媽媽帶我去外公外婆家，我看到一個大大的龍蝦，龍蝦的眼睛圓圓的，牠的鬍鬚長長的，牠的身體灰灰的，牠的螯尖尖的，好像剪刀，尾巴好像扇子。

腳好像短短的繩子，然後我摸一下，牠的腳忽然動了起來，我嚇一跳，原來是牠的腳在動啊！）

評析：庭毅除了發揮他敏銳的觀察力之外，還充分的運用了豐富的聯想力，對龍蝦的描述恰到好處，特別是敘述他摸龍蝦的過程，能讓人感受到他被嚇了一跳的心情。

2 葉彥均

ㄈㄤˋ ㄕㄨˇ ㄐㄧㄚˇ的ㄕˊ ㄏㄡˋ（放暑假的時候）

ㄈㄤˋ ㄕㄨˇ ㄐㄧㄚˇ的ㄕˊ ㄏㄡˋ，媽媽ㄉㄞˋ我去台北看爸爸，爸爸去ㄇㄞˇ了一ㄎㄜ ㄆㄧㄥˊ果，這ㄎㄜ ㄆㄧㄥˊ果的果ㄆㄧˊ看起來紅紅的，ㄑㄧㄝ開來ㄧˇ ㄏㄡˋ，果肉是ㄉㄢˋ ㄉㄢˋ的ㄇㄧˇ色，果ㄖㄡˋ裡面有種子，種子是ㄎㄚ ㄈㄟ色的，看起來像一ㄎㄜ豆子，這ㄓㄥˇ ㄎㄜ ㄆㄧㄥˊ果看起來像一個太ㄧㄤˊ。

（放暑假的時候，媽媽帶我去台北看爸爸，爸爸去買了一顆蘋果，這顆蘋果的果皮看起來紅紅的，切開來以後，果肉是淡淡的米色，果肉裡面有種子，種子是咖啡色的，看起來像一顆豆子，這整顆蘋果看起來像一個太陽。）

評析：用豆子來形容種子，用太陽來形容蘋果，是一種貼近生活經驗的聯想，彥均聯想力的運用十分恰當。

3 吳順傑

過年的時候

過年的時候，媽媽ㄉㄞˋ我去外公家，看外公外ㄆㄛˊ，外ㄆㄛˊ去ㄘㄞˋ市場，買了一條魚，這ㄊㄠˊ魚的ㄧㄢˇㄐㄧㄥ，圓圓亮亮的，ㄊㄚ的肚子大大的，尾巴長長的，ㄗㄨㄟˇ巴小小的，牙ㄔˇㄐㄧㄢㄐㄧㄢ的，牠的ㄌㄧㄣˊㄆㄧㄢˋ閃閃發亮，看起來很ㄒㄧㄣㄒㄧㄢ。

（過年的時候，媽媽帶我去外公家，看外公外婆，外婆去菜市場，買了一條魚，這條魚的眼睛，圓圓亮亮的，牠的肚子大大的，尾巴長長的，嘴巴小小的，牙齒尖尖的，牠的鱗片閃閃發亮，看起來很新鮮。）

評析：透過順傑的描寫，眼前馬上浮現一條新鮮的魚的模樣。

(二)聽覺訓練：

1 黃少甫

我生日˙ㄉㄜㄕˊㄏㄡˋ（我生日的時候）

我生日˙ㄉㄜㄕˊㄏㄡˋ，我們ㄑㄩㄢˊ家一起去ㄏㄞˇㄅㄧㄢㄎㄠˇㄖㄡˋ，我聽到ㄏㄞˇㄌㄤˋ的ㄕㄥ音，我也聽到ㄎㄠˇㄖㄡˋ的ㄕㄥ音，爸爸說ㄩˋ米ㄎㄠˇ好了，媽媽也說香ㄔㄤˊㄎㄠˇ好了，我ㄔㄨㄢˊ的ㄕˊㄏㄡˋ，我也聽到ㄕㄡㄕˊ的ㄕㄥ音。

（我生日的時候，我們全家一起去海邊烤肉，我聽到海浪的聲音，我也聽到烤肉的聲音，爸爸說玉米烤好了，媽媽也說香腸烤好了，我吃完的時候，我也聽到收拾的聲音。）

評析：少甫運用聽覺仔細觀察，將他的生日烤肉時所聽到的各種聲音一一描寫出來，讓人一起分享他所經歷的熱鬧滾滾的生日。

2 葉彥均

ㄈㄤˋ ㄕㄨˇ ㄐㄧㄚˋ的ㄕˊ ㄏㄡˋ（放暑假時候）

ㄈㄤˋ ㄕㄨˇ ㄐㄧㄚˋ的ㄕˊ ㄏㄡˋ，媽媽ㄉㄞˋ我和ㄉㄧˋ ˙ㄉㄧ去ㄨㄞˋ ㄍㄨㄥ家，在ㄨㄞˋ ㄍㄨㄥ家我聽到ㄨㄞˋ ㄆㄛˊ ㄔㄠˇ ㄘㄞˋ聲，還聽到了ㄒㄧ ㄒㄧ ㄏㄚ ㄏㄚ的玩ㄕㄨㄚˇ聲，我正在休ㄒㄧˊ的時候，ㄊㄨˊ ㄖㄢˊ聽到ㄗ ㄗ ㄓㄚ ㄓㄚ的小鳥聲。

（放暑假的時候，媽媽帶我和弟弟去外公家，在外公家我聽到外婆炒菜聲，還聽到了嘻嘻哈哈的玩耍聲，我正在休息的時候，突然聽到吱吱喳喳的小鳥聲。）

評析：彥均對聲音的觀察很仔細，描寫也很具體。

(三)綜合感官訓練：

1 黃少甫

過年的時候

爸爸ㄉㄞˋ我去河邊ㄉㄧㄠˋ魚

我ㄉㄧㄠˋ到一ㄊㄧㄠˊ魚

那ㄊㄧㄠˊ魚ㄅㄧㄢˇㄅㄧㄢˇ的
牠的ㄌㄧㄣˊㄆㄧㄢˋ亮亮的
ㄧˇ巴ㄉㄨㄢˇㄉㄨㄢˇ的
爸爸ㄋㄚˊ著那ㄊㄧㄠˊ魚
把牠ㄉㄞˋ回家ㄎㄠˇ
ㄨㄣˊ起來香香的
ㄔ起來美ㄨㄟˋㄐㄧˊ了。

（爸爸帶我去河邊釣魚
我釣到一條魚
那條魚扁扁的
牠的鱗片亮亮的
尾巴短短的
爸爸拿著那條魚
把牠帶回家烤
聞起來香香的
吃起來美味極了。）

評析：少甫充分的發揮了他的視覺、嗅覺與味覺把爸爸釣到的魚，活生生的描寫出來。

2 謝明峻

過年的時候

過年的時候，我們全家一起去外公外ㄆㄛˊ家慶祝，我在外公家看到一隻ㄐㄧ，那隻ㄐㄧ的ㄐㄧ ㄍㄨㄢ看ㄑㄧˇ來胖胖的，ㄧㄢˇ ㄐㄧㄥ ㄏㄟ ㄏㄟ的，ㄉㄨˋ ˙ㄗ大大的，尾巴ㄐㄧㄢ ㄐㄧㄢ的，ㄊㄚ的ㄆㄧˊ ㄈㄨ看起來ㄏㄨㄤˊ ㄏㄨㄤˊ的，ㄓㄨˇ好的ㄕˊ ㄏㄡˋ大家都吃了，大家都說好好吃。

（過年的時候，我們全家一起去外公外婆家慶祝，我在外公家看到一隻雞，那隻雞的雞冠看起來胖胖的，眼睛黑黑的，肚子大大的，尾巴尖尖的，牠的皮膚看起來黃黃的，煮好的時候大家都吃了，大家都說好好吃。）

評析：明峻把一隻好吃的雞描寫得十分仔細。

3 陳巧涵

放ㄐㄧㄚˋ了（放假了）

放ㄐㄧㄚˋ了，媽媽ㄉㄞˋ我去阿ㄧˊ家玩，我們一起去ㄊㄞˊ市ㄔㄤˇ，ㄇㄞˇ了一隻ㄆㄤˊ ㄒㄧㄝˋ，這隻ㄆㄤˊ ㄒㄧㄝˋ的大ㄠˊ紅紅的，ㄏㄞˊ有牠的身ㄊㄧˇ圓圓ㄅㄢˇ ㄅㄢˇ的，ㄦˊ ㄑㄧㄝˇ牠ㄏㄣˇ會ㄊㄨˇ泡泡，牠的ㄧㄢˇ ㄐㄧㄥ大大的，ㄓㄨˇ起來ㄏㄣˇ好ㄔ。

（放假了，媽媽帶我去阿姨家玩，我們一起去菜市場，買了一隻螃蟹，這隻螃蟹的大螯紅紅的，還有牠的身體圓圓扁扁的，而且牠很會吐泡泡，牠的眼睛大大的，煮起來很好吃。）

評析：巧涵筆下的螃蟹呈現出一幅愛吐泡泡的頑皮模樣，十分生動可愛。

五、教學省思

㈠在教學時，一次進行太多種感官觀察的訓練，不易達成教學成效，因此下次設計教學時，應給予分項引導，逐步建立學生各種感官的知覺能力。

㈡在五種感官之中，學生最常使用到、運用的最好的就是視覺的描寫，大多數的學生在教師的引導之下，都可以更進一步用眼睛做更仔細的觀察，並具體的描寫下來。但是在其他的感官的感受上需要更多的反覆練習，才可以引導他們有更仔細的觀察。

㈢在前後二次的引導之下，發現學生透過練習，可以有更仔細的觀察，也可以寫出更為豐富具體的內容。

【聯想力訓練】

騎馬

教材來源

康軒課本首冊綜合活動一——ㄑㄧˊ ㄇㄚˇ（騎馬）

ㄅㄚˋ ˙ㄅㄚ ㄑㄧˊ ㄇㄚˇ ㄇㄚˇ ㄎㄨㄞˋ，
ㄇㄚ ˙ㄇㄚ ㄑㄧˊ ㄇㄚˇ ㄇㄚˇ ㄇㄢˋ

爸爸騎馬馬快，
媽媽騎馬馬慢

一、範文分析

「ㄅㄚˋ ˙ㄅㄚ ㄑㄧˊ ㄇㄚˇ ㄇㄚˇ ㄎㄨㄞˋ，ㄇㄚ ˙ㄇㄚ ㄑㄧˊ ㄇㄚˇ ㄇㄚˇ ㄇㄢˋ」（爸爸騎馬馬快，媽媽騎馬馬慢）是運用相反對比的方式所寫的句子。教師在教學時可以利用「快↔慢」做為相反詞的範例，引導學生練習找出日常生活中常用的相反詞。

二、設計理念

在康軒首冊的綜合活動一中，有一句話是「ㄅㄚˋ ˙ㄅㄚ ㄑㄧˊ ㄇㄚˇ ㄇㄚˇ ㄎㄨㄞˋ，ㄇㄚ ˙ㄇㄚ ㄑㄧˊ ㄇㄚˇ ㄇㄚˇ ㄇㄢˋ」（爸爸騎馬馬快，媽媽騎馬馬慢），在進行教學時，忽然想到可以利用這個對比的句子來引導學生，練習段落的續寫練習，因此採用「相反詞的聯想」教學，再擴展為「對比句子」的教學，最後再進行「短文」教學，以這樣按部就班的方式，逐漸引導學生進行寫作，以鎖定學生寫作的目標並降低寫作的難度。

三、寫作題組

㈠寫出相反詞（ㄒㄧㄝˇ ㄔㄨ ㄒㄧㄤ ㄈㄢˇ ㄘˊ）：

ㄒㄧㄠˇ ㄆㄥˊ ㄧㄡˇ，ㄕㄥ ㄏㄨㄛˊ ㄉㄤ ㄓㄨㄥ ㄧㄡˇ ㄏㄣˇ ㄉㄨㄛ ㄉㄨㄥ ˙ㄒㄧ ㄕˋ ㄒㄧㄤ ㄈㄢˇ ˙ㄉㄜ，「ㄎㄨㄞˋ」˙ㄉㄜ ㄒㄧㄤ ㄈㄢˇ ㄘˊ ㄕˋ「ㄇㄢˋ」，ㄑㄧㄥˇ ㄋㄧˇ ㄒㄧㄤˇ ㄧˋ ㄒㄧㄤˇ，ㄒㄩㄝˊ ㄒㄧˊ ㄉㄢ ㄌㄧˇ ㄙㄨㄛˇ ㄌㄧㄝˋ ㄔㄨ ㄌㄞˊ ㄗˋ ㄘˊ ˙ㄉㄜ ㄒㄧㄤ ㄈㄢˇ ㄘˊ ㄕˋ ㄕㄣˊ ˙ㄇㄜ？ㄅㄚˇ ㄊㄚ ˙ㄇㄣ ㄒㄧㄝˇ ㄗㄞˋ（）ㄌㄧˇ。

（小朋友，生活當中有很多東西是相反的，「快」的相反詞是「慢」，請你想一想，學習單裡所列出來字詞的相反詞是什麼？把它們寫在（）裡。）

(二)用相反詞造句：

ㄒㄧㄠˇ ㄆㄥˊ ㄧㄡˇ，ㄋㄧˇ ㄏㄨㄟˋ ㄅㄨˋ ㄏㄨㄟˋ ㄩㄥˋ ㄗˋ ㄐㄧˇ ㄓㄠˇ ㄉㄠˋ ˙ㄉㄜ ㄒㄧㄤ ㄈㄢˇ ㄘˊ ㄗㄠˋ ㄐㄩˋ ˙ㄗ？ㄑㄧㄥˇ ㄋㄧˇ ㄓㄠˇ ㄔㄨ ㄕˋ ㄉㄤ ˙ㄉㄜ ㄗˋ ㄘˊ ㄅㄚˇ ㄊㄚ ㄒㄧㄝˇ ㄗㄞˋ ㄒㄩㄝˊ ㄒㄧˊ ㄉㄢ ㄕㄤˋ ˙ㄉㄜ（）ㄌㄧˇ，ㄖㄢˊ ㄏㄡˋ ㄗㄞˋ ㄒㄧㄚˋ ㄇㄧㄢˋ ˙ㄉㄜ ㄎㄨㄥˋ ㄍㄜˊ ㄓㄨㄥ，ㄒㄧㄝˇ ㄔㄨ ㄧ、ㄌㄧㄤˇ ˙ㄍㄜ ㄗˋ ㄐㄧˇ ㄒㄧㄤˇ ㄔㄨ ㄌㄞˊ ˙ㄉㄜ ㄐㄩˋ ˙ㄗ，ㄎㄢˋ ㄕㄟˊ ㄒㄧㄝˇ ˙ㄉㄜ ㄗㄨㄟˋ ㄏㄠˇ ㄨㄢˊ。

（小朋友，你會不會用自己找到的相反詞造句子？請你找出適當的字詞把它寫在學習單上的（）裡，然後在下面的空格中，寫出一、兩個自己想出來的句子，看誰寫得最好玩。）

(三)續寫練習：

ㄒㄧㄠˇ ㄆㄥˊ ㄧㄡˇ，ㄖㄤˋ ㄨㄛˇ ˙ㄇㄣ ㄒㄧㄤˇ ㄧ ㄒㄧㄤˇ「ㄅㄚˋ ˙ㄅㄚ ㄑㄧˊ ㄇㄚˇ ㄇㄚˇ ㄎㄨㄞˋ，ㄇㄚ ˙ㄇㄚ ㄑㄧˊ ㄇㄚˇ ㄇㄚˇ ㄇㄢˋ」，ㄐㄧㄝ ˙ㄓㄜ ㄏㄨㄟˋ ㄈㄚ ㄕㄥ ㄕㄣˊ ˙ㄇㄜ ㄕˋ？ㄩㄥˋ「ㄧˊ ㄒㄧㄚˋ ˙ㄗ……ㄧˊ ㄒㄧㄚˋ ˙ㄗ……」ㄅㄚˇ ㄗˋ ㄐㄧˇ ㄒㄧㄤˇ ㄔㄨ ㄌㄞˊ ˙ㄉㄜ ㄍㄨˋ ㄕˋ ㄒㄧㄝˇ ㄔㄨ ㄌㄞˊ。

（小朋友，讓我們想一想「爸爸騎馬馬快，媽媽騎馬馬慢」，接著會發生什麼事？用「一下子……一下子……」把自己想出來的故事寫出來。）

四、引導過程

(一)寫出相反詞：

請小朋友從「ㄅㄚˋ ˙ㄅㄚ ㄑㄧˊ ㄇㄚˇ ㄇㄚˇ ㄎㄨㄞˋ，ㄇㄚ ˙ㄇㄚ ㄑㄧˊ ㄇㄚˇ ㄇㄚˇ ㄇㄢˋ。」（爸爸騎馬馬快，媽媽騎馬馬慢）這句話中找出「快↔慢」的相反詞，並舉例說明相反詞的概念，利用學習單請學生練習寫出相反的語詞。

ㄍㄠ（高）↔（　）	ㄉㄚˋ（大）↔（　）	ㄓㄤˇ（長）↔（　）	（　）↔（　）
ㄞˇ（矮）↔（　）	ㄒㄧㄠˇ（小）↔（　）	ㄉㄨㄢˇ（短）↔（　）	（　）↔（　）
ㄆㄤˋ（胖）↔（　）	ㄏㄟ（黑）↔（　）	ㄏㄠˇ（好）↔（　）	（　）↔（　）
ㄕㄡˋ（瘦）↔（　）	ㄅㄞˊ（白）↔（　）	ㄏㄨㄞˋ（壞）↔（　）	（　）↔（　）

(二)利用相反詞語造出一個對比的句子：

先引導學生共同完成學習單上三個例句，再引導學生自由聯想二個相反詞，用它們完成一個句子，口頭發表，並請其他的同學給予建議。

ㄅㄚˋ ˙ㄅㄚ ㄓㄤˇ ˙ㄉㄜ（ㄍㄠ）；ㄇㄚ ˙ㄇㄚ ㄓㄤˇ ˙ㄉㄜ（ㄞˇ）
〔爸爸長得（高）；媽媽長得（矮）〕
（ㄆㄤˋ）ㄍㄜ ˙ㄍㄜ ㄞˋ ㄔ（ㄖㄡˋ）；（　　）ㄉㄧˋ ˙ㄉㄧ ㄞˋ ㄔ（　　）
〔（胖）哥哥愛吃（肉）；（　　）弟弟愛吃（　　）〕
ㄌㄧㄤˇ ˙ㄍㄜ ㄆㄧˊ ㄑㄧㄡˊ，ㄧˊ ˙ㄍㄜ（ㄉㄚˋ）；ㄧˊ ˙ㄍㄜ（　　）
〔兩個皮球，一個（大）；一個（　　）〕
ㄨㄛˇ ㄧㄡˇ ㄌㄧㄤˇ ㄓ ㄅㄧˇ，ㄧˋ ㄓ ㄅㄧˇ（　　）；ㄧˋ ㄓ ㄅㄧˇ（　　）
〔我有兩枝筆，一枝筆（　　）；一枝筆（　　）〕

㈢利用「ㄅㄚˋ ˙ㄅㄚ ㄑㄧˊ ㄇㄚˇ ㄇㄚˇ ㄎㄨㄞˋ，ㄇㄚ ˙ㄇㄚ ㄑㄧˊ ㄇㄚˇ ㄇㄚˇ ㄇㄢˋ」（爸爸騎馬馬快，媽媽騎馬馬慢）做續寫練習：

1 先讓小朋友做口頭的發表練習，在引導的過程中，請小朋友用「一下子……一下子……」來續寫。

例：「妹妹騎馬，馬一下子快，一下子慢」

「阿姨騎馬，馬一下子跑，一下子停」

「姐姐騎馬，馬一下子吃草，一下子喝水」

2 請小朋友直接將課堂上發表的句子寫下來。

3 在學習單上空白的地方，請學生用彩虹筆把自己所寫的內容畫出來。

五、學生作品

1 趙偉翔

ㄇㄚ ˙ㄇㄚ ㄑㄧˊ ㄇㄚˇ ㄇㄚˇ ㄇㄢˋ，ㄅㄚˋ ˙ㄅㄚ ㄑㄧˊ ㄇㄚˇ ㄇㄚˇ ㄎㄨㄞˋ

ㄚ ㄧˊ ㄑㄧˊ ㄇㄚˇ，ㄇㄚˇ ㄧˊ ㄒㄧㄚˋ ˙ㄗ ㄉㄧㄝˊ ㄉㄠˇ，ㄇㄚˇ ㄧˊ ㄒㄧㄚˋ ˙ㄗ ㄑㄧˇ ㄌㄞˊ

（媽媽騎馬馬慢，爸爸騎馬馬快

阿姨騎馬，馬一下子跌倒，馬一下子起來）

評析：「跌倒」和「起來」也是相對詞語的應用，同樣可以呼應「馬快」和「馬慢」，偉翔的書寫格式掌握得十分棒。

2 吳家佑

ㄇㄚ ˙ㄇㄚ ㄑㄧˊ ㄇㄚˇ ㄇㄚˇ ㄇㄢˋ，ㄅㄚˋ ˙ㄅㄚ ㄑㄧˊ ㄇㄚˇ ㄇㄚˇ ㄎㄨㄞˋ

ㄐㄧㄝˇ ˙ㄐㄧㄝ ㄑㄧˊ ㄇㄚˇ，ㄇㄚˇ ㄧˊ ㄒㄧㄚˋ ˙ㄗ ㄊㄧㄥˊ，ㄇㄚˇ ㄧˊ ㄒㄧㄚˋ ˙ㄗ ㄆㄠˇ

ㄍㄜ ˙ㄍㄜ ㄑㄧˊ ㄇㄚˇ，ㄇㄚˇ ㄧˊ ㄒㄧㄚˋ ˙ㄗ ㄎㄨㄞˋ，ㄇㄚˇ ㄧˊ ㄒㄧㄚˋ ˙ㄗ ㄇㄢˋ

（媽媽騎馬馬慢，爸爸騎馬馬快

姐姐騎馬，馬一下子停，馬一下子跑

哥哥騎馬，馬一下子快，馬一下子慢）

評析：家佑在短文中把所有的家人都放進去了，不只爸爸、媽媽，連哥哥、姐姐也都加入了，而最後一段雖然重覆了第一段的部分內容，但是用「一下子……一下子……」的句型來接寫，卻產生了另一種不一樣的效果。

3 葉彥均

ㄇㄚ ˙ㄇㄚ ㄑㄧˊ ㄇㄚˇ ㄇㄚˇ ㄇㄢˋ

ㄅㄚˋ ˙ㄅㄚ ㄑㄧˊ ㄇㄚˇ ㄇㄚˇ ㄎㄨㄞˋ

ㄇㄚ ˙ㄇㄚ ㄑㄧˊ ㄇㄚˇ ㄑㄩˋ ㄇㄞˇ ㄘㄞˋ
ㄅㄚˋ ˙ㄅㄚ ㄑㄧˊ ㄇㄚˇ ㄑㄩˋ ㄕㄤˋ ㄅㄢ
（媽媽騎馬馬慢
爸爸騎馬馬快
媽媽騎馬去買菜
爸爸騎馬去上班）

評析：彥均很清楚的交待媽媽、爸爸騎馬去做什麼事，而用「買菜」和「上班」來呼應前面的「馬慢」和「馬快」，也是一個不錯的點子。

4 曾照婷

ㄇㄚ ˙ㄇㄚ ㄑㄧˊ ㄇㄚˇ ㄇㄚˇ ㄇㄢˋ
ㄅㄚˋ ˙ㄅㄚ ㄑㄧˊ ㄇㄚˇ ㄇㄚˇ ㄎㄨㄞˋ
ㄉㄧˋ ˙ㄉㄧ ㄑㄧˊ ㄇㄚˇ ㄇㄚˇ ㄆㄠˇ ㄉㄠˋ ㄇㄚˇ ㄌㄨˋ ㄧˊ ㄉㄨㄥˋ ㄧㄝˇ ㄅㄨˋ ㄉㄨㄥˋ
（媽媽騎馬馬慢
爸爸騎馬馬快
弟弟騎馬　馬跑到馬路　一動也不動）

評析：照婷第三句話，「馬跑到馬路　一動也不動」是一個令人意外的結局，更有趣的是，她後面還有一段「註解」，弟弟騎馬，看到彩虹就不會跑了，因為馬喜歡彩虹，所以馬就不會動了。

她給了我們一個馬跑到一半不會動的可愛的「理由」，我們可以閉上眼睛想像一下，正在跑步中的馬兒因為看到眼前的天空出現了一道七色的彩虹，而駐足凝望的美麗畫面。

總評：前面二位小朋友的書寫方式符合老師的規定，且相反對比的詞語使用正確，後面二位小朋友雖然形式上並沒有合乎要求，但是內容經過用心思考，也能夠運用最恰當的詞語，仍不失為優良的作品。

五、教學省思

㈠教師進行教學時的靈感，也可以成為切合學生興趣的寫作題材。

㈡除了一、二位拼音困難的小朋友之外，大多數的小朋友都能以很快的速度續寫，並完成作品。

㈢教師以「一下子……一下子……」引導學生，做對比寫作的練習，但只有三分之一的學生，用這個方式續寫。對低年級的學生而言，這種對比寫作還要再加以細步化的分解設計，才可以達到練習的效果。

(四)在運用對比詞語時，不少學生未能掌握其相反的意義，所對比的字詞並不具相反意義，如：「走－喝水」、「快－喝水」、「跑－跌倒」，有必要在指導寫作前，先予指導相反詞的辨識與運用能力。

(五)部分學生未掌握正確書寫的格式，教師在事先進行寫作指導說明時要特別注意。

(六)課堂上一時興起設計的續寫練習，的確引起學生極高的寫作興趣，可惜操之過急，沒有給予小朋友足夠練習，導致小朋友在「對比詞語」的句子表現上不是很理想。例如寫出「一下子停，一下子吃草」，「停」和「吃草」並沒有相反或是對比的關係。因此，在後來的引導過程中，又增修了相反詞的教學及對比句子的練習。

(七)在續寫的部份，沒有給小朋友明顯的提示，今後教學應予以改進，嘗試提供不同的續寫模式做為參考。然而可喜的是，經過幾次的作文練習，仍然有部份同學能夠脫離既定的模式，大膽的以自己的方式續寫，造成不少意想不到的效果。

(八)學生在自由聯想續寫上的表現，整體而言，相當不錯，只有一個學生未完成這項作業，有必要對該生做進一步指導。

【聯想力訓練】

過年

教材來源

康軒教材第一冊第八課——ㄍㄨㄛˋ ㄋㄧㄢˊ（過年）

ㄍㄨㄛˋ ㄋㄧㄢˊ ㄏㄠˇ，ㄍㄨㄛˋ ㄋㄧㄢˊ ㄏㄠˇ，
過年好，過年好，

ㄆㄧ ㄌㄧˋ ㄆㄚ ㄌㄚ ㄈㄤˋ ㄅㄧㄢ ㄆㄠˋ，
霹靂趴啦放鞭炮，

ㄉㄚˋ ㄐㄧㄝ ㄒㄧㄠˇ ㄒㄧㄤˋ ㄏㄠˇ ㄖㄜˋ ㄋㄠˋ。
大街小巷好熱鬧。

ㄉㄚˋ ㄐㄧㄚ ㄐㄧㄢˋ ㄇㄧㄢˋ ㄕㄨㄛ ㄍㄨㄥ ㄒㄧˇ，
大家見面說恭喜，

ㄍㄨㄥ ㄒㄧˇ！ㄍㄨㄥ ㄒㄧˇ！
恭喜！恭喜！

ㄎㄨㄞˋ ㄎㄨㄞˋ ㄌㄜˋ ㄌㄜˋ ㄗㄞˋ ㄧˋ ㄑㄧˇ。
快快樂樂在一起。

一、範文分析

這首童詩，掌握住過年熱鬧的氣氛，以簡單的鞭炮聲，營造出熱鬧的過年景象，在恭賀新禧的祝賀裡，將過年時人們歡喜慶祝的情形，充分表達出來。因為都是過年時常見的事物，符合兒童的經驗與興趣，在教學時，妥善運用，可以激發學生更多的回憶，能蒐集更豐富的寫作材料。

二、設計理念

本文以過年的第一段做為仿寫的材料，內容則不拘限在過年的事物上面，由學生以「○○好」為主題，自由進行相似聯想，日常生活中經驗的或是感興趣的內容，都可以做為寫作的材料。

三、寫作題組

㈠自由聯想與觀察力訓練：

ㄒㄧㄠˇ ㄆㄥˊ ㄧㄡˇ，ㄋㄧˇ ㄐㄩㄝˊ ˙ㄉㄜ ㄕㄥ ㄏㄨㄛˊ ㄓㄨㄥ，ㄋㄚˇ ㄒㄧㄝ ㄕˋ ㄨˋ ㄊㄜˋ ㄅㄧㄝˊ ㄏㄠˇ，ㄑㄧㄥˇ ㄋㄧˇ ㄅㄚˇ ㄊㄚ ˙ㄇㄣ ㄒㄧㄝˇ ㄔㄨ ㄌㄞˊ，ㄊㄚ ˙ㄇㄣ ㄨㄟˋ ㄕㄣˊ ˙ㄇㄜ ㄏㄨㄟˋ ㄖㄤˋ ㄋㄧˇ ㄧㄡˇ ㄓㄜˋ ㄓㄨㄥˇ ㄍㄢˇ ㄐㄩㄝˊ ˙ㄋㄜ？ㄑㄧㄥˇ ㄋㄧˇ ㄕㄨㄛ ㄧ ㄕㄨㄛ ㄋㄧˇ ˙ㄉㄜ ㄒㄧㄤˇ ㄈㄚˇ。

（小朋友，你覺得生活中，哪些事物特別好，請你把它們寫出來，它們爲什麼會讓你有這種感覺呢？請你說一說你的想法。）

㈡〇〇好：

ㄅㄚˇ ㄋㄧˇ ˙ㄉㄜ ㄒㄧㄤˇ ㄈㄚˇ ㄒㄧㄝˇ ㄔㄨ ㄌㄞˊ，ㄧˇ「〇〇ㄏㄠˇ」ㄨㄟˊ ㄎㄞ ㄊㄡˊ，ㄒㄧㄝˇ ㄔㄥˊ ㄧ ㄆㄧㄢ ㄉㄨㄢˇ ㄨㄣˊ。

（把你的想法寫出來，以「〇〇好」爲開頭，寫成一篇短文。）

四、引導過程

㈠教師請學生發表，自己觀察到哪些事情讓自己覺得「好」。

㈡教師請學生說明理由何在，並要求學生用清楚簡短的句子說出來，如果說得不夠簡要，可以請其他同學共同修改。

㈢如果其他學生有不同的理由，也可以補充說明。

㈣請學生將自己發表過（老師刪改或同學建議）的內容寫下來。

㈤請同學輪流朗讀自己寫的短詩，共同欣賞。

五、學生作品

學生聯想到的事物有「讀書好」（6次）、「水果好」（5次）、「睡覺好」（4次）、「洗澡好」（4次）「校長好」（4次）、「老師好」（4次）、「刷牙好」（4次）、「游泳好」（2次）、「吃飯好」（2次）、「吃飽好」（1次）、「玩具好」（1次）、「運動好」（1次）、「出去玩」（1次）、「畫圖好」（1次）、「唱歌好」（1次）、「春天好」（1次）、「上學好」

（1次）、「飛機好」（1次）、「化妝好」（1次）。

評析：從學生們的聯想中，可以看出學校生活與家庭生活，是學生的重心，他們因為年紀還小，所接觸的事物不多，因此，聯想到的事物，還是充分顯示出和生活相關的經驗。但是其中還是有部份同學有別出心裁的聯想內容，可供其他同學參考與學習。

1 吳家佑

春天好，春天好，

ㄅㄞˇ ㄏㄨㄚ ㄕㄥˋ 開 ㄏㄨˊ ㄉㄧㄝˊ ㄌㄞˊ。

（春天好，春天好，百花盛開蝴蝶來。）

評析：家佑這篇作品，表現出超乎同年齡學生的寫作能力，足見平日累積的閱讀能力，還是有所發揮之處。

2 藍珮芸

ㄏㄨㄚˋ ㄓㄨㄤ好，ㄏㄨㄚˋ ㄓㄨㄤ好，

ㄏㄨㄚˋ ㄓㄨㄤ完 ㄏㄡˋ 真 ㄆㄧㄠˋ ㄌㄧㄤˋ。

ㄉㄨˊ ㄕㄨ好，ㄉㄨˊ ㄕㄨ好，

ㄉㄨˊ ㄨㄢˊ ㄕㄨ ㄏㄡˋ ㄗㄨㄛˋ ㄘㄨㄥ ㄇㄧㄥˊ。

（化妝好，化妝好，
化妝完後真漂亮。
讀書好，讀書好，
讀完書後最聰明。）

評析：珮芸平日的生活經驗和其他的小朋友較為不同，愛漂亮的她，一定對媽媽的化妝，觀察得很仔細。

3 葉彥均

ㄕㄨㄟˋ ㄐㄧㄠˋ好，ㄕㄨㄟˋ ㄐㄧㄠˋ好，
ㄕㄨㄟˋ ㄨㄢˊ ㄐㄧㄠˋ ㄏㄡˋ ㄐㄧㄥ ㄕㄣˊ ㄏㄠˇ。
ㄔ ㄈㄢˋ好，ㄔ ㄈㄢˋ好，
ㄔ ㄨㄢˊ ㄈㄢˋ ㄏㄡˋ ㄉㄨˋ 子 ㄅㄠˇ。
（睡覺好，睡覺好，
睡完覺後精神好。
吃飯好，吃飯好，
吃完飯後肚子飽。）

評析：彥均的內容別出心裁，和其他同學的不相雷同，有自己獨特的想法。

4 林庭毅

ㄔ ㄅㄠˇ好，吃好，
ㄔ ㄈㄢˋ ㄈㄢˋ後眞ㄐㄧㄢˋ ㄎㄤ。
ㄩㄣˋ動好，ㄩㄣˋ動好，
ㄩㄣˋ動完後好ㄕㄨ服。
（吃飽好，吃好，
吃飯飯後眞健康。
運動好，運動好，
運動完後好舒服。）

評析：從庭毅的寫作中，可以看得出來他平日是個活潑好動，又注重健康的孩子。

六、教學省思

(一)口語練習，可激發學生的聯想力，蒐集更多寫作材料。
(二)以生活為基礎的聯想力訓練：聯想力的教學訓練，一開始還是要與生活經驗相結合，才可以有比較好的教學成效。

㈢第一次練習時，學生書寫的作品侷限在生活經驗上，在第二次練習時，將引導重點指向歌頌大自然，所呈現出來的作品有很大的不同。

㈣善用學生的仿作能力，可以提升寫作成效。

㈤仿作練習容易失去創意，應給予較多的範例，以免侷限學生的創意，拘扼在性質相似的句型當中。

㈥部份學生可以將平日閱讀的句子使用在作文書寫中，可見寫作材料的蒐集對學生而言十分重要，因此多加強學生的閱讀訓練，可以有助於作文成效的提升。

【聯想力訓練】

想家

教材來源

自編、翰林國語課本第二冊第八課——ㄒㄧㄤˇ ㄐㄧㄚ（想家）

一、設計理念

一年級的小朋友進入小學，雖然大部份都有幼稚園的學習經驗，但是因為整個生活作息時間與老師扮演的角色，和幼稚園有很大的差異，當孩子遇到一些狀況時，第一個反應就是想回家，回到熟悉的家。本次作文就是掌握住孩子單純的心思，以「想家」為中心，讓他們進行「相似聯想」，來完成一次寫作練習。

二、寫作題目

ㄒㄧㄤˇ ㄐㄧㄚ（想家）

ㄒㄧㄠˇ ㄆㄥˊ ㄧㄡˇ，ㄋㄧˇ ㄗㄞˋ ㄕㄣˊ ˙ㄇㄜ ㄑㄧㄥˊ ㄎㄨㄤˋ ㄓ ㄒㄧㄚˋ ㄏㄨㄟˋ ㄒㄧㄤˇ ㄉㄠˋ ㄗˋ ㄐㄧˇ ˙ㄉㄜ ㄐㄧㄚ？ㄋㄧˇ ㄨㄟˋ ㄕㄣˊ ˙ㄇㄜ ㄏㄨㄟˋ ㄒㄧㄤˇ ㄐㄧㄚ？ㄋㄧˇ ㄒㄧㄤˇ ㄏㄨㄟˊ ㄐㄧㄚ ㄗㄨㄛˋ ㄒㄧㄝ ㄕㄣˊ ˙ㄇㄜ ㄕˋ？ㄑㄧㄥˇ ㄋㄧˇ ㄏㄨㄟˊ ㄉㄚˊ ㄑㄧㄢˊ ㄇㄧㄢˋ ˙ㄉㄜ ㄨㄣˋ ㄊㄧˊ，ㄅㄚˇ ㄓㄜˋ ㄉㄚˊ ㄢˋ ㄒㄧㄝˇ ㄒㄧㄚˋ ㄌㄞˊ，ㄐㄧㄡˋ ㄏㄨㄟˋ ㄔㄥˊ ㄨㄟˊ ㄧˊ ㄆㄧㄢ ㄏㄣˇ ㄏㄠˇ ˙ㄉㄜ ㄗㄨㄛˋ ㄨㄣˊ ㄧㄛ！

（小朋友，你在什麼情況之下會想到自己的家？你為什麼會想家？你想回家做些什麼事？請你回答前面的問題，把這答案寫下來，就會成為一篇很好的作文唷！）

三、引導過程

㈠請學生發表在什麼情境或時間會讓他想家？
㈡請學生發表他想要回家做些什麼事？
㈢請學生參考其他同學的內容，加上自己真實的感受寫出三段式的小詩。

四、學生作品

1 曾榆婷

ㄈㄚ ㄕㄠˋ了，
想家
我想泡ㄖㄜˋ水澡
泡好了我想ㄊㄤˇ在ㄔㄨㄤˊ上
ㄑㄧㄥˇ ㄇㄚ ˙ㄇㄚ ㄒㄧㄠ ㄆㄧㄥˊ ㄍㄨㄛˇ ㄍㄟˇ我吃
再吃ㄧㄠˋ，ㄍㄢˇ ㄇㄠˋ ㄐㄧㄡˋ好了

下雨了，
想家
我想先ㄏㄨㄢˋ一ㄈㄨˊ，ㄅㄨˋ ㄖㄢˊ ㄏㄨㄟˋ ㄍㄢˇ ㄇㄠˋ
ㄏㄨㄢˋ好了把ㄕ的一ㄈㄨˊ ㄋㄚˊ去ㄒㄧˇ一ㄐㄧ
我再ㄒㄧˇ ㄗㄠˇ

ㄒㄧˇㄨㄢˊ了ㄧㄈㄨˊㄧㄝˇㄒㄧˇㄨㄢˊ了ㄗㄠˇ
再ㄅㄚˇㄧㄈㄨˊㄕㄞˋㄧˊㄕㄞˋ

迷路了
想家
我想ㄐㄧㄠˋ大ㄒㄧㄤˋㄗㄞˋ我回到ㄘㄞˇ虹ㄔㄥˊㄅㄠˇ
ㄐㄧㄥㄍㄨㄛˋ了ㄏㄟㄑㄧㄑㄧ的ㄙㄣ林
大ㄒㄧㄤˋㄗㄞˋ我回到了ㄘㄞˇ虹ㄔㄥˊㄅㄠˇ
(發燒了,
想家
我想泡熱水澡
泡好了我想躺在床上
請媽媽削蘋果給我吃
再吃藥,感冒就好了
下雨了,

想家
我想先換衣服，不然會感冒
換好了把濕的衣服拿去洗衣機
我再洗澡
洗完了衣服也洗完了澡
再把衣服曬一曬

迷路了
想家
我想叫大象載我回到彩虹城堡
經過了黑漆漆的森林
大象載我回到了彩虹城堡）

評析：榆婷一向文思泉湧，雖然並沒有把握小詩的格式，但是我們可以從她的作品，看到很豐富的聯想力和想像力，再多加磨練一定可以成為作文高手。

2 許涵妮

媽媽ㄇㄟ來ㄐㄧㄝ我，

想家，

我想ㄍㄣ媽媽，

一起吃美味可口的ㄏㄨㄛˇ ㄍㄨㄛ。

ㄗㄨㄛˋ ㄖㄥˊ了，

想家，

想ㄍㄣ爸爸，

一起ㄒㄧˇ熱ㄏㄨ ㄏㄨ的ㄗㄠˇ。

天ㄖㄜˋ了，

想家，

想ㄍㄣ ㄍㄜ ˙ㄍㄜ，

一起ㄏㄜ ㄅㄧㄥ ㄌㄧㄤˊ ㄌㄧㄤˊ的果ㄓ。

（媽媽沒來接我，

想家，

我想跟媽媽，

一起吃美味可口的火鍋。

作夢了，
想家，
想跟爸爸，
一起洗熱呼呼的澡。

天熱了，
想家，
想跟哥哥，
一起喝冰冰涼涼的果汁。）

評析：涵妮會應用疊字的形容語詞，把句子加長。並充分的把家人親密互動的關係，表現得十分細膩而溫馨。

3 葉彥均

彥均對這個題目特別感興趣，也特別有感覺，一口氣寫了二首小詩，充分表現他優異的作文表達能力。

1 想家(一)

下ㄩˇ了
想家
我想回家泡ㄖㄜˋ水ㄗㄠˇ
ㄆㄠˇ在ㄩˋㄍㄤ裡ㄒㄧˇㄗㄠˇㄔㄆㄧㄥˊ果
ㄈㄚ ㄕㄠ了
想家
我想ㄑㄧㄥˇ姐姐ㄅㄤ我ㄉㄠˋㄖㄜˋ水
頭ㄩㄣ了
想家
我想回家ㄗㄨㄛˋ在ㄖㄨㄢˇㄇㄧㄢˊㄇㄧㄢˊ的ㄕㄚㄈㄚ上
ㄅㄧˋ上ㄧㄢˇㄐㄧㄥ ㄒㄧㄡ ㄒㄧˊ
(下雨了
想家

我想回家泡熱水澡
泡在浴缸裡洗澡吃蘋果

發燒了
想家
我想請姐姐幫我倒熱水

頭暈了
想家
我想回家坐在軟綿綿的沙發上
閉上眼睛休息）

評析：彥均將他懂得享受生活的樂趣的一面表達得很自然。

2 想家(二)

天ㄑㄧˋ ㄌㄥˇ了
ㄒㄧㄤˇ家
我ㄒㄧㄤˇ ㄏㄜ ㄧˋ ㄨㄢˇ

媽媽ㄓㄨˇ的玉米ㄋㄨㄥˊㄊㄤ

生ㄅㄧㄥˋ了

ㄒㄧㄤˇ家

我ㄒㄧㄤˇㄅㄧㄥˋㄎㄨㄞˋㄉㄧㄢˇㄉㄧㄢˇ好起來

生ㄅㄧㄥˋ好ㄧˇㄏㄡˋ

我ㄒㄧㄤˇ和全家人一起坐在ㄎㄜˋㄊㄧㄥ看ㄉㄧㄢˋㄕˋ

ㄍㄨㄢ了

ㄒㄧㄤˇ家

我ㄒㄧㄤˇㄎㄨㄞˋㄉㄧㄢˇㄏㄨㄟˊ家

ㄍㄣ爸爸媽媽弟弟一ㄑㄧˊ玩玩具

ㄏㄞˊㄧㄡˇ一起吃ㄈㄢˋ

（天氣冷了

想家

我想喝一碗

媽媽煮的玉米濃湯

生病
了
想家
我想病快點點好起來
生病好以後
我想和全家人一起坐在客廳看電視

孤單了
想家
我想快點回家
跟爸爸媽媽弟弟一起玩玩具
還有一起吃飯）

評析：孩子的感覺好單純，一點小小的事就可以讓他們感到滿足與幸福。

4 黃威凡

天ㄑㄧˋㄌㄥˇ了

ㄒㄧㄤˇ家
我ㄒㄧㄤˇㄐㄧㄠˋㄇㄚ˙ㄇㄚㄆㄠˋㄧˋㄨㄢˇ
ㄖㄜˋㄊㄥˊㄊㄥˊ的ㄖㄜˋㄎㄜˇㄎㄜˇ

到朋ㄧㄡˇ家ㄓㄨˋ的ㄕˊㄏㄡˋ
ㄒㄧㄤˇ家
我想睡在在自ㄐㄧˇ的ㄔㄨㄤˊ上
ㄊㄧㄥ好ㄊㄧㄥ的催眠曲
（天氣冷了
想家
我想叫媽媽泡一碗
熱騰騰的熱可可

到朋友家住的時候
想家
我想睡在在自己的床上

聽好聽的催眠曲）

評析：威凡在輕描淡寫之間，把自己戀家的情感表達出來，卻能讓人看了感同身受。

五、教學省思

㈠部份小朋友會模仿他人的生活經驗，做為寫作材料的情形，教師在指導時，最好鼓勵一些平日較欠缺自信的孩子先行發表，並肯定他們所發表的個人經驗。

㈡給予學生充分的發表與討論時間，彼此的分享，可以激盪出學生不同的想法，提供更豐富的寫作材料。

㈢貼近學生活經驗的寫作題材，可使學生的寫作內容加深、加廣。

㈣給予更多情境的引導，可以激發學生更多的創意：提出「什麼時候會想家？」的問題後——，給予各種不同的情境——「肚子痛了、餓了、頭暈了、小狗不見了……」，可讓學生有更多聯想的空間。

㈤不同的學生在書寫同一個情境時，表現出不同的面向與趣味，教師在教學時，宜多鼓勵學生，多做各種延伸聯想的練習。場景的轉換與心情的描寫是本次作文教學的重點，教師要加強這方面的指導。

㈥結合學生生活經驗的作文題目，特別容易得到學生的回應，學生在發表生活經驗時非常的踴躍，寫作的興趣也十分的高昂，寫出來的成果非常的不錯，幾乎每位小朋友都可以獨力完成三段式的寫作。對一年級的小朋友而言實在堪稱表現優異。

【想像力訓練】

吹泡泡

教材來源

康軒生活領域課本第一冊統整活動三——ㄔㄨㄟ ㄆㄠˋ ㄆㄠˋ（吹泡泡）

一、設計理念

低年級的學生處在具體操作期，經過實地操作演練後的經驗，對他們而言是較容易書寫出來的材料，因此結合生活的經驗是進行作文教學時必備的條件。低年級的學生喜愛遊戲，對吹泡泡這樣的活動式課程參與度高，而且印象深刻，因此，本篇作文以「吹泡泡」為寫作題材，鎖定「想像力」和來訓練，並以「語詞替換式」及「續寫式」進行設計，讓學生敘寫自己在「吹泡泡」的生活課程中所觀察與經歷的過程。

二、寫作題組

(一)語詞替換練習：

ㄐㄧㄠˋ ㄕ ㄊㄧˊ ㄍㄨㄥ ㄐㄩˋ ㄒㄧㄥˊ：「ㄧㄡˇ……ㄧㄡˇ……ㄏㄞˊ ㄧㄡˇ……」、「ㄈㄟ ㄉㄠˋ……」。ㄑㄧㄥˇ ㄒㄩㄝˊ ㄕㄥ ㄧ ㄓㄠˋ ㄗˋ ㄐㄧˇ ˙ㄉㄜ ㄍㄨㄢ ㄔㄚˊ ㄈㄚ ㄅㄧㄠˇ ㄆㄠˋ ㄆㄠˋ ˙ㄉㄜ ㄊㄜˋ ㄒㄧㄥˋ，ㄅㄧㄥˋ ㄐㄧㄣˋ ㄒㄧㄥˊ ㄩˇ ㄘˊ ㄊㄧˋ ㄏㄨㄢˋ ˙ㄉㄜ ㄌㄧㄢˋ ㄒㄧˊ。

(教師提供句型：「有……有……還有……」、「飛到……」。請學生依照自己的觀察發表泡泡的特性，並進行語詞替換的練習。)

(二)吹泡泡：

ㄒㄧㄠˇ ㄆㄥˊ ㄧㄡˇ，ㄋㄧˇ ㄧㄡˇ ㄇㄟˊ ㄧㄡˇ ㄔㄨㄟ ㄍㄨㄛˋ ㄆㄠˋ ㄆㄠˋ？ㄏㄨㄛˋ ㄕˋ ㄎㄢˋ ㄍㄨㄛˋ ㄅㄧㄝˊ ㄖㄣˊ ㄔㄨㄟ ㄆㄠˋ ㄆㄠˋ ˙ㄉㄜ ㄐㄧㄥ ㄧㄢˋ？ㄆㄠˋ ㄆㄠˋ ㄧㄡˇ ㄋㄚˇ ㄒㄧㄝ ㄧㄢˊ ㄙㄜˋ？ㄆㄠˋ ㄆㄠˋ ㄕˋ ㄗㄣˇ ㄧㄤˋ ˙ㄉㄜ ㄉㄚˋ ㄒㄧㄠˇ？ㄆㄠˋ ㄆㄠˋ ˙ㄉㄜ ㄒㄧㄥˊ ㄓㄨㄤˋ ㄏㄨㄟˋ ㄅㄨˋ ㄏㄨㄟˋ ㄍㄞˇ ㄅㄧㄢˋ？ㄑㄧㄥˇ ㄋㄧˇ ㄐㄧㄤ ㄔㄨㄟ ㄆㄠˋ ㄆㄠˋ ㄕˊ ㄙㄨㄛˇ ㄍㄨㄢ ㄔㄚˊ ㄉㄠˋ ˙ㄉㄜ ㄑㄧㄥˊ ㄒㄧㄥˊ ㄒㄧㄝˇ ㄔㄨ ㄌㄞˊ，ㄐㄧˋ ˙ㄉㄜ ㄧㄠˋ ㄩㄥˋ ㄕㄤˋ「ㄨㄛˇ ㄏㄨㄟˋ ㄔㄨㄟ ㄆㄠˋ ㄆㄠˋ」、「ㄧㄡˇ……ㄧㄡˇ……ㄏㄞˊ ㄧㄡˇ……」、「ㄈㄟ ˙ㄧㄚ

ㄈㄟ」、「ㄈㄟ ㄉㄠˋ……」ㄓㄜˋ ㄐㄧˇ ˙ㄍㄜ ㄩˇ ㄘˊ ㄛ！

（小朋友，你有沒有吹過泡泡？或是看過別人吹泡泡的經驗？泡泡有哪些顏色？泡泡是怎樣的大小？泡泡的形狀會不會改變？

請你將吹泡泡時所觀察到的情形寫出來，記得要用到「我會吹泡泡」、「有……有……還有……」、「飛呀飛」、「飛到……」這幾個語詞喔！）

三、引導過程

㈠配合生活課程的吹泡泡，讓學生吹完泡泡後，口頭報告發表自己的觀察與心得。

㈡教師提供句型，請學生發表泡泡的特性進行語詞替換的練習，如：大小、形狀、顏色、或是用比擬的手法也可以。

㈢教師提供句型，請學生運用擬人化的方式，想像泡泡飛到哪裡？並以口頭發表出來再進行文字書寫。在引導的過程當中，教師儘量鼓勵學生發揮想像力。

四、學生作品

1 葉彥均

ㄨㄛˇ ㄎㄢˋ ㄉㄠˋ ㄧㄡˇ ㄖㄣˊ ㄔㄨㄟ ㄆㄠˋ ㄆㄠˋ
ㄧㄡˇ ㄉㄚˋ ㄆㄠˋ ㄆㄠˋ
ㄧㄡˇ ㄒㄧㄠˇ ㄆㄠˋ ㄆㄠˋ
ㄏㄞˊ ㄧㄡˇ ㄐㄧㄣ ㄙㄜˋ ˙ㄉㄜ ㄆㄠˋ ㄆㄠˋ
ㄐㄧㄣ ㄙㄜˋ ㄆㄠˋ ㄆㄠˋ ㄈㄟ ㄕㄤˋ ㄊㄧㄢ
ㄈㄟ ˙ㄧㄚ ㄈㄟ
ㄈㄟ ㄉㄠˋ ㄕㄢˇ ㄉㄢˋ ㄧㄝˊ ˙ㄧㄝ ˙ㄉㄜ ㄕㄡˇ ㄕㄤˋ

（我看到有人吹泡泡
有大泡泡
有小泡泡
還有金色的泡泡
金色泡泡飛上天

飛呀飛

飛到閃電爺爺的手上）

評析：彥均雖然沒有吹泡泡，但是他很真誠的表達他「看到」有人在吹泡泡，孩子在寫作時的執著表達無遺。

2 陳巧涵

ㄨㄛˇ ㄏㄨㄟˋ ㄔㄨㄟ ㄆㄠˋ ㄆㄠˋ

ㄧㄡˇ ㄞˋ ㄒㄧㄣ ㄆㄠˋ ㄆㄠˋ

ㄧㄡˇ ㄘㄞˇ ㄏㄨㄥˊ ㄆㄠˋ ㄆㄠˋ

ㄏㄞˊ ㄧㄡˇ ㄐㄧㄣ ㄙㄜˋ ㄆㄠˋ ㄆㄠˋ

ㄐㄧㄣ ㄙㄜˋ ㄆㄠˋ ㄆㄠˋ ㄈㄟ ㄕㄤˋ ㄊㄧㄢ

ㄈㄟ ㄉㄠˋ ㄅㄞˊ ㄩㄣˊ ㄐㄧㄝˇ ˙ㄐㄧㄝ ˙ㄉㄜ ㄅㄧˊ ˙ㄗ ㄕㄤˋ

ㄏㄞˊ ㄧㄡˇ ㄅㄞˊ ㄩㄣˊ ㄇㄟˋ ˙ㄇㄟ ˙ㄉㄜ ㄊㄡˊ ㄈㄚˇ ㄕㄤˋ

ㄏㄞˊ ㄧㄡˇ ㄒㄧㄠˇ ㄩˇ ㄉㄧ ˙ㄉㄜ ㄆㄧˋ ㄍㄨˇ ㄕㄤˋ

（我會吹泡泡

有愛心泡泡

有彩虹泡泡

還有金色泡泡
金色泡泡飛上天
飛到白雲姐姐的鼻子上
還有白雲妹妹的頭髮上
還有小雨滴的屁股上）

評析：巧涵讓泡泡飛上天之後用「掉到」白雲姐姐的鼻子、白雲妹妹的頭髮、小雨滴的屁股等各個不同的部位上，「掉到」用得與眾不同。

3 鍾佳臻

ㄨㄛˇ ㄏㄨㄟˋ ㄔㄨㄟ ㄆㄠˋ ㄆㄠˋ
ㄧㄡˇ ㄉㄚˋ ㄆㄠˋ ㄆㄠˋ
ㄧㄡˇ ㄒㄧㄠˇ ㄆㄠˋ ㄆㄠˋ
ㄏㄞˊ ㄧㄡˇ ㄧㄝˊ ˙ㄗ ㄆㄠˋ ㄆㄠˋ
ㄏㄞˇ ㄒㄧㄥ ㄆㄠˋ ㄆㄠˋ ㄈㄟ ㄕㄤˋ ㄊㄧㄢ
ㄈㄟ ˙ㄧㄚ ㄈㄟ
ㄈㄟ ㄉㄠˋ ㄩㄝˋ ㄌㄧㄤˋ ㄇㄚ ˙ㄇㄚ ˙ㄉㄜ ㄏㄨㄞˊ ㄅㄠˋ ㄌㄧˇ
（我會吹泡泡

有大泡泡
有小泡泡
還有葉子泡泡
海星泡泡飛上天
飛呀飛
飛到月亮媽媽的懷抱裡）

評析：月亮擬人化變成媽媽，蠻符合月亮溫暖的氣氛，而飛到媽媽的懷抱裡，真是恰如其分，再貼切不過了。

4 曾昭婷

ㄨㄛˇ ㄏㄨㄟˋ ㄔㄨㄟ ㄆㄠˋ ㄆㄠˋ
ㄧㄡˇ ㄉㄚˋ ㄆㄠˋ ㄆㄠˋ
ㄧㄡˇ ㄒㄧㄠˇ ㄆㄠˋ ㄆㄠˋ
ㄏㄞˊ ㄧㄡˇ ㄨㄛˇ ㄔㄨㄟ ˙ㄉㄜ ㄞˋ ㄒㄧㄣ ㄆㄠˋ ㄆㄠˋ
ㄨㄛˇ ㄔㄨㄟ ˙ㄉㄜ ㄅㄧㄥ ㄑㄧˊ ㄌㄧㄣˊ ㄆㄠˋ ㄆㄠˋ
ㄆㄧㄠ ㄉㄠˋ ㄧㄡˊ ㄌㄜˋ ㄩㄢˊ
ㄆㄧㄠ ㄉㄠˋ ㄊㄧㄤˊ ㄍㄨㄛˇ ㄨ ㄌㄧˇ ㄇㄧㄢˋ

ㄏㄞˊ ㄧㄡˇ ㄧˋ ㄒㄧㄝ ㄆㄠˋ ㄆㄠˋ ㄆㄧㄠ ㄉㄠˋ ㄑㄧㄠˇ ㄎㄜˋ ㄌㄧˋ ㄊㄤˊ ㄍㄨㄛˇ ㄌㄧˇ

ㄅㄨˊ ㄐㄧㄢˋ ˙ㄌㄜ

（我會吹泡泡

有大泡泡

有小泡泡

還有我吹的愛心泡泡

我吹的冰淇淋泡泡

飄到遊樂園

飄到糖果屋裡面

還有一些泡泡飄到巧克力糖果裡

不見了）

評析：照婷的想像力跟著泡泡飄呀飄，馳騁在遊樂園、糖果屋裡。

五、教學省思

㈠引導學生聯想訓練時，可以給予更多提示，提供不同面向的聯想以增加學生的創意。例如：在泡泡的造型上，可以突破大泡泡、小泡泡、圓泡泡，給予葉子泡泡、愛心泡泡、大象泡泡等提示，以激發學生更多的聯想力。

㈡學生還無法妥善運用蒐集到的寫作材料，進行最後的成篇寫作，教師在教學時，要加強這方面的訓練。

㈢擬人化的應用教學時間不足，使得寫作能力較為薄弱的學生，無法充分的發揮他們的想像力，寫作時容易流於模仿他人的寫法或內容。

㈣教學效果很好，寫作內容很不錯，學生參與度很高，寫得很快樂，教師引導時很輕鬆，主要是因為寫作的題材貼近孩子的生活經驗與學習興趣，尤其在圖畫的繪製上，孩子的想像力與創造力讓人十分感動。

㈤由教師在作文指導的過程中，遇到彥均因為自己沒有吹泡泡，堅持不寫「我會吹泡泡」做為開頭，而執意要寫「我看到同學吹泡泡」這個例子，我們可以看到學生對自己有經驗的事物是感受深刻的，而且即使是低年級的學生，也具備有寫作的意識，教師在教學時，應該尊重學生的寫作意識，不要強迫學生虛構事實，做為寫作的材料，才能保持學生寫作的純真。

媽媽說的故事

教材來源　康軒生活領域課本第二冊——「大象」兒歌

ㄉㄚˋ ㄒㄧㄤˋ，ㄉㄚˋ ㄒㄧㄤˋ，
ㄋㄧˇ ˙ㄉㄜ ㄅㄧˊ ˙ㄗ ㄗㄣˇ ˙ㄇㄜ ㄋㄚˋ ˙ㄇㄜ ㄔㄤˊ？
ㄇㄚ ˙ㄇㄚ ㄕㄨㄛ：ㄅㄧˊ ˙ㄗ ㄔㄤˊ ㄘㄞˊ ㄕˋ ㄆㄧㄠˋ ㄌㄧㄤˋ。

大象，大象，
你的鼻子怎麼那麼長？
媽媽說：鼻子長才是漂亮。

一、範文分析

低年級的學生，對各種事物充滿了好奇心，最喜歡問的問題就是「為什麼？」大象是孩子們最喜歡的動物，對牠的長鼻子，學生不免充滿好奇，想要知道長鼻子的由來，這一首兒歌，除了能讓學生解決了疑惑之外，更讓學生體會到象媽媽對小象的愛，也使學生感受到在每一位媽媽的眼裡，孩子的一切都是最漂亮的。

二、設計理念

一年級的小朋友對事情有濃厚的好奇心，腦袋中經常充滿各式各樣的疑問，如果有機會總是到處問個不停，非要找出一個合理的答案不可。本篇作文把握低年級學生的特性，讓他們透過觀察提出自己的疑問，目的在培養他們能具有清楚的表達能力，說出明確的問題。並透過他們和其他人的對話，得到問題的解決，能找到一個合理的答案，並把它明白的寫出來。接著以這個問題為主軸，發展出一個有趣的故事說給大家聽，目的在訓練學生口語表達的能力。

此外以「語詞替代」與「仿寫」的寫作方式，可以讓學生有效的利用耳熟能詳的兒歌進行寫作，不僅可降低寫作難度，更有助於寫作成效的提昇。

三、寫作題組

(一)大家來問為什麼？

ㄒㄧㄠˇ ㄆㄥˊ ㄧㄡˇ，ㄑㄧㄥˇ ㄋㄧˇ ㄒㄧㄝˇ ㄔㄨ ㄗˋ ㄐㄧˇ ㄗㄨㄟˋ ㄍㄢˇ ㄒㄧㄥˋ ㄑㄩˋ ˙ㄉㄜ ㄨㄣˋ ㄊㄧˊ，ㄖㄤˋ ㄉㄚˋ ㄐㄧㄚ ㄧˋ ㄑㄧˇ ㄌㄞˊ ㄒㄧㄤˇ ㄧˊ ㄒㄧㄤˇ，ㄓㄜˋ ㄒㄧㄝ ㄨㄣˋ ㄊㄧˊ ˙ㄉㄜ ㄉㄚˊ ㄢˋ ㄕˋ ㄕㄣˊ ˙ㄇㄜ？ㄓˋ ㄕㄠˇ ㄒㄧㄝˇ ㄔㄨ ㄙㄢ ˙ㄍㄜ ㄨㄣˋ ㄊㄧˊ ㄌㄞˊ ㄛ！

ㄌㄧˋ ㄖㄨˊ：ㄏㄡˊ ˙ㄗ、ㄏㄡˊ ˙ㄗ、ㄋㄧˇ ˙ㄉㄜ ㄆㄧˋ ㄍㄨˇ ㄗㄣˇ ˙ㄇㄜ ㄏㄨㄟˋ ㄓㄜˋ ˙ㄇㄜ ㄏㄨㄥˊ？

（小朋友，請你寫出自己最感興趣的問題，讓大家一起來想一想，這些問題的答案是什麼？至少寫出三個問題來喔！

例如：猴子、猴子、你的屁股怎麼會這麼紅？）

(二)最好的答案在哪裡？

ㄒㄧㄠˇ ㄆㄥˊ ㄧㄡˇ，ㄖㄤˋ ㄨㄛˇ ˙ㄇㄣ ㄏㄠˇ ㄏㄠˇ ㄒㄧㄤˇ ㄧˊ ㄒㄧㄤˇ ㄊㄨㄥˊ ㄒㄩㄝˊ ˙ㄇㄣ ㄙㄨㄛˇ ㄊㄧˊ ㄔㄨ ㄌㄞˊ ˙ㄉㄜ ㄨㄣˋ ㄊㄧˊ，ㄇㄚ ˙ㄇㄚ ㄊㄧㄥ ㄉㄠˋ ˙ㄌㄜ ㄏㄨㄟˋ ㄗㄣˇ ㄧㄤˋ ㄏㄨㄟˊ ㄉㄚˊ？ㄅㄚˇ ㄗˋ ㄐㄧˇ ㄉㄤ ㄗㄨㄛˋ ㄇㄚ ˙ㄇㄚ ㄌㄞˊ ㄏㄨㄟˊ ㄉㄚˊ ㄓㄜˋ ˙ㄍㄜ ㄨㄣˋ ㄊㄧˊ，ㄎㄢˋ ㄧˊ ㄎㄢˋ ㄕㄟˊ ㄕㄨㄛ ˙ㄉㄜ ㄗㄨㄟˋ ㄧㄡˇ ㄉㄠˋ ㄌㄧˇ，ㄅㄧˇ ㄧˋ ㄅㄧˇ ㄕㄟˊ ˙ㄉㄜ ㄉㄚˊ ㄢˋ ㄗㄨㄟˋ ㄧㄡˇ ㄑㄩˋ。

ㄌㄧˋ ㄖㄨˊ：ㄇㄚ ˙ㄇㄚ ㄕㄨㄛ ㄆㄧˋ ㄍㄨˇ ㄏㄨㄥˊ ㄊㄞˋ ㄕˋ ㄏㄠˇ ㄎㄢˋ。

（小朋友，讓我們好好想一想同學們所提出來的問題，媽媽聽到了會怎樣回答？把自己當做媽媽來回答這個問題，看一看誰說得最有道理，比一比誰的答案最有趣。

例如：媽媽說屁股紅才是好看。）

(三)媽媽說的故事：

ㄑㄧㄥˇ ㄋㄧˇ ㄅㄚˇ ㄑㄧㄢˊ ㄇㄧㄢˋ ˙ㄉㄜ ㄨㄣˋ ㄊㄧˊ ㄏㄢˋ ㄇㄚ ˙ㄇㄚ ˙ㄉㄜ ㄉㄚˊ ㄢˋ，ㄢˋ ㄓㄠˋ ㄕㄨㄣˋ ㄒㄩˋ ㄒㄧㄝˇ ㄔㄨ ㄌㄞˊ，ㄐㄧㄡˋ ㄔㄥˊ ˙ㄌㄜ ㄧˊ ˙ㄍㄜ ㄇㄚ ˙ㄇㄚ ㄕㄨㄛ ˙ㄉㄜ ㄏㄠˇ ㄊㄧㄥ ˙ㄉㄜ ㄍㄨˋ ㄕˋ。

ㄌㄧˋ ㄖㄨˊ：

1 ㄏㄡˊ ˙ㄗ、ㄏㄡˊ ˙ㄗ，ㄋㄧˇ ˙ㄉㄜ ㄆㄧˋ ㄍㄨˇ ㄗㄣˇ ˙ㄇㄜ ㄏㄨㄟˋ ㄓㄜˋ ˙ㄇㄜ ㄏㄨㄥˊ？ㄇㄚ ˙ㄇㄚ ㄕㄨㄛ ㄆㄧˋ ㄍㄨˇ ㄏㄨㄥˊ ㄘㄞˊ ㄕˋ ㄏㄠˇ ㄎㄢˋ。

2 ㄇㄟˋ ˙ㄇㄟ、ㄇㄟˋ ˙ㄇㄟ，ㄋㄧˇ ˙ㄉㄜ ㄧㄢˇ ㄐㄧㄥ ㄗㄣˇ ˙ㄇㄜ ㄓㄜˋ ˙ㄇㄜ ㄉㄚˋ？ㄇㄚ ˙ㄇㄚ ㄕㄨㄛ：ㄧㄢˇ ㄐㄧㄥ ㄉㄚˋ ㄘㄞˊ ㄋㄥˊ ㄎㄢˋ ˙ㄉㄜ ㄑㄧㄥ ㄔㄨˇ。

（請你把前面的問題和媽媽的答案，按照順序寫出來，就成了一個媽媽說的好聽的故事。

例如：

1猴子、猴子，你的屁股怎麼會這麼紅？媽媽說屁股紅才是好看。

2妹妹、妹妹，你的眼睛怎麼這麼大？媽媽說：眼睛大才能看得清楚。）

四、引導過程

(一)小朋友，大象的鼻子很長，媽媽說這樣鼻子長才好看。讓我們來看一看，在我們周遭的事物中，有哪些東西讓你感到十分有趣，卻又不知道他們為什麼會這樣？請你把你的問題寫出來，至少要寫出三個問題喔！

(二)小朋友，你們所提的問題都很有趣，讓我們到處問一問，看看大家對這個問題的看法有什麼不一樣？是不是每個人的答案都一樣呢？把他們告訴你的答案寫出來，說一說，你對他們的回答滿意嗎？還是你有更棒的答案呢？如果讓媽媽來回答，是不是有不一樣的答案？

(三)讓我們把這些問題和答案連成一個有趣的故事。記得要在答案前面加上「媽媽說」喔！

(四)小朋友，請你把自己寫的故事說出來和大家分享。

五、學生作品

1 田學瑋

ㄑㄧㄢ ㄅㄧˇ，ㄑㄧㄢ ㄅㄧˇ，你的ㄅㄧˇ ㄐㄧㄢ ㄗㄣˇ 麼那麼ㄐㄧㄢ，

媽媽說：ㄅㄧˇ ㄐㄧㄢ ㄘㄞˊ ㄋㄥˊ ㄒㄧㄝˇ ㄗˋ。

ㄘㄚ子，ㄘㄚ子，你的ㄕㄣ體ㄗㄣˇ麼那麼白，

媽媽說：ㄕㄣ體白ㄘㄞˊ ㄋㄥˊ ㄘㄚ ㄉㄧㄠˋ字。

ㄙㄨㄢˋ ㄆㄢˊ，ㄙㄨㄢˋ ㄆㄢˊ，你的ㄓㄨ子ㄗㄣˇ麼那麼多，

媽媽說：ㄓㄨ子多ㄘㄞˊ ㄙㄨㄢˋ ㄉㄜˊ ㄑㄧㄥ ㄔㄨˇ。

（鉛筆，鉛筆，你的筆尖怎麼那麼尖，

媽媽說：筆尖才能寫字。

擦子，擦子，你的身體怎麼那麼白，

媽媽說：身體白才能擦掉字。

算盤，算盤，你的珠子怎麼那麼多，

媽媽說：珠子多才算得清楚。）

評析：學瑋全篇以常用的文具做為提問，隱約透露出這三種文具在他平日生活中，所

佔的重要比例之先後順序，自然的表現出一種純稚的層次感。

2 林昱姉

ㄈㄥˋ ㄉㄧㄝˊ，ㄈㄥˋ ㄉㄧㄝˊ，你的ㄔˋ ㄅㄤˇ ㄗㄣˇ ·ㄇㄜ 那·ㄇㄜ ㄒㄧㄢ ㄧㄢˋ，
媽媽說：ㄔˋ ㄅㄤˇ ㄒㄧㄢ ㄧㄢˋ ㄘㄞˊ是美麗。

ㄧㄤˊ ㄨㄚˊ ·ㄨㄚ，ㄧㄤˊ ㄨㄚˊ ·ㄨㄚ，你的ㄊㄡˊ ㄈㄚˇ ㄗㄣˇ ·ㄇㄜ 那·ㄇㄜ ㄐㄩㄢˇ，
媽媽說：頭ㄈㄚˇ ㄐㄩㄢˇ ㄘㄞˊ是ㄆㄧㄠˋ ㄌㄧㄤˋ。

布丁，布丁，你ㄗㄣˇ ·ㄇㄜ 那·ㄇㄜ Q，
媽媽說：布丁QQ的ㄘㄞˊ是好ㄔ。

（鳳蝶，鳳蝶，你的翅膀怎麼那麼鮮豔，
媽媽說：翅膀鮮豔才是美麗。

洋娃娃，洋娃娃，你的頭髮怎麼那麼捲，
媽媽說：頭髮捲才是漂亮。

布丁，布丁，你怎麼那麼Q
媽媽說：布丁QQ的　才是好吃。）

評析：昱姉的文字中，充分表現出對美麗事物的喜愛與欣賞，「鮮豔」這個語詞用得十分恰當，也懂得將相同的形容，用意思雷同的「美麗」、「漂亮」分別描述，讓人讀來不覺得重複累贅。

3 黃威凡

ㄌㄠˇ ㄏㄨˇ，ㄌㄠˇ ㄏㄨˇ，你的ㄧㄚˊ ㄔˇ ㄗㄣˇ ˙ㄇㄜ ㄋㄚˋ ˙ㄇㄜ ㄐㄧㄢ，
媽媽說：ㄧㄚˊ ㄔˇ ㄐㄧㄢ 才可以當森林王子。

ㄊㄨˋ ㄗˇ，ㄊㄨˋ ㄗˇ，你的ㄅㄛˊ ˙ㄗ ㄗㄣˇ ˙ㄇㄜ那麼長，
媽媽說：ㄅㄛˊ 子長才ㄒㄧㄤˋ 美女。

ㄌㄠˇ ㄕㄨˇ，ㄌㄠˇ ㄕㄨˇ，你的ㄕㄣ ㄊㄧˇ ㄗㄣˇ ˙ㄇㄜ那˙ㄇㄜ小，
媽媽說：ㄕㄣ ㄊㄧˇ 小才是可愛。
（老虎，老虎，你的牙齒怎麼那麼尖，
媽媽說：牙齒尖才可以當森林王子。

天鵝，天鵝，你的脖子怎麼那麼長，
媽媽說：脖子長才像美女。
老鼠，老鼠，你的身體怎麼那麼小，
媽媽說：身體小才是可愛。）

評析：威凡所關注的焦點是在動物上面，他對每一種動物的形容都是十分的貼切。

4 劉冠廷

姐姐，姐姐，你的頭ㄈㄚˇ ㄗㄣˇ ˙ㄇㄜ 那 ˙ㄇㄜ ㄔㄤˊ，
媽媽說：頭ㄈㄚˇ ㄔㄤˊ 才是ㄆㄧㄠˋ ㄌㄧㄤˋ。

ㄨ ㄍㄨㄟ，ㄨ ㄍㄨㄟ，你走ㄌㄨˋ ㄗㄣˇ ˙ㄇㄜ 那 ˙ㄇㄜ ㄇㄢˋ，
媽媽說：走ㄌㄨˋ ㄇㄢˋ ㄘㄞˊ可ㄧˇ看風ㄐㄧㄥˇ。

ㄆㄤˊ ㄒㄧㄝˋ，ㄆㄤˊ ㄒㄧㄝˋ，你的ㄐㄧㄠˇ ㄗㄣˇ ˙ㄇㄜ 那麼多，
媽媽說：ㄐㄧㄠˇ ㄉㄨㄛ ㄘㄞˊ可ㄧˇ ㄓㄨㄚ魚。

（姐姐，姐姐，你的頭髮怎麼那麼長，
媽媽說：頭髮長才是漂亮。
烏龜，烏龜，你走路怎麼那麼慢，
媽媽說：走路慢才可以看風景。
螃蟹，螃蟹，你的腳怎麼那麼多，
媽媽說：腳多才可以抓魚。）

評析：冠廷對烏龜的觀察與想法十分有趣，有時孩子單純的想法，反而充滿意味深長的人生哲理。

六、教學省思

㈠本篇寫作題材能激發孩子更多的想像與創造的練習。
㈡學生對這個主題充滿興趣，寫作意願很高。
㈢學生作品內容頗為完整，大多數學生都能夠以形式仿作的方式完成作品。
㈣學生的問題十分有趣，如果繼續延伸發展成為一篇較為完整的作文，應該更具有可讀性。
㈤如果可以將「媽媽」這個語詞也予以更換的話，讓學生自行設計另一個人物，可以更增添寫作趣味。

㈥如果能在寫作之前，先讓學生進行口頭「對話」，用一問一答的方式先予口述練習，對學生的書面寫作更有助益。

一年級寫作訓練之
特殊能力編

五、構詞能力訓練

■詞語拼盤

六、修辭能力訓練

■春姐姐

■我想

【構詞能力訓練】

詞語拼盤

教材來源

配合統整活動三、自編——「詞語拼盤」

一、設計理念

低年級的學生十分樂於和別人分享自己生活的經驗，如果作文可以和生活經驗相結合，往往可以激發學生寫出生動有趣的作文，但是若讓學生自由發表，又常會有掌握不到重點的問題產生，因此選出幾個學生學過的，對它有興趣且日常生活中經常會使用到的語詞，讓學生自由選擇其中的二個語詞，進行口述後再以文字書寫成短文，這是應用了限制式寫作中的「詞語訓練式」。

二、寫作題組

(一)口述造句：

（小朋友，請你找出兩個自己最喜歡的語詞，用它們造出一個句子來。）

(二)詞語拼盤：

（蘿蔔）	（沙堡）	（螃蟹）	（開心）	（抹布）	（絲瓜）
（花貓）	（廟）	（電線桿）	（圓圓的）	（帽子）	
（美味可口）	（喜歡）	（送給）	（心愛的）	（忽然）	

ㄒㄧㄠˇ ㄆㄥˊ ㄧㄡˇ！ㄑㄧㄥˇ ㄋㄧˇ ㄘㄨㄥˊ ㄅㄧㄥˇ ㄍㄢ ㄏㄜˊ ㄌㄧˇ，ㄓㄠˇ ㄔㄨ ㄌㄧㄤˇ ˙ㄍㄜ ㄋㄧˇ ㄗㄨㄟˋ ㄒㄧˇ ㄏㄨㄢ ˙ㄉㄜ ㄩˇ ㄘˊ，ㄕㄨㄛ ㄔㄥˊ ㄧˊ ㄐㄩˋ ㄏㄨㄚˋ，ㄅㄚˇ ㄊㄚ ㄒㄧㄝˇ ㄒㄧㄚˋ ㄌㄞˊ。

ㄌㄧˋ ㄖㄨˊ：ㄒㄧㄠˇ ㄋㄧㄠˇ ㄓㄢˋ ㄗㄞˋ「ㄉㄧㄢˋ ㄒㄧㄢˋ ㄍㄢ」ㄕㄤˋ「ㄎㄞ ㄒㄧㄣ」˙ㄉㄜ ㄔㄤˋ ㄍㄜ。

（小朋友！請你從餅乾盒裡，找出兩個你最喜歡的語詞，說成一句話，把它寫下來。

例如：小鳥站在「電線桿」上「開心」的唱歌。）

三、引導過程

㈠請學生從教師提供的語詞中，選出兩個自己最喜歡的語詞，根據自己的生活經驗將它們組合成一句話。

㈡用口述作文的方式，請同學發表自己的句子，如果有不夠完整的地方，其他的同學或是教師可以給予建議。

㈢鼓勵學生儘量結合生活經驗，如果學生受到同學的影響，脫離自己的經驗而有模仿的情形發生，教師提供其他思考的方向，鼓勵同學儘量自己創作。

㈣請學生將他們口述發表的句子寫在學習單上。

四、學生作品

1 鍾佳臻

ㄆㄤˊ ㄒㄧㄝˋ、ㄇㄠˋ ˙ㄗ（螃蟹、帽子）

ㄧㄡˇ ㄧˋ ㄊㄧㄢ，ㄇㄚ ˙ㄇㄚ ㄏㄢˋ ㄅㄚˋ ˙ㄅㄚ，ㄧㄣ ㄨㄟˋ ㄋㄚˋ ㄊㄧㄢ ㄕˋ ㄉㄚˋ ㄖㄜˋ ㄊㄧㄢ，ㄙㄨㄛˇ ㄧˇ ㄅㄚˋ ˙ㄅㄚ ˙ㄋㄜ！ㄐㄧㄡˋ ㄉㄞˋ ㄧˋ ㄉㄧㄥˇ「ㄇㄠˋ ˙ㄗ」ㄔㄨ ㄇㄣˊ。ㄗㄡˇ ˙ㄧㄚ ㄗㄡˇ，ㄅㄚˋ ˙ㄅㄚ ˙ㄉㄜ「ㄇㄠˋ ˙ㄗ」ㄅㄟˋ ㄈㄥ ㄔㄨㄟ ㄗㄡˇ ˙ㄌㄜ，ㄔㄨㄟ ˙ㄧㄚ ㄔㄨㄟ，ㄔㄨㄟ ㄉㄠˋ「ㄆㄤˊ ㄒㄧㄝˋ」˙ㄉㄜ ㄊㄡˊ ㄕㄤˋ。ㄒㄧㄠˇ「ㄆㄤˊ ㄒㄧㄝˋ」ㄎㄢˋ ㄅㄨˊ ㄉㄠˋ ㄌㄨˋ ˙ㄌㄜ ㄧㄝ！ㄒㄧㄠˇ「ㄆㄤˊ ㄒㄧㄝˋ」ㄐㄧㄡˋ ㄅㄚˇ ㄓㄜˋ ㄉㄧㄥˇ「ㄇㄠˋ ˙ㄗ」ㄋㄚˊ ㄑㄧˇ ㄌㄞˊ ㄕㄨㄛ：ㄨㄛˇ ㄎㄜˇ ㄧˇ ㄩㄥˋ ㄊㄚ ㄉㄤ ㄨㄛˇ ˙ㄉㄜ ㄐㄧㄚ。

（有一天，媽媽和爸爸，因爲那天是大熱天，所以爸爸呢！就戴一頂「帽子」出門。走呀走，爸爸的「帽子」被風吹走了，吹呀吹，吹到「螃蟹」的頭上。小「螃蟹」看不到路了耶！小「螃蟹」就把這頂「帽子」拿起來說：我可以用它當我的家。）

評析：佳臻很巧妙的將螃蟹和帽子串成一個有趣的故事，能把先前範文中所學到的句型「吹呀吹」、「走呀走」正確的運用出來，非常不錯。

2 張怡萱

ㄏㄨㄚ ㄇㄠ、ㄎㄞ ㄒㄧㄣ（花貓、開心）

ㄧㄡˇ ㄧˋ ㄊㄧㄢ，ㄅㄚˋ ˙ㄅㄚ ㄉㄞˋ ㄨㄛˇ ㄑㄩˋ ㄍㄨㄥ ㄩㄢˊ ㄨㄢˊ ㄌㄧㄡˋ ㄏㄨㄚˊ ㄊㄧ，ㄨㄛˇ ㄎㄢˋ ㄉㄠˋ「ㄏㄨㄚ ㄇㄠ」，ㄨㄛˇ ㄐㄧㄠˋ ㄅㄚˋ ˙ㄅㄚ ㄓㄨㄚ ㄊㄚ ㄒㄧㄚˋ ㄌㄞˊ，ㄨㄛˇ ˙ㄇㄣ ㄇㄛ ㄇㄛ ㄊㄚ，ㄏㄠˇ ㄍㄨㄞ ㄧㄛ！ㄨㄛˇ ㄨㄣˋ ㄅㄚˋ ˙ㄅㄚ ㄎㄜˇ ㄅㄨˋ ㄎㄜˇ ㄧˇ ㄉㄞˋ ㄏㄨㄟˊ ㄑㄩˋ？ㄅㄚˋ ˙ㄅㄚ ㄕㄨㄛ ㄏㄠˇ！ㄨㄛˇ ㄐㄧㄡˋ ㄉㄞˋ ㄏㄨㄟˊ ㄑㄩˋ，ㄐㄧㄡˋ ㄨㄟˋ ㄊㄚ ㄋㄧㄡˊ ㄋㄞˇ ㄏㄢˋ ㄩˊ，ㄍㄟˇ ㄊㄚ ㄔ ㄨㄢˊ ˙ㄌㄜ，ㄨㄛˇ ㄐㄧㄡˋ ㄉㄞˋ ㄊㄚ ㄑㄩˋ ㄍㄨㄥ ㄩㄢˊ ㄨㄢˊ，ㄊㄚ ㄨㄢˊ ㄉㄜˊ ㄏㄠˇ ㄎㄞ ㄒㄧㄣ，ㄨㄛˇ ㄧㄝˇ ㄨㄢˊ ㄉㄜˊ ㄏㄠˇ「ㄎㄞ ㄒㄧㄣ」。ㄨㄢˇ ㄕㄤˋ ˙ㄌㄜ，ㄨㄛˇ ㄐㄧㄡˋ ㄉㄞˋ ㄏㄨㄚ ㄇㄠ ㄏㄨㄟˊ ㄐㄧㄚ ˙ㄌㄜ。

（有一天，爸爸帶我去公園玩溜滑梯，我看到「花貓」，我叫爸爸抓牠下來，我們摸摸牠，好乖唷！我問爸爸可不可以帶回去？爸爸說好！我就帶回去，就餵牠牛奶和魚，給牠吃完了，我就帶牠去公園玩，牠玩得好開心，我也玩得好「開心」。晚上了，我就帶花貓回家了。）

評析：怡萱很完整的敘述一件事，她和花貓的故事蠻溫馨的。

3 賴彥錡

ㄆㄤˊ ㄒㄧㄝˋ（螃蟹）

ㄕㄤˋ ㄧˋ ㄘˋ，ㄅㄚˋ ˙ㄅㄚ ㄇㄚ ˙ㄇㄚ ㄉㄞˋ ㄨㄛˇ ㄑㄩˋ ㄊㄞˊ ㄍㄨㄛˊ ㄨㄢˊ，ㄅㄚˋ ˙ㄅㄚ ㄇㄚ ˙ㄇㄚ ㄐㄧㄡˋ ㄉㄞˋ ㄨㄛˇ ㄑㄩˋ ㄏㄞˇ ㄅㄧㄢ ㄧㄡˊ ㄩㄥˇ，ㄧㄡˇ ㄧˋ ㄊㄧㄢ ㄨㄛˇ ㄎㄢˋ ㄐㄧㄝˇ ˙ㄐㄧㄝ ㄑㄩˋ ㄧㄡˊ ㄩㄥˇ，ㄐㄧㄝˇ ˙ㄐㄧㄝ ㄐㄧㄡˋ ㄗㄞˋ

ㄕㄚ ㄊㄢ ㄕㄤˋ ㄎㄢˋ ㄉㄠˋ ˙ㄌㄜ ㄏㄠˇ ㄉㄨㄛ ˙ㄉㄜ「ㄆㄤˊ ㄒㄧㄝˋ」，ㄐㄧㄝˇ ˙ㄐㄧㄝ ㄏㄢˋ ㄨㄛˇ ㄒㄧㄚˋ ˙ㄌㄜ ㄧˊ ㄊㄧㄠˋ，ㄨㄛˇ ㄏㄢˋ ㄐㄧㄝˇ ˙ㄐㄧㄝ ㄉㄡ ㄒㄧㄤˇ ㄑㄩˋ ㄓㄨㄚ「ㄆㄤˊ ㄒㄧㄝˋ」，ㄎㄜˇ ㄕˋ ㄋㄚˋ ㄒㄧㄝ「ㄆㄤˊ ㄒㄧㄝˋ」ㄉㄡ ㄆㄠˇ ˙ㄉㄜ ㄊㄞˋ ㄎㄨㄞˋ ˙ㄌㄜ，ㄨㄛˇ ˙ㄇㄣ ㄉㄡ ㄓㄨㄚ ㄅㄨˊ ㄉㄠˋ「ㄆㄤˊ ㄒㄧㄝˋ」，「ㄆㄤˊ ㄒㄧㄝˋ」ㄉㄡ ㄊㄠˊ ㄉㄠˋ ㄗˋ ㄐㄧˇ ˙ㄉㄜ ㄐㄧㄚ ˙ㄌㄜ。

（上一次，爸爸媽媽帶我去泰國玩，爸爸媽媽就帶我去海邊游泳，有一天我和姐姐去游泳，姐姐就在沙灘上看到了好多的「螃蟹」，姐姐和我嚇了一跳，我和姐姐都想去抓「螃蟹」，可是那些「螃蟹」都跑得太快了，我們都抓不到「螃蟹」，「螃蟹」都逃到自己的家了。）

評析：彥錡雖然只用了一個語詞，但是因為對螃蟹有很深刻的印象，因此能夠很生動的把當天看到螃蟹，和螃蟹互動的情形描寫出來。

4 許家揚

ㄕㄚ ㄅㄠˇ、ㄇㄟˇ ㄨㄟˋ ㄎㄜˇ ㄎㄡˇ（沙堡、美味可口）

ㄧㄡˇ ㄧˋ ㄊㄧㄢ，ㄅㄚˋ ˙ㄅㄚ、ㄇㄚ ˙ㄇㄚ ㄉㄞˋ ㄨㄛˇ ㄑㄩˋ ㄏㄞˇ ㄅㄧㄢ ㄨㄢˊ「ㄕㄚ ㄅㄠˇ」。ㄨㄢˊ ㄌㄟˋ ˙ㄌㄜ ㄕˊ ㄏㄡˋ，ㄅㄚˋ ˙ㄅㄚ、ㄇㄚ ˙ㄇㄚ ㄧㄡˋ ㄉㄞˋ ㄨㄛˇ ㄑㄩˋ ㄘㄢ ㄊㄧㄥ ㄔ「ㄇㄟˇ ㄨㄟˋ ㄎㄜˇ ㄎㄡˇ」˙ㄉㄜ ㄋㄧㄡˊ ㄆㄞˊ。ㄔ ㄨㄢˊ ㄋㄧㄡˊ ㄆㄞˊ ㄅㄚˋ ㄇㄚ ㄧㄡˋ ㄉㄞˋ ㄨㄛˇ ㄑㄩˋ ㄍㄨㄥ ㄩㄢˊ ㄨㄢˊ ㄆㄤˊ ㄑㄧㄡ ㄑㄧㄢ、ㄌㄡˋ ㄏㄨㄚˊ ㄊㄧ，ㄨㄢˊ ㄏㄠˇ ˙ㄌㄜ ㄐㄧㄡˋ ㄏㄨㄟˊ ㄐㄧㄚ。

（有一天，爸爸、媽媽帶我去海邊玩「沙堡」。玩累的時候，爸爸、媽媽又帶我去餐廳吃「美味可口」的牛排。吃完牛排爸媽又帶我去公園玩盪秋千、溜滑梯，玩好了就回家。）

評析：家揚把二個語詞安排得很恰當。能有條理的陳述出去玩的情形，在剛開始練習寫作的狀況下，算是不錯的表現。

五、教學省思

㈠本篇作文因為引導時間不夠，大部份學生還未能充分理解寫作題材，使得第一次的習寫練習表現得不盡理想，無法掌握寫作重點。

㈡進行第二次教學時，先請學生選好語詞，進行口頭發表，全班共同討論批改後，再做文字書寫，學習成果較第一次為佳。

㈢先引導學生用語詞組成簡單句子，多做練習後，再鼓勵學生增加形容詞、或量詞等，可使學生的句子延伸拉長。

㈣多數學生在口述作文時常犯的錯誤，就是被同學所發表的內容所限制住，流於內容或形式上的模仿。因此在教學時，要注意多提供學生一些不同思考的方向做為發表時的參考。

㈤如果學生出現模仿的情形，儘量協助他結合自己的生活經驗提出個人的看法。

㈥不論學生發表的內容好壞，要儘量做到鼓勵每一個學生，不可以過度讚美優秀的學生，以免偏限其他同學的發表。

㈦同學們寫作時，選擇的語詞只集中在少數的語詞上，可見他們有感覺的東西和教師所提供的語詞是有差距的，教師在選擇語詞上要更貼近學生的興趣與經驗，進行詞語組合寫作時，應和學生一起討論他們有感覺的語詞以改進這樣的現象。

㈧因為學生的年齡小，加上個別語文能力的差距頗大，語詞組合寫作的教學效果個別差異相當大。應該增加教學的時數，給予能力較為不足的學生多一點練習，促進他們的寫作成效，減少寫作時的挫敗感。

㈨低年級學生拼寫能力的不足，常阻礙了大多數學生的思路，影響他們的寫作，是進行寫作教學要克服的難題之一。

【修辭能力訓練】

春姐姐

教材來源

結合活領域——認識小動物

一、設計理念

本次作文配合生活領域教學，結合聯想力與擬人法的訓練，以三階段式的分段教學引導，讓學生以形式仿寫、續寫的方式，進行三段式的童詩寫作。

二、寫作題組

(一)觀察力的訓練：

ㄒㄧㄠˇ ㄆㄥˊ ㄧㄡˇ ㄑㄧㄥˇ ㄋㄧˇ ㄗˇ ㄒㄧˋ ˙ㄉㄜ ㄍㄨㄢ ㄔㄚˊ ㄕㄥ ㄏㄨㄛˊ ㄓㄡ ㄗㄠ ˙ㄉㄜ ㄉㄨㄥˋ ㄨˋ，ㄕㄨㄛ ㄧˋ

ㄕㄨㄛ ㄊㄚ ˙ㄇㄣ ㄓㄨˋ ㄗㄞˋ ㄕㄣˊ ˙ㄇㄜ ㄉㄧˋ ㄈㄤ，ㄗㄨㄟˋ ㄒㄧˇ ㄏㄨㄢ ㄗㄨㄛˋ ㄒㄧㄝ ㄕㄣˊ ˙ㄇㄜ ㄕˋ？

（小朋友請你仔細的觀察生活周遭的動物，說一說牠們住在什麼地方，最喜歡做些什麼事？）

(二)聯想力與擬人法的訓練：

ㄒㄧㄠˇ ㄆㄥˊ ㄧㄡˇ，ㄑㄧㄥˇ ㄋㄧˇ ㄅㄚˇ ㄗˋ ㄐㄧˇ ㄉㄤ ㄗㄨㄛˋ ㄕˋ ㄒㄧㄠˇ ㄉㄨㄥˋ ㄨˋ，ㄒㄧㄤˇ ㄧˋ ㄒㄧㄤˇ，ㄖㄨˊ ㄍㄨㄛˇ ㄔㄨㄣ ㄐㄧㄝˇ ˙ㄐㄧㄝ ㄌㄞˊ ˙ㄌㄜ ˙ㄉㄜ ㄏㄨㄚˋ，ㄋㄧˇ ㄗㄨㄟˋ ㄒㄧㄤˇ ㄏㄢˋ ㄊㄚ ㄨㄢˊ ㄒㄧㄝ ㄕㄣˊ ˙ㄇㄜ ㄧㄡˊ ㄒㄧˋ ˙ㄋㄜ？ㄓˋ ㄕㄠˇ ㄧㄠˋ ㄕㄨㄛ ㄔㄨ ㄙㄢ ˙ㄍㄜ ㄌㄞˊ ㄛ！

（小朋友，請你把自己當做是小動物，想一想，如果春姐姐來了的話，你最想和她玩些什麼遊戲呢？至少要說出三個來喔！）

(三)寫作題目：春姐姐

ㄒㄧㄠˇ ㄆㄥˊ ㄧㄡˇ，ㄑㄧㄥˇ ㄋㄧˇ ㄧˇ「ㄉㄨㄥ ㄆㄛˊ ˙ㄆㄛ ㄗㄡˇ ˙ㄌㄜ ㄔㄨㄣ ㄐㄧㄝˇ ˙ㄐㄧㄝ ㄌㄞˊ ˙ㄌㄜ」ㄨㄟˊ ㄎㄞ ㄊㄡˊ，ㄒㄧㄝˇ ㄔㄨ ㄍㄜˋ ㄓㄨㄥˇ ㄒㄧㄠˇ ㄉㄨㄥˋ ㄨˋ ㄒㄧㄤˇ ㄧㄠˋ ㄏㄢˋ ㄔㄨㄣ ㄐㄧㄝˇ ˙ㄐㄧㄝ ㄨㄢˊ ˙ㄉㄜ ㄧㄡˊ ㄒㄧˋ，ㄐㄧˋ ㄉㄜˊ ㄧㄠˋ ㄒㄧㄝˇ ㄔㄨ ㄙㄢ ㄓㄨㄥˇ ㄉㄨㄥˋ ㄨˋ ㄛ！

ㄌㄧˋ ㄖㄨˊ：ㄉㄨㄥ ㄆㄛˊ ˙ㄆㄛ ㄗㄡˇ ˙ㄌㄜ

ㄔㄨㄣ ㄐㄧㄝˇ ˙ㄐㄧㄝ ㄌㄞˊ ˙ㄌㄜ

ㄒㄧㄠˇ ㄍㄡˇ ㄕㄨㄛ

ㄨㄛˇ ㄧㄠˋ ㄏㄢˋ ㄔㄨㄣ ㄐㄧㄝˇ ˙ㄐㄧㄝ

ㄧ ㄑㄧˇ ㄑㄩˋ ㄆㄞ ㄆㄧˊ ㄑㄧㄡˊ

（小朋友，請你以「冬婆婆走了春姐姐來了」爲開頭，寫出各種小動物想要和春姐姐玩的遊戲，記得要寫出三種動物來喔！

例如：冬婆婆走了
春姐姐來了
小狗說
我要和春姐姐
一起去拍皮球………）

三、引導過程

㈠引導小朋友觀察小動物住的地方與平日最喜歡做的事情，或者是其他觀察到的事物與行為，也可以報告給大家聽。

㈡引導朋友用擬人化的方式，說一說，小動物們想要和春姐姐玩些什麼遊戲？

㈢引導小朋友將他們所發表的內容，以仿寫、續寫的方式，寫成一篇三段式的童詩來。

四、學生作品

1 林昱姉

冬ㄆㄛˊ ˙ㄆㄛ 走了
春ㄐㄧㄝˇ ˙ㄐㄧㄝ 來了

小ㄍㄡˇ 說
我要和春ㄐㄧㄝˇ ˙ㄐㄧㄝ
一起去玩ㄈㄟ ㄆㄢˊ

小ㄆㄤˊ ㄒㄧㄝˋ 說
我要和春ㄐㄧㄝˇ ˙ㄐㄧㄝ
一起去ㄆㄨㄟ ㄕㄚ ㄅㄠˇ

小ㄊㄨˋ子說
我要和春ㄐㄧㄝˇ·ㄐㄧㄝ
一起去田裡找紅ㄌㄨㄛˊ·ㄅㄛ
(冬ˋ婆婆走了
春姐姐來了

小狗說
我要和春姐姐
一起去玩飛盤

小螃蟹說
我要和春姐姐
一起去堆沙堡

小兔子說
我要和春姐姐

一起去田裡找紅蘿蔔）

評析：玩飛盤、堆沙堡和小白兔都是昱旆的最愛，昱旆在不少作品之中，都將自己喜愛的事物自然的寫入句子當中，流露出她最真實的情感。

2 黃威凡

冬ㄉㄨㄛˊ ·ㄉㄨㄛ 走了
春ㄐㄧㄝˇ ·ㄐㄧㄝ 來了

小花ㄇㄠ 說
我要和春ㄐㄧㄝˇ ·ㄐㄧㄝ
一起去ㄓㄨㄛ ㄇㄧˊ ㄘㄤˊ

小ㄎㄜ ㄉㄡˇ 說
我要和春ㄐㄧㄝˇ ·ㄐㄧㄝ
一起去ㄧㄡˊ ㄩㄥˇ

小羊說

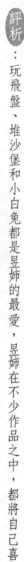

我要和春ㄐㄧㄝˇ·ㄐㄧㄝ
一起去山上ㄎㄢˋ ㄈㄥ ㄐㄧㄥˇ
（冬婆婆走了
春姐姐來了

小花貓說
我要和春姐姐
一起去捉迷藏

小蝌蚪說
我要和春姐姐
一起去游泳

小羊說
我要和春姐姐
一起去山上看風景）

評析：威凡是個觀察力十分敏銳的孩子，在他的作品中，充分的觀察到貓咪調皮搗蛋的個性，與小蚪蚪和小羊的生活場域，所以春姐姐和小貓捉迷藏、和小蚪蚪游泳、和小羊在山上看風景，描寫得十分貼切。

3 許涵妮

冬ㄍㄜˊ ˙ㄍㄜ走了
春ㄐㄧㄝˇ ˙ㄐㄧㄝ來了

小ㄓㄚˋ ㄇㄥˇ說
我要和春ㄐㄧㄝˇ ˙ㄐㄧㄝ
一起去ㄊㄠˋ ㄈㄤˊ子

毛毛ㄔㄨㄥˊ說
我要和春ㄐㄧㄝˇ ˙ㄐㄧㄝ
一起去ㄉㄡ ㄏㄨㄚˊ ㄊㄧ

小花貓說

我要和春ㄐㄧㄝˇ˙ㄐㄧㄝ
一起去打ㄆㄞˊ球
（冬婆婆走了
春姐姐來了

小蚱蜢說
我要和春姐姐
一起去跳房子

毛毛蟲說
我要和春姐姐
一起去溜滑梯

小花貓說
我要和春姐姐
一起去打排球）

評析：涵妮有很棒的聯想力，作品中寫小蚱蜢找春姐姐玩跳房子的遊戲，實在是神來一筆，讓人看了不禁會意一笑，也佩服她的聯想力。

五、教學省思

㈠學生充分掌握擬人法的寫作重點，並能加入自己敏銳的觀察，讓本次作品呈現十足的趣味性。

㈡多數學生可以做出很不錯的聯想，部份學生的聯想與觀察配合得宜，更突顯出寫作的創意十足。

㈢充分的口頭發表使本次作文成效明顯提高。

【修辭能力訓練】

我想……

教材來源

自編、疊字詞的訓練

一、設計理念

一年級的學生所學習的詞彙基本上是相當有限，如何指導學生善加利用所學過的詞彙，是低年級作文教學的重點。本篇作文教學的設計重點在於訓練學生對疊字詞的運用，讓疊字詞能在句子中達到畫龍點睛的功能。鼓勵學生透過生活經驗的觀察，結合疊字詞的使用與聯想力的訓練，擴展學生寫出來的句子長度與內容的豐富性，以提升學生的基礎作文能力。

二、寫作題組

(一)疊字詞訓練：

ㄒㄧㄠˇ ㄆㄥˊ ㄧㄡˇ，ㄑㄧㄥˇ ㄋㄧˇ ㄍㄨㄢ ㄔㄚˊ ㄖˋ ㄔㄤˊ ㄕㄥ ㄏㄨㄛˊ ㄓㄨㄥ ˙ㄉㄜ ㄨˋ ㄆㄧㄣˇ，ㄩㄥˋ ㄉㄧㄝˊ ㄗˋ ㄘˊ ㄌㄞˊ ㄒㄧㄥˊ ㄖㄨㄥˊ ㄊㄚ。ㄌㄧˋ ㄖㄨˊ：ㄖㄨㄢˇ ㄖㄨㄢˇ ˙ㄉㄜ ㄘㄠˇ ㄉㄧˋ、ㄩㄢˊ ㄩㄢˊ ˙ㄉㄜ ㄆㄧˊ ㄑㄧㄡˊ……。

(小朋友，請你觀察日常生活中的物品，用疊字詞來形容它。例如：軟軟的草地、圓圓的皮球……。)

(二)聯想力訓練一：

ㄒㄧㄠˇ ㄆㄥˊ ㄧㄡˇ，ㄑㄧㄥˇ ㄋㄧˇ ㄈㄚ ㄏㄨㄟ ㄋㄧˇ ˙ㄉㄜ ㄌㄧㄢˊ ㄒㄧㄤˇ ㄌㄧˋ，ㄒㄧㄝˇ ㄔㄨ ㄋㄧˇ ㄙㄨㄛˇ ㄍㄨㄢ ㄔㄚˊ ㄉㄠˋ ˙ㄉㄜ ㄉㄨㄥ ㄒㄧ ㄒㄧㄤˋ ㄕㄣˊ ˙ㄇㄜ？ㄌㄧˋ ㄖㄨˊ：ㄘㄠˇ ㄉㄧˋ ㄖㄨㄢˇ ㄖㄨㄢˇ ˙ㄉㄜ ㄒㄧㄤˋ ㄉㄧˋ ㄊㄢˇ、ㄆㄧˊ ㄑㄧㄡˊ ㄩㄢˊ ㄩㄢˊ ˙ㄉㄜ ㄒㄧㄤˋ ㄊㄞˋ ㄧㄤˊ……。

(小朋友，請你發揮你的聯想力，寫出你所觀察到的東西像什麼？例如：草地軟軟的像地毯、皮球圓圓的像太陽……。)

㈢聯想力訓練二：

ㄒㄧㄠˇ ㄆㄥˊ ㄧㄡˇ，ㄗㄞˋ ㄑㄧㄥˇ ㄋㄧˇ ㄈㄚ ㄏㄨㄟ ㄧˊ ㄒㄧㄚˋ ㄋㄧˇ ˙ㄉㄜ ㄌㄧㄢˊ ㄒㄧㄤˇ ㄌㄧˋ，ㄍㄤ ㄘㄞˊ ㄍㄨㄢ ㄔㄚˊ ㄉㄠˋ ㄅㄧㄥˋ ㄌㄧㄢˊ ㄒㄧㄤˇ ㄉㄠˋ ˙ㄉㄜ ㄉㄨㄥ ˙ㄒㄧ，ㄋㄧˇ ㄎㄜˇ ㄧˇ ㄋㄚˊ ㄊㄚ ㄌㄞˊ ㄗㄨㄛˋ ㄕㄣˊ ˙ㄇㄜ？ㄩㄥˋ ㄒㄧㄣ ㄒㄧㄤˇ ㄧˋ ㄒㄧㄤˇ，ㄖㄢˊ ㄏㄡˋ ㄒㄧㄝˇ ㄒㄧㄚˋ ㄌㄞˊ。

ㄌㄧˋ ㄖㄨˊ：ㄘㄠˇ ㄉㄧˋ ㄖㄨㄢˇ ㄖㄨㄢˇ ˙ㄉㄜ ㄒㄧㄤˋ ㄉㄧˋ ㄊㄢˇ，ㄨㄛˇ ㄒㄧㄤˇ ㄗㄞˋ ㄕㄤˋ ㄇㄧㄢˋ ㄕㄨㄟˋ ㄨˇ ㄐㄧㄠˋ。

（小朋友，再請你發揮一下你的聯想力，剛才觀察到並聯想到的東西，你可以拿它來做什麼？用心想一想，然後寫下來。

例如：草地軟軟的像地毯，我想在上面睡午覺。）

㈣寫成短文——我想……

三、引導過程

㈠疊字詞的訓練：

1草地「軟軟的」、皮球「圓圓的」，小朋友，請你觀察日常生活中的物品，它們的特性是什麼？用「○○的」來形容它，並把它寫下來。

2請同學發表自己所寫出來的疊字詞，其他的同學如果有不同的疊字詞，可以補充發表。例如：草地「綠綠的」、草地「香香的」……。

(二)聯想力的訓練一：

1草地「軟軟的」像地毯、皮球「圓圓的」像太陽，你所觀察到的東西到底像什麼，請你想一想把它寫下來。

2請同學發表自己的聯想，其他的同學如果有不同的聯想，可以補充。例如：草地像棉被、草地像頭髮……。

(三)聯想力訓練二：

1「布丁QQ的，好像彈簧床，我好想躺在上面睡覺」。請你想一想，你會把自己之前想到的東西拿來做什麼？把它寫下來，愈多愈好喔！

2請同學發表自己的聯想，其他的同學如果有不同的意見可以補充。

四、學生作品

1 葉彥均

草地ㄖㄨㄢˇㄖㄨㄢˇ的，

好ㄒㄧㄤˋ地ㄊㄢˇ，
我好想ㄍㄣㄉㄧˋ˙ㄉㄧㄏㄢˋㄇㄚ˙ㄇㄚ、ㄅㄚˋ˙ㄅㄚ，
在草地上ㄉㄚˇㄍㄨㄣˇㄈㄢㄍㄣㄉㄡˇ。

布丁QQ的，
好ㄒㄧㄤˋㄊㄢˊㄏㄨㄤˊㄔㄨㄤˊ，
我好ㄒㄧㄤˇㄊㄤˇ在上ㄇㄢˋㄕㄨㄟˋㄐㄧㄠˋ。

ㄆㄧˊㄑㄧㄡˊㄩㄢˊㄩㄢˊ˙ㄉㄜ，
好ㄒㄧㄤˋㄉㄧˋㄑㄧㄡˊ，
我好ㄒㄧㄤˇㄅㄠˋ˙ㄓㄜㄊㄚㄆㄠˇㄧˋㄑㄩㄢ。

ㄆㄥˊㄍㄨㄛˇㄏㄨㄥˊㄏㄨㄥˊ˙ㄉㄜ，
好像一ㄉㄨㄛˇ小ㄏㄨㄥˊ花，
我眞ㄒㄧㄤˇㄔ一口。

ㄒㄧㄤ ㄐㄧㄠ ㄏㄨㄤˊ ㄏㄨㄤˊ的，
ㄏㄠˇ ㄒㄧㄤˋ 一 ㄆㄧㄢˋ ㄏㄨㄤˊ ㄧㄝˋ ˙ㄗ，
ㄎㄢˋ 起來好 ㄆㄧㄠˋ ㄌㄧㄤˋ。

（草地軟軟的，
好像地毯，
我好想跟弟弟和媽媽、爸爸，
在草地上打滾翻跟斗。

布丁ＱＱ的，
好像彈簧床，
我好想躺在上面睡覺。

皮球圓圓的，
好像地球，
我好想抱著它跑一圈。

蘋果紅紅的，
好像一朵小紅花，
我眞想吃一口。
香蕉黃黃的，
好像一片黃葉子，
看起來好漂亮。）

評析：彥均的聯想力十分豐富，對布丁的聯想十分的傳神又具有童趣。

2 林庭毅

ㄌㄢˊ天
ㄌㄢˊㄌㄢˊ的，
ㄏㄠˇㄒㄧㄤˋ大ㄏㄞˇ，
我ㄏㄠˇㄒㄧㄤˇㄑㄩˋ大ㄏㄞˇㄨㄢˊ，
ㄍㄣ小魚ㄨㄢˊㄓㄨㄛ ㄇㄧˊ ㄘㄤˊ。
ㄒㄧㄤ ㄐㄧㄠ

ㄏㄨㄤˊ ㄏㄨㄤˊ的，
ㄏㄠˇ ㄒㄧㄤˋ ㄩㄝˋ ㄌㄧㄤˋ，
我ㄏㄠˇ ㄒㄧㄤˇ ㄅㄚˇ ㄊㄚ ㄕㄜˋ ㄉㄠˋ ㄊㄧㄢ ㄎㄨㄥ，
ㄉㄤ ㄈㄟ ㄅㄧㄠ玩。
（藍天
藍藍的，
好像大海，
我好想去大海玩，
跟小魚玩捉迷藏。

香蕉
黃黃的，
好像月亮，
我好想把它射到天空，
當飛鏢玩。）

評析：庭毅對香蕉的聯想十分有趣，把香蕉當做飛鏢射向天空，讀來讓人覺得有一股孩子的灑脫氣息。

3 曾榆婷

紅紅的
ㄆㄧㄥˊ果，
好ㄒㄧㄤˋ紅色的果ㄉㄨㄥˋ。
我好想偷吃一口，可ㄕˋ會ㄅㄟˋ人家ㄈㄚㄒㄧㄢˋㄗㄣˇ˙ㄇㄜㄅㄢˋ˙ㄋㄜ？我來ㄒㄧㄤˇㄅㄢˋㄈㄚˇ好了，好˙ㄅㄚ！先偷吃ㄗㄞˋㄕㄨㄛ，好好吃ㄛ！ㄗㄞˋ吃一口，ㄓㄣ是太好吃了，我來ㄅㄚˇㄊㄚ吃ㄨㄢˊ˙ㄅㄚ！ㄓㄨㄥㄩˊ吃ㄨㄢˊ了。

ㄖㄨㄢˇㄖㄨㄢˇ的
ㄖㄨㄢˇㄊㄤˊ
好ㄒㄧㄤˋㄇㄧㄢˊ花ㄊㄤˊ
我好想ㄊㄧㄢˇㄧˋㄎㄡˇ，來ㄊㄧㄢˇ˙ㄅㄚ！ㄖㄨㄥˊ化了，再ㄊㄧㄢˇㄧˋㄎㄡˇ又ㄖㄨㄥˊ化了，我把它吃ㄨㄢˊ˙ㄅㄚ！吃吃吃，全ㄅㄨˋ都ㄖㄨㄥˊ化了。

（紅紅的
蘋果，

好像紅色的果凍。

我好想偷吃一口，可是會被人家發現怎麼辦呢？我來想辦法好了，好吧！先偷吃再說，好好吃喔！再吃一口，眞是太好吃了，我來把它吃完吧！終於吃完了。

軟軟的

軟糖

好像棉花糖

我好想舔一口，來舔吧！融化了，再舔一口又融化了，我把它吃完吧！吃吃吃，全部都融化了。）

評析：榆婷的作品，充分的表現出孩子純真的想法，我們跟著她的描寫，看到她由原本想偷吃的衝動、擔心，到後來的不顧後果，最後完全忘了一開始要想出辦法的念頭，我們看到孩子單純又真實的感覺，也讓我們感到和他們更加的貼近。在第二段的描寫中，「吃吃吃」運用的相當巧妙，寫法令人印象深刻。

五、教學省思

㈠學生在疊字詞的使用上具備不錯的能力，但是因為受到一些刻板印象的影響，聯想時有無法跳脫常見聯想詞句的缺點，例如：月亮像香蕉、太陽像火球、白雲像棉花糖……，在今後教學時要特別注意與加強指導聯想的擴散性。

㈡在蒐集寫作材料的第一步驟時，常有學生懶得自己動腦筋，模仿別人的構思，應鼓勵他們有自己的想法，儘量想出和別人不一樣的內容。

㈢進行「……好像……」的「譬喻」教學的練習時，因為事前少了一個聯想的練習步驟，所以學生的思路並不通暢，文思也跟著僵化，影響後續的寫作。

㈣在進行第三階段教學時，應鼓勵學生多看、多聽；多說、多做，如能加上人物、背景和對話，將使作品內容增色不少。

㈤低年級學生寫作目標要清楚明確，每次的練習最好鎖定一個教學目標不要貪多，如此一來，學生較易掌握寫作主題，也能寫出更精緻的文句。

四年級寫作訓練之
一般能力編

一、聯想力訓練

■環保袋

二、思維力訓練

■星星和浪花

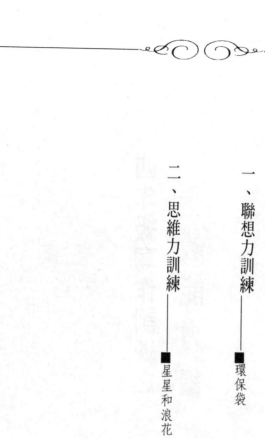

【聯想力訓練】

環保袋

教材來源 自編

一、設計理念

我們居住的環境，隨著石化工業的發展，到處充斥著塑膠製品，雖帶來方便，卻也引發不少環保問題。近來，政府提倡的「使用環保袋」運動效果不甚彰顯，因此，藉著本次的寫作練習，讓孩子設計標語，除了喚起孩子們的環保意識，進而將此觀念帶進家庭，影響家人外，另一個用意是激發孩子的創意，他們必須利用短短的一兩句話，將環保袋的使用觀念，放進所設計的標語裡，達到有效的宣傳。寫作時要把握幾個原則：簡明扼要、一目瞭然；採用訴求對象易懂、常用的語言；要能突出廣告或傳達的重點；能發揮誘導作用，讓讀者付諸行動等。

二、寫作題目

有家超商老闆為了響應政府提倡的「使用環保袋」運動，請你替他想個警闢有力的標語作為宣導。文長不超過二十字，不必定題目，但要加標點符號。

三、引導過程

短短二十字以內的標語，且要達到宣傳的效果，的確是一項創意大考驗。首先，讓孩子思考環保袋的使用是一種什麼的表現，有人回答「智慧」，有人回答「愛地球」，有人回答……，最後索性以「環保袋」和「愛」兩個名詞讓孩子做「相似聯想」和「相反聯想」。在環保袋的相似聯想方面，他們想到了購物、資源利用、未來、垃圾減量、乾淨、健康、環保、實用、方便、省錢……等辭彙；至於相反聯想，孩子們想到了恐懼、髒亂、垃圾增加、破壞地球、浪費金錢、空氣污染、資源浪費……。

接下來我們做了「愛」的相似聯想，他們想到了健康、愛人、未來、地球、母親、友誼、感情、朋友、老人、家人、關心、生命……；最後我們再做「愛」的相反聯想，孩子們很快地想到了痛苦、爭吵、悲傷、爭奪、抗議、憤怒、殺人放火、自殺、吸毒……等。得出一些相關的詞彙之後，再請他們從這些詞彙裡，去找尋靈感並加以自由組合，便可以得到一些具有作用的句子，經稍加潤飾之後，即可完成寫作。

四、學生作品

有些孩子懂得運用押韻的方式來設計標語，讀起來自然、順口，效果還不錯！

(1)多用環保袋，保護下一代！（田鴻儒）
(2)常用環保袋，生命就有愛！（田鴻儒）
(3)愛用環保袋，心中充滿愛！（莊紫軒）
(4)使用環保袋，讓人健康又有愛！（莊紫軒）
(5)你用環保袋，關心下一代！（李奕寬）
(6)把美好的地球留給下一代——請用環保袋！（梁哲維）
(7)保護這片土地，請從使用環保袋做起。（胡蔚祥）

有些孩子用哀告、求助的方式達到訴求的效果，例如：

(1)讓我們的地球呼吸吧——請用環保袋！（莊紫軒）

(2)減少地球的痛苦，請用環保袋。（郭艾軒）

(3)地球的健康，就靠環保袋。（田鴻儒）

還有的孩子懂得利用前後句對比的方式來設計，如：

少用塑膠袋，少點戴奧辛；
多用環保袋，還我清淨地。（何維淳）

也有用排比方式來設計的，如：

珍惜資源；
愛護地球；
請用環保袋！（洪于婷）

有個孩子乾脆來個警告方式，用詞俏皮可愛，頗有警惕作用。

不用環保袋，世界的未來就完蛋！（陳予脩）

綜觀學生作品，大致皆能掌握設計標語的原則，簡單明瞭、突出重點，達成宣傳果效；只是若要推陳出新，那就要再經歷一段時日的磨練了。

五、教學省思

㈠語文教學不見得只在語文課進行，事實上，它可以融入其他學科，與其他領域加以統整，自然課、數學課、社會課、音樂課……也可以教語文，營造一個「全語文」的學習環境，相信有利於學生語文能力的提升。

㈡引導學生根據寫作主題進行「聯想」，可以激發創意，產生意想不到的結果，尤其是小詩創作或短句子的改寫、替換，它具有引發靈感的「觸媒」作用，對於不知如何下筆的孩子幫助不小。教師要把大家共同討論，聯想到的詞彙加以板書呈現，讓大家有個可以參考的對象，以引發更多的想像。另外，在白靈的《一首詩的誕生》一書裡，有專章介紹聯想的三定律——接近聯想、相似聯想、相反聯想，提供大家如何進行聯想的具體方法，但因「接近聯想」和「相似聯想」有重疊之處，小學生不易分辨其差異性，故筆者只讓孩子做「相似聯想」和「相反聯想」。有了這兩種聯想，孩子可以針對同一個主題，從不同途徑去做不同層面的思考，所得的結果當然也就不一樣，可以提供孩子另一個寫作的方向。

【思維力訓練】

星星和浪花

教材來源

自編

一、設計理念

句子的「擴寫」和「縮寫」是很基本的寫作訓練方式：透過擴寫，可以改善寫作時文句過於簡單、粗糙、呆板的缺失，讓整個思維脈絡更加縝密清晰。有此基礎，日後教師還可設計以一句話、一段話、一則短文為根基，請孩子鋪排成長篇或完整的文章。這樣的寫作方式，由於有基本的材料足供憑恃，又有指定的主題作為依據，學生在寫作時，不至漫無目標或不著邊際。此外，又有一些想像自主的空間留給學生發揮，所以在剛開始訓練學生寫作時，它是一種不錯的設計方式。

另一方面，「縮寫」也是本次寫作的重點，它剛好是「擴寫」的相反，重在抓重點、求精簡的概括寫法。主要是經由刪、減的手法剪去浮花繁枝，切中要點，直指核心，它可以訓練孩子歸納、摘要的能力。

本次寫作設計的靈感源於康軒國語課本第七冊語文活動三，希望經由這樣的練習可讓孩子了解文句應用的精妙，並藉此鍛鍊孩子的思維能力。

二、寫作題組

㈠請小朋友依照下面的例子，將「星星出來了」這句話變得更長。

> 小鳥唱歌。
> 一群群小鳥快樂的唱歌。
> 一群群綠色的小鳥在樹上快樂的唱歌。

㈡
請把下列的句子變短：
海風吹來，海面激起一朵朵雪白的浪花。

三、引導過程

一個完整的句子，起碼要具備兩個條件，即「主語」和「謂語」，但是光有這兩個元素的句子，不免顯得貧乏單調，不夠具體生動，因此我們可以加上「形容詞」、「單位詞」、「副詞」……，讓它更完整。此外我們也可以經由思考七個W（WHO誰、WHERE什麼地方、WHEN什麼時間、WHAT什麼、WHICH哪一個、HOW怎樣、WHY為什麼），來展開想像以加長篇幅。但要提醒學生：在加強修飾語以增添文采時，一定要把握原意，不可更動原文的主要意義。

在進行縮寫練習時，筆者要孩子先從句子裡找出「主詞」和主要的「動詞」，提醒孩子，這是句子的「關鍵字」，記得務必保留，再試著刪去可以省略的修飾語，就可以得出這個句子概括性的敘述方式了。

四、學生作品

㈠在擴寫部份，學生的作品如下：

(1)星星慢慢的出來了。
閃亮的星星在天空中慢慢的出來了。（周佳頤）

(2)星星慢慢的從天上出來了。
耀眼的星星從天空上慢慢的出來了。（謝函勳）

(3)星星出來了，照亮了天空。
星星出來了，照亮了黑漆漆的天空。（駱暐中）

(4)星星高興的出來了。
一群星星高興的從雲裡跑出來了。（吳文莉）

(5)一顆顆星星從雲端出來了。
一顆顆閃亮的星星悄悄的從雲端出來了。（林芳郁）

(6)星星從雲層跳出來了。

星星用力的從雲層跳出來了。(俞柏全)

(7)星星帶著笑容出來了。

星星帶著充滿愛的笑容出來了。(莊紫軒)

(8)滿天的星星從天空中出來了。

滿天發亮的小星星從多雲的天空中跑出來了。(梁哲維)

(9)星星探出頭來了。

一閃閃的小星星在黑色的天空中探出頭來了。(魏瑄)

筆者揭示以上小朋友的作品，讓大家共同欣賞，同時請他們比較其中的異同，孩子們發現每個人的想法不太一樣。接下來，全班試著把大家的想法結合在一起，共同把「星星出來了」這句話加長，以下是全班凝思斂慮的結晶：

星星出來了。(全班共同創作)

(1)一顆顆星星出來了。

(2)一顆顆小星星出來了。

(3)一顆顆閃亮的小星星出來了。

(4)一顆顆閃亮的小星星從雲層裡出來了。

(5)一顆顆閃亮的小星星從雲層裡跳出來了。

(6)一顆顆閃亮的小星星慢慢地從雲層裡跳出來了。

(7)一顆顆閃亮的小星星帶著笑容慢慢地從雲層裡跳出來了。

(8)一顆顆閃亮的小星星帶著充滿愛的笑容慢慢地從雲層裡跳出來了。

(9)一顆顆閃亮的小星星帶著充滿愛的笑容慢慢地從黑漆漆的雲層裡跳出來了。

(10)一顆顆閃亮的小星星帶著充滿愛的笑容慢慢地從黑漆漆的雲層裡跳出來了，照亮了天空。

(11)一顆顆閃亮的小星星帶著充滿愛的笑容慢慢地從黑漆漆的雲層裡跳出來了，照亮了天空和大地。

一個簡單的句子，經加工潤飾之後，可以變得生動漂亮，展現不同的風貌，孩子們皆嘆為觀止！這也是大家始料未及的，足見「三個臭皮匠，勝過一個諸葛亮」。不過，還是得提醒孩子：擴寫應該是源於寫作時的內在需要，而不是「量」的堆砌，適度的修飾是有必要的，但要恰如其分，不可過於冗長繁雜；因為過猶不及，一味雕琢字句，有時會失去文章貴在反應個人真實情感的本質，違反寫作真義，反而不好。

㈡**在縮寫部份：**

因學生只要在句子裡很精準的摘要出重要的「關鍵字」，反應句子主要意義，不能擅自加料，違反本意，這種題型的設計不尚藝術加工或情境渲染，旨在訓練孩子掌握文句主幹的能力，雖無法給學生發揮的空間，但是可以訓練孩子歸納的能力。以下是孩子們的作品：

⑴海風吹來，激起浪花。

海風吹起浪花。（謝函勳）

⑵海風吹來，海面激起浪花。

海風激起浪花。（李奕寬）

⑶海風吹來，激起雪白的浪花。

海風吹起雪白的浪花。（姜孟辰）

⑷海面激起朵朵雪白的浪花。

海面激起浪花。（蕭語荷）

五、教學省思

一個句子的擴寫和縮寫可以在低年級實施，若學生有此基礎，中年級便可採進階手法，由一個句子、一段話、或一段短文擴寫成長篇的文章。現因本班學童過去無此訓練，只好從基礎紮根。

四年級寫作訓練之

特殊能力編

一、修辭能力訓練

■阿里山看日出

■美崙山遊記

■母親，您真偉大(1)

二、謀篇能力訓練

■弧線

■○○就在生活中

■媽媽哭了

■母親，您真偉大(2)

三、安排意旨能力訓練

■大家來編故事

【修辭能力訓練】

阿里山看日出

教材來源

配合翰林版國語課本第七冊第十課

阿里山看日出

早上，天還沒亮，飯店的電話就把我們叫醒，要我們趕快準備，好跟大家到山頂去看日出。我和妹妹跟著爸爸、媽媽出門一看，才發現外面還是一片漆黑，只有附近的旅社，亮著點點燈火。

車子到了山頂，只見處處是走動的黑影，原來車外早已擠滿看日出的遊客。我們下了車，就站在人群裡，靜靜的等著。

不久，東方天色漸漸明朗，層層浮雲的背後，隱隱透出亮光。我想，日出的奇景馬上就要開始，心裡又是高興，又是緊張，就目不轉睛的看著天空。

先是灰雲轉換成紫雲，紫雲又轉換成紅雲，紅雲逐漸變成橘色，橘色的雲逐漸閃耀著金光。就在這金光閃閃的浮雲背後，忽然升起一個熊熊的火球，一下子金光四射。我們等待的太陽出來了啦！

我轉過頭去，向旁邊一看，山邊白雲湧起，像千堆雪，又像成群的綿羊，更像朵朵的浪花。想不到高空突然出現大海，群山變成海上的小島，真使人看得又驚又喜。

爸爸說：「這就是阿里山有名的日出和雲海，現在你總算親眼看到了吧！」

一、範文分析

本課主要是運用了「視覺」的摹寫來描繪日出和雲海的奇景，透過作者生動的刻劃，使人有親臨其境的感覺。

二、設計理念

對事物的各種感受加以形容描述，叫做「摹寫」。摹寫的對象涵蓋視覺、聽覺、嗅覺、味覺、觸覺等的感受。筆者帶領孩子欣賞〈阿里山看日出〉之後，想讓孩子寫一篇「到海邊玩」的記敘文，因為花蓮東邊瀕臨太平洋，在這裡生長的孩子常有親近大海的機會，對大海並不陌生。他們有許多具體的生活經驗可做為寫作的材料，老師亦可藉此了解孩子與大海互動的情形。另外，孩子在描繪海邊風光時可以應用知覺感官的摹寫，讓文章更加生動。

三、寫作題組

㈠「摹寫」的修辭技巧練習：

小朋友，花蓮的東邊緊靠著太平洋，讓我們常常有親近大海的機會。請以「海邊」為主題，進行以下各種感官的摹寫練習：

視覺摹寫：

聽覺摹寫：

味覺摹寫：

嗅覺摹寫：

觸覺摹寫：

㈡「引導」式的寫作練習：

「到海邊玩！」相信小朋友聽到這句話都會非常高興，海邊真是孩子們的快樂天堂！請你把到海邊玩的甜蜜回憶寫下來吧！

各段寫作重點如下：

第一段：海邊的風光（請用感官摹寫法）

第二段：海邊遊玩的趣事

第三段：到海邊玩的感想

四、引導過程

㈠分享到海邊遊玩的經驗：

在進行範文教學的一開始時，筆者先讓孩子發表到海邊遊玩的經驗及所發生的趣事，除引起學習動機外，也勾起他們往日美好的回憶，為這次的寫作題目預先鋪路。它也是一種口述作文的訓練，因學生均有實際生活體驗，加上到海邊玩是一件刺激且愉快的事情，所以多半皆能暢所欲言，上課氣氛相當興奮愉快。

㈡寫作重點提示：

本文在正式寫作之前，先給學生各段落的綱要，提示他們各段寫作重點：第一段主要是運用感官知覺摹寫法描述大海風光，第二段是記敘在海邊遊玩的經過，末段總結全文，寫出到海邊玩的感想。

五、學生作品

㈠摹寫法方面：

1. 視覺摹寫：

(1)清澈的大海，像一面寶藍色的鏡子。（何維淳）

(2)我看到貝殼，貝殼上有各種顏色的圖案，還有美麗的花紋。（辛政揚）

(3)海邊有五顏六色的石塊，擁擠的人潮。湛藍的海水裡有優游的魚兒和大大小小的船。（胡蔚祥）

2. 聽覺摹寫：

(1)在寧靜的夜晚，海浪拍打石頭，像在演奏一首交響曲。（葉俊麟）
(2)海風在海面上盤旋，跟我從貝殼聽到的聲音一樣，這是讚美大海的音樂。（俞柏全）
(3)海鷗的叫聲，慢慢的被那大海的怒吼給蓋住。（蕭語荷）

3.味覺摹寫：
(1)我跌倒在海邊，不小心吃到鹹鹹的海水。（李思翰）
(2)鹹鹹的海水，噴灑在臉上，像是吃了一道味道太鹹的湯。（葉俊麟）
(3)我不小心跌倒，喝到一些海水，好鹹喔！（吳文莉）

4.嗅覺摹寫：
(1)海邊飄來一陣陣的海風，空氣中瀰漫著一股鹹鹹的味道。（葉俊麟）
(2)海水的味道有點腥腥的，很像魚的味道。（李奕寬）
(3)鹹鹹的海風，像一碗可口的清湯，微微的涼風一陣陣吹來，我徜徉在大海邊，心中

多麼舒暢。（何維淳）

5.觸覺摹寫：

(1)沙子細細的，很柔軟，我躺在上面好舒服！（林芳郁）

(2)海水冰冰涼涼的，感覺很舒服。（孫浩偉）

(3)冰涼的海浪，輕輕的拍在我腳上，讓我感到舒服極了！（蕭語荷）

(二)文章方面：

(1)一個天氣晴朗的下午，爸爸突然想到要帶我們到牛山玩，東西準備好之後，我們就出發了，到達目的地，那藍藍的大海，正一波一波的打在沙灘上，濺起一顆顆的水珠，就像閃閃發亮的星星，非常漂亮。

到了海邊，我第一個動作就把鞋子脫掉，然後跑向沙灘，跑了一半，又趴下用爬的。我站在海水邊，讓海水打到我的腳上，那冷冷的感覺真好，最後在夕陽的歡送下，我們踏上了歸途。

這次是我第一次到牛山玩，真希望下一次可以再去體驗被海水打到的感覺。（李

奕寬）

(2)暑假期間，叔公租了一輛遊覽車，帶著我們一家大大小小一起去石梯坪看海。到了石梯坪的入口，我們走了一段好長的路才看到大海，陽光照在海面上，閃閃發亮，好漂亮。被打上岸的浪花，就像天空的白雲一般雪白。

爬上高大的石頭，往下一看，看見一大堆深坑，有些約三公尺的深坑，竟然還有熱帶魚在裡面自由自在的游來游去，真有趣！

回來的路上，我望著藍藍的大海及美麗的浪花，心裡想著：如果下次能再來就好了。（李思翰）

(3)去年的某一天，爸爸媽媽帶我們去七星潭。海上的波浪像在跳舞，曼妙的舞姿，真是美麗。

我和弟弟玩「鬼抓人」，弟弟差點兒跌倒；爸媽在忙著準備烤肉。後來，我和弟弟一起撿貝殼，貝殼有大也有小，我還發現貝殼裡，有時會躲著螃蟹，相當有趣。我們還在軟軟的沙灘上堆沙堡，我堆了各種造型的城堡，裡面住著人魚公主呢！

到海邊玩，讓我覺得很開心，可以忘掉煩惱的事，所以我喜歡到海邊玩。（林芳郁）

這三篇學生作品，大體而言均能掌握寫作重點，文辭自然順暢，堪稱佳作。第一段均可以用感官摹寫來描寫海邊風光，令人意外的是有些孩子還能兼用「比喻」修辭法呢！第二段簡單的敘述到海邊玩的經過情形。第三段總結全文，抒發到海邊一遊的感想。所以總體而言，他們在整篇文章的脈絡上表現得可圈可點。

六、教學省思

㈠以中年級學生而言，以「自作法」方式進行寫作，顯然有些困難，絕大多數學生還不太會安排各段的寫作重點，教師透過「助作」方式，協助擬訂寫作大綱，可以省卻學生茫然無從下筆的困擾。

㈡學生在本文習作裡時，採用的摹寫方式以「視覺摹寫」居多，而且能兼用譬喻法描寫大海的美麗景致。其次是觸覺摹寫，小朋友寫到柔軟的沙灘、冰冷的海水時都很興奮，令他們覺得很舒服快樂。偶爾有一些小朋友會提到海浪狂嘯、海風呼呼，或攤販叫賣等聽覺的摹寫。當然也有少數的孩子寫到不小心嚐到海水，發現海水是鹹的……等有趣的事情，這是屬於味覺的摹寫。透過感官摹寫的指導，學生的文章顯得較生動有內涵。

【修辭能力訓練】

美崙山遊記

教材來源

自編

一、設計理念

小朋友的文章，往往因為不知如何作深入的描寫，因此內容顯得表淺、單調、乏味，寫來寫去就是那幾句話。要讓它鮮活起來，平日就得培養細心的觀察力，再透過豐富的想像，加以內化後，運用平時累積的優美辭彙，將它們表達出來。這樣，就可以使整篇文章生動活絡。此外，可以設計「擴寫式」的題型，強化這方面的能力。因美崙山鄰近學校，小朋友有多次前往的經驗，所以設計「美崙山遊記」來練習擴寫，在正式擴寫之前筆者參考《康軒版四上國語手冊》第42頁給孩子做了「排比」修辭技巧的練習。

二、寫作題組

(一)「排比」修辭技巧的練習：

啊！湛藍的海水、柔軟的沙灘、熱情的海鳥、雪白的浪花、熱鬧的人潮……，整個海邊像一座快樂的天堂，充滿歡笑，也充滿快樂的足跡。

現在，請小朋友以「鄉村」為題，填寫文句，完成一段文章。

啊！濃綠的稻田、（　　　）、（　　　）、（　　　）、（　　　）……。從城市進入鄉村，彷彿走進桃花源，感受一場大自然的洗禮。這片美好的景色，真像一幅賞心悅目的圖畫。

再請小朋友以「城市」為題，寫一段文章。

啊！高聳入雲的建築、（　　　）、（　　　）、（　　　）、（　　　）……。偌大的城市，像一部不斷運轉的機器，人們在裡頭，踩著匆忙的腳步，揮灑著辛苦的汗水，生產出文明的希望與繁榮。

㈡擴寫練習：

以下這篇「美崙山遊記」不是一篇完整的文章，在括號的地方都是需要「添加枝葉」的，請在讀完後依照要求重點加以擴寫，讓它成為一篇完整的作品，不需要抄原文。

今天是假日，爸爸決定帶全家人到美崙山遊玩，我和弟弟高興的跳起來！美崙山就在市區，十分鐘的車程就到了。下了車，我們沿著森林步道，往大草坪的方向前進。

這裡是小動物的家，住著許多可愛的小生物。樹林間不時傳來清脆悅耳的鳥鳴聲，非常動聽；幾隻樹蟬也不甘示弱地拉起嗓門引吭高歌，帶來秋天的訊息。突然，我看見一隻松鼠在枝幹上穿梭著【1】，弟弟興奮的大叫：「牠好可愛喔！」我們繼續往前走，一陣涼風吹來，讓我感覺清涼無比。深深的吸一口氣，好舒服哇！走著，走著，爸爸又發現【2】，

大草坪就在前面了，我們飛快的往前跑去【3】，

美崙山是一座美麗的小山【4】。

寫作重點要求：

(1)請寫出小松鼠可愛的模樣，想像當時牠在做什麼？（加上長相、表情、動作、姿態等內容，約50字）

(2)寫出爸爸又發現了什麼？是另一種小動物？還是什麼新奇的現象？（約100字的篇幅）

(3)寫出大草坪的景色（可以試著使用譬喻、擬人、排比、類疊等學過的修辭技巧）及全家人在草坪上所做的活動（約100字的篇幅）。

(4)寫出今天到美崙山遊玩的感想。希望能用到「排比」的修辭方法，寫出你對美崙山的感覺。

三、引導過程

這個題目設計了四次的擴寫，其間結合一些修辭技巧的運用。每一次擴寫都設定了不同的教學目標，可以形成不同的寫作能力。教師可依據教學時間及目標，分散在不同的時間

完成，不必急於一次便要寫完。在寫作之前可以透過共同討論的方式去引導。

㈠第一次擴寫：

描寫小動物首先要仔細觀察，在這個基礎上去描寫動物的外形、動作、姿態。這裡要注意寫出它是「什麼樣子」、「像什麼」。另外，希望描寫要有一定的順序，由上到下、從頭到尾、或從局部到整體皆可；用詞要準確，尤其要正確使用形容詞。

㈡第二次擴寫：

爸爸又發現什麼，是另一種小動物，還是植物？還是什麼新奇的現象？可以由學生自由發揮。美崙山鄰近學校，是校外教學常去之處，又因座落在市區，是居民運動休閒的最佳選擇，裡頭蘊含豐富的生態資源，每位學生均有多次前往的經驗，對它相當熟悉，所以在選材上不成困難。在寫作之前，都可以經由共同討論的方式交換意見，喚起以往的記憶。

㈢第三次擴寫：

美崙山的大草坪寬闊平坦，適宜進行多項活動。可以讓孩子回憶一下，曾在上面做過的一次印象最深刻的事情。此外，截至目前為止，孩子已學過譬喻、擬人、類疊、排比、摹寫等修辭方法，可以在這時候用來形容這塊大草坪，驗收一下學習成果。

㈣第四次擴寫：

文章的結尾要精彩、扼要、明確，還要有餘味，耐人尋思。為了達到這個目的，結尾字數不要太長。因在這一課學會了「排比」技巧，所以在結尾的地方，希望孩子能學以致用，根據前文的內容做一個總結。在這個部份，要提醒孩子文章前後必須銜接得順暢自然，避免突兀。所以在寫作之前，請孩子把前面寫過的內容多讀幾次，確定全文各段均可以相互照應之後再下筆。

四、學生作品

(一)修辭方面：

1. 以「鄉村」為題，填寫文句，完成一段文章。

(1)啊！濃綠的稻田、（成群的牛羊）、（茂盛的果園）、（老舊的古厝）、（濃烈的人情味）……。從城市進入鄉村，彷彿走進桃花源，感受一場大自然的洗禮。這片美好的景色，真像一幅賞心悅目的圖畫。（葉俊麟）

(2)啊！濃綠的稻田、（矮小的房子）、（一望無際的菜園）、（一大片的草原）、（清脆的鳥叫聲）……。從城市進入鄉村，彷彿走進桃花源，感受一場大自然的洗禮。這片美好的景色，真像一幅賞心悅目的圖畫。（吳文莉）

2.以「城市」為題，寫一段文章。

(1)啊！高聳入雲的建築、（擁擠的人群）、（繁忙的車潮）、（吵雜的社區）、（污濁的黑煙）……。偌大的城市，像一部不斷運轉的機器，人們在裡頭，踩著匆忙的腳步，揮灑著辛苦的汗水，生產出文明的希望與繁榮。（李思翰）

(2)啊！高聳入雲的建築、（擁擠的人群）、（寬廣的馬路）、（各式各樣的商店）、（五彩繽紛的霓虹燈）……。偌大的城市，像一部不斷運轉的機器，人們在裡頭，踩著匆忙的腳步，揮灑著辛苦的汗水，生產出文明的希望與繁榮。（姜孟辰）

大體上，小朋友均可以掌握「排比」的修辭方法，只不過是在用字遣詞上，有一些程度上的差異。程度好的，教師可以鼓勵他繼續加油，更上一層樓；程度稍差者，不要氣餒，多觀摩他人作品，皆有機會迎頭趕上的。

㈡**擴寫方面**：

1.第一次擴寫：

生活經驗是寫作的背景，多數學生在美崙山看過小松鼠，所以皆能依據寫作重點，描繪松鼠「可愛」的模樣：

(1)牠小小的身體，蓋上一層厚厚的毛皮，一手拉樹枝，一手騰空飛翔，用牠最快的速度，飛過我的眼前。（謝函勳）

(2)牠小小的身子，配上大大的眼睛，還有毛茸茸的尾巴。可愛的模樣，好像在迎接我們，牠跑步的速度好快，抓癢的動作好天真！（魏瑄）

(3)牠有一對黑亮亮的眼睛，毛茸茸的尾巴，還有咖啡色的身體，小小的四肢，正在吃東西呢！有時還吱吱的叫，好像很高興的樣子！（洪于婷）

2.第二次擴寫：

美崙山的自然生態資源相當豐富，再加上孩子有多次的生活經驗，配合豐富的想像力，所以舉凡美崙山所出現的動植物均可成為他們筆下的材料。大體而言，孩子們比較喜歡「會動」的生物：

(1)一隻正在樹梢上高歌的五色鳥，牠整個身體是綠色的，頭部有紅色、黃色、藍色，眼睛是黑色的，共有五種顏色，所以才叫做「五色鳥」。牠的叫聲是「豆豆」，有些

人還以為那是啄木鳥呢！這種鳥在美崙山很常見。（蕭語荷）

(2)一隻大螳螂，牠正在捕捉獵物，牠的眼神像冰一樣冷，手像一把有刺的鐮刀。牠慢慢的接近獵物，展開迅雷不及掩耳的攻擊，獵物便不支倒地了，昆蟲界的冷面殺手，果然名不虛傳。（周佳頤）

(3)一條蛇，牠細細長長的身體，有著青綠的色彩，而牠就是有名的青竹絲，牠正以S型的姿態前進，敏捷的動作，快得幾乎看不見，一下子，就消失得無影無蹤了。（胡蔚祥）

3.第三次擴寫：

美崙山的那塊大草坪，像綠色的大海，像一張床，像一件綠毯……，令人神往，是親子共遊的好地方。孩子們的感覺好細膩，且看看他們怎麼描寫：

(1)涼涼的風吹著我們，也吹在小草的身上，小草輕輕顫動著，一大片廣大的草原，就像一望無際的綠海好美麗啊！我和家人在草坪上玩飛盤，飛盤飛來飛去，真是好玩。偶爾，還有小鳥過來湊熱鬧呢！（辛政揚）

(2)往大草坪看過去，就像一大張綠色的毛毯。哇！真想一路滾過去呀！我想，那個感

覺一定很棒。我和弟弟在青草上賽跑，然後再跟爸爸玩飛盤，最後我們全家一起踢足球，玩得不亦樂乎！（蕭語荷）

(3)一望無際的大草坪就像一張又大又軟的床，好舒服喔！我們一家人在上面踢足球、玩飛盤。玩累了，就坐在大草坪上，安靜地聆聽小鳥唱歌。（李美瑩）

4.第四次擴寫：

文章在總結之處，要能簡潔有力，照應全文，畫下一個完美的句點，才算大功圓滿。在這一次擴寫，多數學生能掌握要領，運用排比修辭技巧，來個完美的結局：

(1)有廣大的草坪、動聽的蟬聲、自在的鳥兒，各式各樣的花、草、樹木……，這麼美麗的山，我下次怎麼能不來呢？再見，美崙山！（洪于婷）

(2)有廣闊的草坪、湛藍的天空、各式各樣的動物、許許多多的人潮、悅耳動聽的鳥叫聲，它是花蓮最美麗的地方。（謝函勳）

(3)有可愛的小動物、各種的植物、寬廣的草坪、清涼的小溪、美麗的天空、來來往往的人潮……，下次我還要再去觀察更多的事物，它真是一個好玩的地方。（蕭語荷）

五、教學省思

過去，小朋友在寫景、寫物、寫人時，經常會用一些概括性的詞語來涵蓋一切，比如：寫到「我的媽媽」，他們會說我的媽媽好美麗，接下來便不知如何寫下去了；寫到「小動物」，他們也會說小動物好可愛喔！底下便沒有下文了。歸結原因，他們不知道如何進一步寫出媽媽的美麗及小動物的可愛。透過擴寫的練習及老師逐步的引導，筆者發現：寫作能力的養成是可以訓練的，與其讓孩子盲目的自己摸索，還不如教師透過有效的引導，具體的告訴他們寫作方法，讓他們每人手中握有一把開啟寫作之門的鑰匙，以入文學殿堂一窺其中奧妙。

【修辭能力訓練】

母親，您真偉大（1）

教材來源
自編

一、設計理念

下週日即是母親節，學校配合母親節，特別舉辦了一些感恩禮讚、製作賀卡、「愛家宣言」……等活動。由過去的經驗得知：「寫作」若能與「活動」相輔相成，可收事半功倍之效。所以趁此節日之便，嘗試用「一題多作」的命題方式，讓孩子以「母親」為主題，寫一些「迷你作品」。之所以有此念頭，是因應學校刊物「兒童天地」徵稿：因本學期只出刊一次，又因每班分配到的版面有限，為了鼓勵多數學生（甚至全班）都能有發表機會，所以希望每位孩子只需交出一份小作品，控制全班總篇幅之大小，以期他們的作品能夠全被刊出。

「比喻」是文學修辭上常用技巧之一，在國小範文出現機會頗多。利用比喻法寫作，可以使描寫的句子更加生動、具體，給人深刻的印象，而且也可以培養學生的觀察力、思維力、想像力，所以本次的寫作就鎖定在比喻修辭法囉！

二、寫作題目

以下是〈母親，您真偉大〉的歌詞：

母親像月亮一樣，照耀我家門窗，聖潔多慈祥，發出愛的光芒。為了兒女著想，不怕烏雲阻擋，賜給我溫情，鼓勵我向上，母親啊！我愛您！我愛您，您真偉大。

1. 歌詞裡以月亮比喻母親，請小朋友以「媽媽像（是）……」喻寫一小段話，文長以20字為限。
2. 把主詞（媽媽）規範得更細緻，以「媽媽的○○像（是）……」為基本句型，來喻寫一段話，文長以20字為限。
3. 以「母愛」為題寫一段話，文長以20字為限。

三、引導過程

一開始，先帶領孩子唱〈母親，您真偉大〉，引發學習動機，再共同欣賞歌詞，並提出「比喻」修辭技巧的方法，接著，討論以下的問題：

㈠平常媽媽做哪些事情？她忙不忙？
㈡為什麼媽媽要這麼辛苦？為的是什麼？
㈢你覺得媽媽像什麼？
㈣媽媽的○○像什麼一樣？
㈤「母愛」對一個人有什麼影響？媽媽的愛像什麼？

四、學生作品

㈠在第一小題，多數學生以隱喻寫成。因寫作之前做過討論，學生不難想出與「母親」有相似特質的人、事、物。孩子的想像力豐富，令人激賞，現整理如下：

(1)母親是冬天的大毛衣，溫暖我的身體，也溫暖我的心。（辛政揚）
(2)母親是燈塔，照亮我心中的暗處。（馮彥綱）
(3)母親是個可憐的垃圾桶，默默承受我的抱怨和要求。（陳予脩）
(4)媽媽是字典，教我讀書和寫字。（蘇聖詠）
(5)母親是等候在懸崖邊的大鳥，當我不慎摔下時，她會穩穩的接住我。（謝函勳）
(6)媽媽是寒冬裡的一杯溫開水，給我溫暖。（葉俊麟）
(7)媽媽是黑夜裡的路燈，照映著回家的小路。（吳郁文）
(8)母親是夜空裡的星星，照亮我心房。（游依儒）
(9)媽媽是月亮，綻放溫柔的光芒，在我迷失時，指引我走出黑暗的陰影。（李美瑩）
(10)媽媽是我的心靈手帕，在我哭泣時，擦乾我的淚水。（姜孟辰）
(11)母親是立可白，修正我的過錯。（郭艾軒）
(12)媽媽是水，在我需要安慰時，滋潤我的心田。（吳文莉）

(二)把主詞加上補語，以「媽媽的○○像（是）……」為形式寫成的：

(1)媽媽的笑容是一朵綻放的花朵，美麗動人。（涂道恒）

⑵媽媽的懷抱像港灣，讓疲累的我停靠。(林宇擇)
⑶媽媽的眼睛就像一顆會發光的寶石，帶給我希望。(王翰倫)
⑷媽媽的笑容是人生的調味品，也是止痛藥。(高郁歆)
⑸媽媽唱的「搖籃曲」像鳥兒的歌聲，動聽悅耳！(莊紫軒)

在這個部份，有人用「明喻」寫成，也有人用「隱喻」寫成。因題目範圍很寬，學生很容易發揮，但若要創新，用詞又要漂亮，就得下一番工夫了。

㈢第三小題是以「母愛」為題寫一段話。因這一年來，筆者會在語文課提供一些小詩供孩子欣賞，日積月累下的潛移默化之下，孩子寫成的作品，已經有詩的味道，彷彿就像一首小詩。有人用「排比法」寫成，有人用「賓主法」寫成，有人用「比喻法」寫成，現整理如下：

⑴搖籃像小船，母愛是和煦的春風，輕輕推著小船前進。(田鴻儒)
⑵人間沒有母愛就像世界少了太陽。(何維淳)
⑶花園裡有園丁，才有美麗的花；人間有母愛，才有幸福溫暖的人生。(駱暐中)
⑷母愛猶如健康，不到失卻時，不知它的重要性。(孫浩偉)

(5)人生有母愛，就像星星點亮天空；就像太陽照亮大地；就像花朵在我心田綻放。（周佳頤）

還有些作品，雖然不合乎寫作要求，但是孩子的聯想力豐富，令我不忍割捨：

(1)若把人生比喻成拼圖，媽媽就是其中的一小塊，少了她這一塊，就會有很大的遺憾。（俞柏全）

人生是一個「拼圖」，有人可以拼得很完整，有人卻殘缺不全。在這一整張拼圖裡，每一小塊都很重要，少了一塊，都會破壞整個畫面的美感，造成遺憾。而「母愛」就是其中的一塊，多麼恰當的比喻，令人折服！

(2)媽媽是完全了解你而仍能愛你的人。（洪璿智）

媽媽的愛多麼廣褒，她用心的了解孩子，接受他們的缺點，自始至終、全心全意、無怨無悔的付出而不求回報。

(3)母親是在我夜歸時，為我留一盞燈的人。（林芳郁）

夜歸疲累的孩子，當他們打開大門，瞧見有一盞小燈為他們留著，心裡會感覺多麼的溫暖，而這一位點燈的人，通常就是我們的母親。學生寫得真好啊！我彷彿瞧見一位倚門而望，盼子早歸的母親，正在耐心地等待他的愛子平安歸來……。

五、教學省思

每個孩子都能創作、能發表，這是限制式寫作最大的優點。很高興在這次寫作，每位孩子都能交出一份作品刊登在《兒童天地》。讓每位孩子都能公平的分配「機會」，一直是筆者長久以來的堅持，因「天生我材必有用」，讓他們發揮潛能，尤其是較沒自信心的孩子，是教育工作者必須積極投入的。

寫作教學要與學生的生活環境相互契合，設計適切的作文情境，使學生置身其中，觸景生情，激發寫作動機。「限制式寫作」可以配合學生生活經驗，提供多元且廣泛的材料，舉凡格言、詩詞、故事、文章、圖畫、歌詞、情境皆可入題，表現的形式也變化多端，一料、多料，不拘形式；一料一作、一料多作，隨心所欲。

由於「材料」多來自學生的生活，比較符合學生實際的寫作情境，學生以這些材料作為依據，可以減少蒐集資料的困難，還可以依據資料從不同的角度去開展，發揮想像力。學生有話可說、有事可寫、有理可議，自然不會畏懼寫作。

【謀篇能力訓練】

弧線

教材來源

自編

一、設計理念

「並列法」是國小範文常出現的章法之一，仇小屏在其所著的《篇章結構類型論》對並列法所下的定義是：並列結構成分都是圍繞著主旨，從各個方面、角度來闡發主旨；而且彼此之間的關係不分賓主，也未形成層次。

筆者為了讓孩子了解此章法，並學會如何應用，故在這次寫作中，先用顧城的一首現代詩〈弧線〉讓學生欣賞，並解釋這首詩的做法。因受限於教學時間不是相當充分，又希望他們可以在短時間內，便可以學會應用「並列」法來創作，所以請孩子依據這首詩來加以「仿寫」，藉此達成本單元之教學目標。

二、寫作題目

請仿寫顧城的〈弧線〉：

鳥兒在疾風中
迅速轉向

少年去撿拾
一枚分幣

葡萄藤因幻想
而延伸的觸鬚

海浪因退縮
而聳起的背脊

三、引導過程

過去，學生們所接觸的詩歌以淺顯易懂的白話「童詩」居多，當他們看到老師所呈現的這首詩時，有些錯愕，直呼：「老師，怎麼那麼難，我們看不懂耶！」但經過老師先講解分析過第一小節（鳥兒在疾風中迅速轉向）的詩意後，他們恍然大悟，疑雲一掃而開，接下來的三節，他們便能觸類旁通，不須老師再多做解釋了。可見，孩子們的腦筋還真靈光呢！

接下來，便讓孩子針對這首詩自由發表最喜歡的一小節。多數孩子喜歡三、四節，因這兩小節經「擬人化」的結果，帶有人類的思想與情感，所以較能引起孩子的共鳴。欣賞完之後，便以「弧線」為題進行仿寫，請他們分別寫出四小節「並列」的詩句，考驗一下孩子們的想像力及熟悉「並列」法的寫作形式。

四、學生作品

在設計之初，原本是要孩子寫出四小節來，因孩子在用詞及想像力上，未必有充分的能力，可以迅速地連續造出四節均相當合乎水準的詩句來。所以，以下的作品是筆者在學生個人作品裡，節選出部份較好的某小節來。大體上，孩子們的想像力是值得肯定的，希望他們繼續加油！

題目：弧線

(1)小小的吊橋
高高的吊在兩岸的中間（李奕寬）

(2)草地上的斑馬
在湖邊喝水（梁哲維）

(3)農夫在田裡
辛勤的插秧

弦月在夜空中
散發出耀眼的光芒（林宇擇）

(4)蛇因追獵物
而快速的爬行（辛政揚）

(5)日落了

遺忘的彎刀
因而被發現（姜孟辰）
(6)秋天成熟的稻子
害羞的彎下腰

曲折的小河
從山谷間流過

QQ的麵條
在水中跳舞（何維淳）
(7)髮絲因幻想
而隨風擺動

葉子因枯萎而落下（陳予脩）

五、教學省思

㈠以往孩子們接觸的是童言童語的兒童詩，如今，選擇一些適合兒童的現代詩，讓他們欣賞並練習創作，效果還不錯，往後若有時間可多嘗試，相信對孩子們的寫作能力應當有所助益。

㈡這次寫作，要孩子寫出四小節作品，顯然有些吃力，若刪減成一至三節，在時間及學生能力考量上，應當更為恰當。

【謀篇能力訓練】

○○就在生活中

教材來源

配合康軒版國語課本第七冊第八課（說明文）

處處皆學問

在我們生活中，處處都是學問。

清涼的夜晚，仰望天上的群星點點，有些人只看見星星的美麗，有些人卻發現了星星運轉的週期；在經過長久的研究記錄，人類終於了解宇宙天體的奧秘。

海邊捕魚的人，都知道什麼時候潮起，什麼時候潮落。可是有人格外細心觀察，發現潮起潮落和月亮的圓缺，竟然有意想不到的「巧合」。經過不斷的探索，人們發現了一個祕密，原來「潮汐」是月亮和地球玩的遊戲。

我們的生活中處處都是學問。你知道為什麼嗎？小草在春天裡發芽，葉子在秋天飄落；毛毛蟲會變成美麗的蝴蝶，小螞蟻發現了食物就興高采烈的呼朋引伴；甚至像裁判哨音一起，球員便開始比賽，展開激烈的龍爭虎鬥；指揮家雙手一揮，演奏的人就能心領神會的吹出和諧動聽的樂章。這其中都有很多的學問哪！

只要在生活中傾聽，在生活中感覺，在生活中仔細觀察，在生活中靜靜思考，你會發現奇妙的世界裡處處皆學問，等待你去探索，等待你去追求。你也會發現聰明的人類，已經將許許多多的知識，應用在生活中。

不必刻意去尋找，生活裡就有知識，知識就在我們的生活中。

一、範文分析

本課是一篇說明文，首段以破題法點明題目旨意，直截了當觸及本文中心思想，強調「生活中，處處皆有學問」，二、三、四段承接首段論點，分別舉例說明「為什麼生活中處處皆是學問」；末段，再次強調主題呼應全文，可說是一篇很典型的環環相扣、首尾相互照應周詳的文章。

其結構表是：

論（第一段）
敘
星星（第二段）
潮汐（第三段）
生活周遭（第四段）
論（第五、六段）

二、設計理念

說明文在國小範文出現的比例不多，這是本冊教材的第一篇說明文，教師應向學童講解分析說明文的寫作方式，讓他們了解這種文體的特色。此外，本文告訴孩子要在生活中用心傾聽、感覺、觀察、思考，就會發現生活中處處是知識，並且要將知識應用在生活中的道理。上完本課，教師可引導學生思考生活中除了處處皆學問，我們追求知識不必刻意去尋找，只要用心去探索，就能發現學問就在我們身旁以外，我們的生活中還存在些什麼道理？並請孩子舉例說明。若時間允許，還可以進一步引導他們寫成一篇說明文。

三、寫作題組

(一)搜尋材料：

〈處處皆學問〉這一課告訴我們：生活裡就有知識，知識就在我們的生活中。請小朋友想一想：生活裡還有些什麼？並舉例說明。

完成以下的句子：

生活裡就有（　　　），（　　　）就在我們的生活中。

舉例說明：

例一：

例二：

例三：

(二)說明文的練習：

小朋友，請以「○○就在生活中」為題，寫一篇說明文。

四、引導過程

生活就像一本書，在我們生活中，蘊藏無數的知識瑰寶，只要我們細心的觀察，用心體會，將會發現生活裡處處是學問，但仍要「用心」才得以一窺奧妙，這點給學生很大的啟發，若能對尋常事物深入觀察研究並加以理解，必能從中挖掘更深層的道理。請學生再仔細想想看，平常我們還忽略了什麼道理，比方說：「生活裡就有快樂，快樂就在生活中」，閱讀一本好書，分享作者的喜怒哀樂；聽一段音樂，沉醉在美妙的旋律中，何嘗不是一件快樂的事情。又如：「生活裡就有愛，愛就在生活中」，親情、友情、愛情……，不都是一種「愛」的表現嗎?多舉幾個例子，讓學生參考，以便帶領孩子深究這個問題。

接下來，便由學生自由發表了，由於孩子們有認真思考，所以提出了一些頗有見地的想法，如：學習、夢想、創造、感動、溫馨、創意、藝術、笑聲、陽光……等，都符合題目的要求，可以放入「生活裡就有（　　），（　　）就在我們的生活中」的句型中。再來，請他們就上述的某一項觀點加以舉例說明，再經共同討論，同學補充意見之後，請他們用筆記錄自己的想法。

此項練習，除了可引導孩子思索隱含在生活中的某些道理之外，就第一句的句型而言，它可說是一種「語詞替換式」的練習；在舉例的部份，它是一種「續寫式」的練習，根據第一句話（總起句）加以引申，舉例說明其中的道理。做完這個練習，如時間許可，還可以進一步發展成一篇說明文。寫成說明文時，教師要引導孩子各段的寫作重點，它可以仿照範文「論、敘、論」的方式，讓他們有學以致用的機會，相信實際的練習一次，必能加深孩子對「說明文」的理解程度及寫作方式的印象。

五、學生作品

(一)搜尋材料：

(1)生活裡就有陽光，陽光就在生活中。

例一：有些人常常雪中送炭，就像陽光一樣，隨時溫暖我們的心。

例二：在我們的生活中，有父母的疼愛，老師的關愛，同學間的友愛，就像陽光一樣溫暖。

例三：生活中常常有創意，日子才會過得多采多姿，就像陽光一樣絢爛。（葉俊麟）

「雪中送炭」、「親情」、「友情」、「師長之愛」、「夢想」都是生活中的「陽光」，帶給人溫暖與希望，多麼精闢的見解，深富哲理！小小年紀，能有此看法，令人驚訝。

⑵生活裡就有藝術，藝術就在生活中。

例一：毛毛蟲吃過的葉子，有些人覺得很髒，有些人卻覺得是一種藝術。

例二：石頭上的花紋，是一種美麗的藝術。

例三：夢想是一種很美的藝術，因為有時可以美夢成真。（俞柏全）

毛毛蟲啃食過的葉子、石頭上的花紋、乃至夢想，都是一種美，一種藝術，它雖然普通，卻是生活中的「藝術品」，小朋友已漸漸學會發覺生活中的「美」。

⑶生活裡就有愛，愛就在生活中。

例一：每天媽媽都在愛我，早上叫我穿外套，睡覺時，提醒我蓋被子，這就是母愛。

例二：朋友在我有困難時幫助我，這就是友愛。

例三：老師在上課時辛苦的教導我，這就是師長之愛。（馮彥綱）

這是個有「情」世界，處處充滿了「愛」，用心體會，細細感覺，你會發覺自己是個幸福的人喔！

(二)說明文的練習：

(1)愛就在生活中

在我們生活中，處處都是「愛」。

工作完，汗流浹背的爸爸，一定是很累的，這時媽媽會走過來幫爸爸搥背。

孤單的我，像個膽小貓縮在一角，因為我是轉學生，所以不敢找同學玩，這時，來了一個同學，他溫柔的帶我去參觀校園。

世界各地都有愛，只要用點心、花點時間仔細去觀察，一定能在生活中發現「愛」。（何維淳）

(2)藝術就在生活中

在我們的生活中，處處都是藝術。

小鳥吃果子的模樣，有些人覺得很平凡，有些人覺得很好玩，我認為它是一件美麗的藝術。

有些人覺得石頭上的花紋很奇怪，但有人卻發現花紋隱藏的藝術。草地上的露珠，有些人覺得濕濕的，很厭煩，但有些人覺得圓圓的，很可愛，它是一種藝術。

生活裡就有藝術，藝術就在生活中，只要自己肯發現、探索，就能發現許多「美」的藝術。（吳文莉）

(3)**創造就在生活中**

創造就在生活中，生活中就有創造。

作家只要一有靈感，就開始揮動他那靈巧的雙手，寫下優美的詩句。

上帝創造了我們有用的身體和可愛的臉蛋。

螞蟻創造了又堅固又美麗的地下室，作為溫暖的家。

在這世上有許多事物，等待我們去探索、創造，我們要努力去創造一個美麗的世界。（陳予脩）

這次的說明文練習，小朋友們大致都能掌握整篇文章的佈局方式，已具備基本的雛形，美中不足的是，文章的開頭，因受範文先入為主的影響，大多採用「破題法」，缺少變化。還有，在「舉例」的部份，只是輕描淡寫並沒有深入探討，各段的銜接不夠渾圓精緻。可能是小朋友第一次寫說明文，還不很熟練，日後，可針對不夠完美之處，再設計相關題型，多練習幾次，相信便能駕輕就熟。

六、教學省思

㈠這次的寫作教學，充分利用一些零碎片段的時間，如早自習、下課前十分鐘或放學前的溫馨時間，感覺效果不錯：一來，零碎的時間得以充分利用，教師不必擔心花用太多的教學時間在寫作教學上，學生也不會為了交一篇文章而費盡心力、絞盡腦汁，苦苦捱上一至二堂課，為的僅是擠出一點點的靈感，完成老師交代的作業；二來，雖然每次教學所分配的時間很短，但是，教師心中自有一把尺，明確的掌握這段短短的時間內，該完成的進度及所須達成的教學目標，學生也學到了應具備的能力，可說是師生盡歡。

㈡仇老師曾提過：讓寫作成為教學中一個美麗的點綴，實在有它的道理，教師不必太心急，一開始，便要孩子寫出一篇「像樣」的文章，可以把一篇文章的完成，分成幾個階段來實施，每次完成一小部份，就像這次的習作：第一階段先思考「生活裡就有(　　)，(　　)就在我們的生活中。」第二階段，根據前一次所完成的短句，舉例說明隱含其中的哲理，第三階段，再根據前一次所舉的例子，發展成一篇說明文。在這階段，教師要引導孩子，整篇文章的寫作要領，文章如何開頭、如何結尾，中間的部份如何銜接、每一段如何扣緊主題加以申論……等。循序漸進的有效引導，容易達成教學目標，孩子也不會畏懼、排斥寫作。

㈢在每一階段的完成，教師要即時批閱，以便了解學生程度，檢視教學成效，作為下次教學設計的參考；同時在下一次寫作之前，讓同學共同分享成果，發表看法，有時可提供同儕見賢仿效，修正自己原先想法的機會。

㈣寫作是想像、聯想、創造、觀察、記憶、思維……等能力的綜合表現，教師須依據學生程度，設計合宜的教材，逐步培養學生各方面的能力，最好在開學之初，便能擬好整學期的教學計畫。在實施的過程中，可視學生反應、學習成效，修正教學計畫。

㈤「章法」教學對說明文的寫作，幫助很大，學生能很清楚的掌握各段寫作要領。所以教師在範文教學時可適時導入「章法」概念，讓學童從欣賞、了解「範文」的寫作方式，進而學會如何架構自己的文章。

㈥希望能打破寫作教學就是只在「作文課」要孩子交出「一篇」文章的迷思。教師若要提升孩子的寫作能力，必須在平常的課堂中逐漸養成孩子的聯想、創造、觀察、思維……的能力，豐富孩子的生活經驗，採用「分散」教學的方式，有計畫、循序漸進的引導。所以在題型的設計上，即使是一個字、一個動詞的替換，一句話的改寫，一段短文……都可納入寫作教學的設計裡。有了這些基礎，將來孩子寫長篇文章時，就不會覺得困難了。畢竟，讓孩子能寫好文章是我們的理想，但是，讓孩子樂於寫作、喜歡發表、培養自信，更是我們最終的願景。教師切勿沒「引導」，便要孩子寫，如此會扼殺學童的寫作興趣。

(七)希望九年一貫語文領域的寫作能力指標能更具體明確。現行的能力指標，以正向來看，是給老師很大的彈性空間自由發揮，以負面來看，不明確的目標，往往造成流於形式的後果，老師教或不教，全憑個人良心囉！我們的作文教學是融入在語文科混合教學裡，筆者認為應將寫作的各項基本能力（文法、修辭、章法、標點符號……），更清楚的列出各細項能力，然後對應到各年級，逐步的建立每一年級學生所應達到的標準或學會的能力、知識，這樣，學生的語文能力才是紮實的。教師在設計各年級教材時，才容易銜接。

(八)給每個孩子均等的發表機會。教師可利用各家報社（兒童版）、學校出版的刊物、教室的公佈欄、或課堂上的討論，充分給每一位孩子公平的發表機會，激發孩子寫作意願及興趣。不要將所有機會只分配在少數幾個較優秀的孩子身上，事實上，每位孩子都有寫作發表的潛能，教師要努力的挖掘、開發，最重要的，儘量給他們「機會」！

【謀篇能力訓練】

媽媽哭了

教材來源

配合康軒版國語課本第七冊第六課（縮寫）

廣播劇：媽媽哭了
時間：星期六上午
地點：阿明家裡
人物：阿明、妹妹、媽媽、爸爸
報幕：（音樂起）星期六早上，阿明喝完牛奶，把杯子放進水槽裡，轉身就要走……
（音樂由大而小）
媽媽：（杯盤碰撞聲）拜託，杯子洗一洗好不好？大少爺。（媽媽的聲音怪怪的，好像在哭。）
阿明：好好好，我馬上洗，馬上洗。（流水聲）

媽媽：（切菜聲）隨手洗一洗，不是很好嗎？（抽抽鼻子）
阿明：（腳步聲，開門、關門聲）告訴妳，媽媽哭了。
妹妹：（驚訝）什麼！是不是切到手？
阿明：不是啦，大人切到手不會哭，他們傷心才會哭。
妹妹：（緊張）媽媽為什麼傷心？是不是我沒有把玩具收好？
阿明：妳天天都這樣，她早就習慣了。可能是她昨天叫我整理鞋櫃，我忘記了……
妹妹：（訓話的口氣）都是你！媽媽講的話，你都不聽。
阿明：（生氣）妳凶什麼？
妹妹：（更生氣）你才凶呢！
爸爸：（開門聲）怎麼？又在鬥嘴啦？
阿明：爸爸，媽媽哭了。
爸爸：（驚訝）是嗎？怎麼啦？
阿明：不知道，可能是氣我和妹妹吧……
妹妹：哦，爸爸，您有沒有跟媽媽吵架啊？
爸爸：吵架？沒有哇！不過……
妹妹：不過什麼？

爸爸：也沒什麼！昨天我忘了倒垃圾，本來說好今天早上要陪她去買菜，可是我睡晚了，她就自己去了。

阿明：啊！我想起來了，晚上有客人要來。爸爸，您都沒幫忙！

妹妹：哥，你也沒幫忙啊！

阿明：（生氣）那妳呢？

爸爸：不要吵了！去做自己該做的事，她就不會哭了。快快快！動手吧！（音樂起，節奏輕快，配上做家事的聲音）

媽媽：（驚喜）你們好乖啊！怎麼都勤快起來了？（擤鼻涕聲音）那洋蔥好嗆啊！眼睛好難受！（連續擤鼻涕的聲音）

爸爸、阿明、妹妹：（一起大叫）什麼？是洋蔥？哈哈哈……哈哈哈……

媽媽：（莫名其妙）怎麼啦？你們笑什麼啊？

爸爸、阿明、妹妹：（一起大笑）哈哈哈……哈哈哈……

媽媽：笑什麼？快告訴我……

（輕快的音樂起）

——劇終

一、範文分析

其結構表是：

- 點
  - 時間（課文第二行）
  - 地點（課文第三行）
  - 人物（課文第四行）
- 染
  - （先）原因
  - （中）經過
  - （後）結果

二、設計理念

本課範文是一齣廣播劇的劇本，因是依人物對話分行敘寫，沒有明顯的段落。為了讓孩子能釐清段落，並擷取主要內容，所以除在課堂上透過章法分析，讓孩子清楚掌握劇情的始末，並設計了這篇劇本的縮寫習作，培養孩子作摘要的能力。陳滿銘先生主編的《新型作文瞭望台》一書提到：「縮寫是要鍛鍊學生分辨主要材料和次要材料的能力。在閱讀和聽講時如有這樣的能力，就可以精確快速地掌握要點，作出摘要，在腦中形成清晰概念，這是非常實用的語文能力。」希望這樣的練習方式，能為孩子的語文基礎紮根。

三、寫作題目

請將〈媽媽哭了〉這一課的劇情故事，縮寫成150字（含標點符號）的短文。

四、引導過程

這課是篇劇本，在範文教學時，因為分析過本課的章法，所以小朋友要將這課加以縮寫並不困難，他們只要掌握以下三個要點：

㈠事情發生的原因是什麼？

㈡經過情形怎樣？

㈢結果如何呢？

將以上三個問題的答案加以整理過後就是本課的縮文了，在書寫時要提醒孩子文辭要力求順暢，前後文銜接要自然。此外，本課課文採用的是「先因後果」法，在縮寫時，若求變化，採用由果溯因的倒敘方式亦無不可。

五、學生作品

(1)星期六早上，阿明喝完牛奶，在洗杯子的時候，發現媽媽聲音怪怪的，好像哭了，於是跑去向爸爸、妹妹說媽媽哭了。

妹妹以為是她沒有把玩具收好，所以媽媽才哭；阿明覺得是媽媽叫他整理鞋櫃，而他忘記了；爸爸也忘記倒垃圾，爸爸覺得大家都沒有把事情做好，於是叫大家去做該做的事。

結果，原來媽媽是被洋蔥嗆到才哭，所以引來大家哈哈大笑。（蕭語荷）

(2)星期六早上，阿明覺得媽媽的聲音怪怪的，好像哭了。

他趕緊跑去跟妹妹講，她知道後，就開始反省是不是沒把玩具收好，兩人因此吵了起來。這時，爸爸推開門，也參加討論，他們都很緊張，以為媽媽在生他們的氣，他們想了一個方法，就是幫忙做家事。

後來，媽媽走進來擤擤鼻子，說是被洋蔥嗆到，父子知道真相後，哈哈大笑起來。（陳予脩）

(3)有一天早上，阿明發現媽媽好像在哭。

於是，他決定找爸爸、妹妹一起來討論這件事及解決這個問題的方法，討論了很久，終於想出大家一起幫忙做家事的方法。

後來，媽媽從廚房走出來，發現他們很勤勞，非常驚訝。這時阿明、爸爸、妹妹發現媽媽哭的原因是洋蔥的味道很嗆鼻，所以使得媽媽掉眼淚，並不是因為傷心才哭。（俞柏全）

這三篇作品，段落清晰，在層次上亦相當清楚，充分掌握了本篇習作「原因、經過、結果」的寫作要領，是不錯的作品。

六、教學省思

歸納範文的段落大意、全文大意、探討主旨、綱要等，都是語文教學的一部份，透過這些活動的進行，可以逐步形成孩子歸納文章寫作重點，擷取摘要的能力。有了這個能力，將來不管在閱讀、寫作或聽講上，都可以很迅速的在腦中形成清晰的概念，掌握要點。本次的習作即是在鍛鍊學生去蕪存菁、簡潔文筆、掌握節奏的能力，學生在習寫時，不但要能掌握文章重要意涵，也要分析作品的結構，透視文中意念，方不致偏離主題。

在引導學生寫作時，因分析過各段的寫作重點，所以學生在習寫時，不會覺得困難。這也讓筆者想到一個問題：「縮寫」是語文訓練的要項之一，如果在低年級便逐步給孩子這方面的訓練，由一句話的縮寫，進而幾句話、一段短文、一篇小文章，擴展到長篇文章，甚至一本書的縮寫，相信可以使孩子們的語文能力更加紮實！

【謀篇能力訓練】

母親，您真偉大(2)

教材來源

自編（賓主法）

一、設計理念

在某次寫作時，筆者曾帶領孩子共同討論「母愛」的重要性，評閱他們的作品之後，覺得他們對母愛的感覺相當深刻，讓筆者思及何不乘勝追擊，利用此時把「賓主法」的觀念也傳遞給他們，讓孩子用此方法寫一首小詩，歌頌母愛的重要性。

所謂「賓主」法是運用輔助材料（賓），來凸顯主要材料（主），從而有力地傳出主旨的一種章法（見仇小屏《篇章結構類型論》）。

二、寫作題組

㈠聯想力練習：

小朋友，人需要母愛就如同風箏需要風，才能飛得高、飛得遠，此外，還有哪些事物，有這樣的關聯，請填在下表中：

人	需要	母愛
風箏		風
（ㄅ）		（ㄆ）

㈡小詩練習：

小朋友，請以「賓主法」強調「母愛」的重要性，寫一首小詩。

三、引導過程

在寫作一開始，筆者提出：「人」需要「母愛」就如同「風箏」需要「風」才能飛得高，飛得遠；「風」對「風箏」而言，是相當重要的。此外，還有哪些事物也有這樣的關聯性，請孩子自由聯想並記錄在如上的表格中。

聯想過後，請他們利用這些輔助材料當「賓」，來凸顯主要材料「主」（母愛），就可以完成作品了。

四、學生作品

(一)在第一階段，學生有一些不錯的聯想，現將它列出來：

(ㄅ)欄	(ㄆ)欄
小草	春天
成功	努力
看戲	門票
通訊	電話
花	陽光
世界	太陽
房屋	棟樑、磚塊

毛毛蟲　葉子
蜜蜂　花蜜
電車　電力
風箏　風、線
咖啡　糖、奶精
做菜　調味料
氣球　空氣
石頭　雕刻家
農作物　雨水
飛鳥　翅膀
人　友誼
月亮　夜晚

㈡以「賓主法」來寫「母愛」，強調其重要性的詩篇如下：

⑴魚離開水就無法生存，
咖啡不加糖就會很苦，

花如果沒有陽光就無法生長，
人如果失去母愛，如同失去光明。（林芳郁）

(2)毛毛蟲沒有樹葉就會餓死，
天空沒有太陽就會失去光明，
植物沒有養分就無法生存，
人失去母愛就不會有快樂的童年。（吳文莉）

(3)月亮需要太陽才有光亮，
我們需要母愛，才有溫暖和快樂。（洪于婷）

(4)木棉花會凋謝
彩虹會消失
母愛永不褪色（何維淳）

前三首詩作中，「賓」與「主」的關係是相似的。在第四首詩，維淳用了相反的事實或觀念來做比較，運用的是「正反法」。而且他所寫的是母愛的恆久，而非母愛的重要性，因此不符要求，但寫得不錯，值得一提。

五、教學省思

寫作教學是只要引導孩子學會運用文字表達想法，寫出心裡的話即可？還是也要教他們一些技巧，讓他們能表現更優質的作品？這一直是筆者權衡的焦點，因為這兩者，有時很難兼顧；學生往往會為了要使用老師教他們的技巧，而將好不容易得來的靈感阻斷了。而限制式寫作教學可以省卻這一困擾，因題型上已設定了寫作要求，目標明確具體而不複雜；學生只要精確的審題，掌握題目可以發展的方向即可。老師在評閱時，也很容易考察學生的語文程度，客觀的拿捏分數。

【安排意旨能力訓練】

大家來編故事

教材來源

自編

一、設計理念

古今中外的許多寓言，多數採用將物擬人，意在故事外，理在言談中的寫作方式，讓讀者去領會其中道理。作文教學應該從小朋友熟悉、樂於寫、能夠掌握的題材中，去教孩子作文的技巧，「寓言」不就相當切合這樣的條件？於是興起讓孩子創作寓言的念頭。再者，寓言篇幅較小，情節、人物均較簡單；每則寓言都有一個寓意（或多個），小朋友可以學習扣緊一個主題去寫故事，不致散亂無章，由此來引導孩子將來面對一個作文題目，如何起草構思，確立文章「主旨」，應是一個不錯的訓練方式！

二、寫作題組

㈠寫作計畫書：

主旨：

角色：

故事的開始：

故事的經過：

故事的結果：

㈡寓言故事：

請以「主旨在篇外」的方式，寫一則寓言。

三、引導過程

小朋友在寫作之前，先擬一計畫書，擬完計畫書之後，由小組長帶領，每個人輪流報告寫作計畫，其他組員可提供意見，做為修正參考，確定計畫可行之後，即可動筆行文。教師行間巡視，必要時提供適當協助。

四、學生作品

(一)寫作計畫書：

(1)洪于婷

寫作計畫書	
主旨	善有善報
角色	蚱蜢、烏鴉、小孩
故事的開始	烏鴉救了蚱蜢
故事的經過	烏鴉遇難
故事的結果	蚱蜢救了烏鴉

(2)李奕寬

寫作計畫書	
主旨	努力才有成功的機會
角色	冬冬、毛毛
故事的開始	螞蟻村舉行搬運大賽
故事的經過	冬冬偷懶不練習。
故事的結果	冬冬搬不動東西，被取笑而退出賽場。

(3)吳文莉

寫作計畫書	
主旨	外表美醜不重要，有內在美才是重要的。
角色	鳳凰、麻雀、獵人
故事的開始	鳳凰誇耀自己的外表美麗又高貴。
故事的經過	獵人射中鳳凰。
故事的結果	麻雀驚慌飛走，逃過一劫。

㈡**寓言故事：**

本次習作，因命題切合學生的舊經驗，再加上引導合宜，絕大多數學生都能創作一篇主旨明確，而且「意在故事外」的寓言，符合寫作要求。

⑴**蚱蜢和烏鴉**

「救命啊！誰來救我……」森林裡傳出了一隻蚱蜢的聲音。

突然，一隻烏鴉聽到了蚱蜢的慘叫聲，烏鴉趕快跑去救牠，然後把牠放在安全的草叢中，蚱蜢很感激地向烏鴉道謝，烏鴉說：「不客氣！不客氣！」

有一天，有一個頑皮的小孩，拿著彈弓，想把烏鴉給打下來，蚱蜢看到了，就從小孩的面前跳了過去，引起了小孩的注意，並大叫：「烏鴉，你快逃！」烏鴉聽到以後，就飛走了。（洪于婷）

⑵**螞蟻大賽**

從前，在一個小島上，有一個小村子，那個村子是「螞蟻村」，螞蟻村每年都會舉辦一個搬運大賽，今年的比賽只剩下一個星期，大家都在練習，只有冬冬沒有，毛毛就問牠：「你為什麼不練習呢？」冬冬就說：「因為我已經可以一次搬五粒米了，還要練習嗎？」毛毛聽了就默默的離開了。

到了比賽當天，冬冬一樣東西也搬不動，因為牠不曾練習過，所以就被大家取笑，冬冬不好意思的自動退出賽場。（李奕寬）

(3)鳳凰和麻雀

有一天，有一隻鳳凰和一隻平凡的小麻雀正在聊天，鳳凰很驕傲地說：「一隻平凡的小麻雀，怎麼比得上我呢？我是那麼高貴，那麼高雅，又那麼有氣質！」小麻雀只好靜靜的忍受恥辱，但小麻雀心裡非常難過，卻不知如何是好！

這時出現了一位獵人，他一槍射中了鳳凰，再看看不起眼的小麻雀一眼，就帶著鳳凰走了，而小麻雀也心驚膽顫的飛走，並將事情的經過告訴了牠的同伴。（吳文莉）

五、教學省思

容易批改是「限制式寫作」的一大優點，因它有明確的寫作要求及範圍，教師在批改時容易掌握重點，可提高評量的準確度。以本次習作為例，教師評分的標準，可首先設定在它是不是一篇「主旨在篇外」的寓言？再來，考察整篇寓言的開始、經過、結果，銜接得順暢與否？其他諸如遣詞造句的精確度、創意、想像力、錯別字……等的審視，當然不容偏廢，不過就本次習作所欲達成的教學目的而言，它並非關鍵所在。這樣的評量方式，能使教師更清楚的了解學生的學習成效，或診斷學生困難之所在，以做為補救教學的參考。

思路的清晰，思考能力的增進，文章鑑賞力的提高，或作文技巧的學習，可以透過教師有效的引導，再經由小朋友咀嚼、內化、自主學習而產生，老師的角色是給予充分的資源及引導討論。

利用說話課，讓小朋友發表自己的作品，滿足個人的成就感，並在每則寓言發表之後，考驗一下孩子：本篇故事的寓旨何在？給作者一個回饋的機會，是本次習作的延伸活動，效果不錯！

四年級寫作訓練之
綜合能力編

看版走廊

教材來源

自編

一、設計理念

我們周遭的生活環境，處處是語文學習的材料；大街上、校園裡、社區、圖書館……，舉目所見，盡是五花八門的招牌、廣告、海報、公告、啟事……，正以多元的風貌，展現深化人心的魅力，以達到宣傳的訴求。其中不乏以浮言虛辭、誇飾取寵者，然而若稍加留心觀察、細細品味，仍可發現一些措辭活潑，讓人感到新奇而得「會心」之樂的「作品」。事實上，這些作品即是教室外的另一片語文學習的天空。尤其是當前的教育更強調知識須與生活結合，方能轉化為學生帶得走的能力。筆者最近在上完康軒版國語課本第七冊動態閱讀〈看版走廊〉之後，因體認到知識應與生活經驗相互結合，所以想透過應用文的實際練習，訓練學生使用語文作為溝通的工具，增進社會交際的能力。故結合家庭生活，學校、社區活動，設計了一組應用文的題型，讓孩子實際練習，希望藉著活化的教材，帶領他們從生活經驗中學習，落實語文教學的目標。

二、寫作題組

㈠留言版：

小朋友，如果同學臨時邀你到他家練習音樂會的排演，恰好家人都不在，你要如何寫一則留言給家人？

㈡啟事：

上體育課時，小恩將脫下的外套暫時放在球場外的草地上，下課時忘了帶走，等到想起時，再回原處找，外套已不見蹤影，請你替他寫一則遺失啟事。

㈢公告：

小美居住的社區，為了響應政府提倡的使用環保袋運動，特別在本週六上午九時至十二時，在社區活動中心舉辦親子環保袋彩繪活動及有獎徵答，請你以里長的身分寫一份公告，告知社區民眾。

三、引導過程

因孩子過去沒嘗試過應用文的書寫方法，故在實際寫作時，須就題型的情境設計、書寫格式、注意的事項詳細說明講解，待學生明瞭後，方可提筆練習。學生創作時，教師仍須行間巡視，隨時指正格式有誤的孩子，並解答學生疑惑。

四、學生作品

(一)留言板：

小朋友已學會在留言板上交代留言的原因，以及前往的地點，同時也把聯絡的電話留給家人，以備不時之需，是一種貼心的做法：

(1)陳子脩

親愛的媽媽：

因為同學邀我去花師實小的禮堂練習音樂會的排演，我同學的手機號碼是0338520，有事可以找我，我六點以前會回到家。

予脩敬上

(2)王翰倫

親愛的爸爸：

我在三點的時候，要去小明家練習排演，我很想告訴您，因為您在休息，我不想吵醒您，我五點半會準時回家，請放心，待會兒，我會打電話回來向你報平安。

翰倫敬上

(3)孫浩偉

親愛的媽媽：

因為明天學校舉辦音樂會，所以我今天要到小明家練習，晚上六點半會回來吃飯，請媽媽不用擔心。

浩偉敬上

(二)**啟事：**

寫遺失啟事必須注意的事項，包括遺失的物品、原因、地點、失主，只要在寫作一開始，很明確的提醒學生，大部份學生均可以掌握得很好。

(1)高郁歆

我的羽毛外套不見了

我的羽毛外套不見了，它已跟了我三年，我們感情很好，而且還要留給弟弟穿的。昨天放在球場外的草地上，下課忘了帶走，哪位同學撿到請通知我，我一定會好好答謝您！

失主：小恩

(2)姜孟辰

小外套，你在哪裡？

我有一件外套，顏色是粉紅色，上面有一個「M」字，是阿嬤送我的生日禮物，在今天上體育課時，不慎遺失在球場外的草地上，麻煩撿到的人，將它送到四年愛班，我會感激不盡。

失主：小恩

日期：一月二十五日

(3)胡蔚祥

我的外套不見了

今日，上體育課時，我將外套放在球場外的草地上，卻忘了帶走，當想起後，再回去找時，卻不見蹤影，如果有人看見此外套，請歸還給我，我會盡可能的回報，謝謝！

遺失時間及地點：92年9月20日　球場外的草地

外套樣式：藍色牛仔外套

小恩敬上

(三)公告：

以里長的身分寫一則公告，告知社區民眾，舉辦活動的內容、時間、地點、主辦單位……等，學生掌握得很好；美中不足的是，在一開始時，若能加上稱謂語或問候語，會使整篇文章顯得更加完整，且有親和力。

(1)**莊紫軒**

為了讓社區民眾多用環保袋，特別在社區活動中心舉辦親子環保袋彩繪即有獎徵答，請各位踴躍參加，謝謝！

時間：本週六上午九時至十二時

地點：社區活動中心

電話：03-8338338

里長　莊紫軒啟

(2)蕭語荷

本社區為了響應政府所提倡的使用環保袋運動，特別在本週六上午九時至十二時，在社區活動中心舉辦親子環保袋彩繪活動及有獎徵答，歡迎各位芳鄰參與這項活動。

里長　蕭語荷啟

(3)李奕寬

親愛的鄉親父老、兄弟姊妹們：

本社區為了提倡使用環保袋運動，特別在本週六上午九時至十二時，舉辦有獎徵答及環保袋彩繪活動，請大家告訴大家，也請各位踴躍參加。

里長　李奕寬敬上

五、教學省思

透過應用文的練習，學生可以學到活用的知識及能力，是一種不錯的做法，除了以上題型的設計之外，說明書的閱讀、寫作；表格化的文件閱讀、書寫方式或文字應用也是日常生活中經常使用得到的，若時間允許，可再嘗試練習。

母親，您真偉大(3)

教材來源

自編（記敘文）

一、設計理念

在這次寫作之前，我們曾做過以「母親」為主題的喻寫，以「賓主法」強調母愛重要性的一首小詩，但是這些都是文長20字左右的「迷你」作品，所以這次筆者考慮以先前兩次的寫作經驗發展成一篇小作文。

二、寫作題目

〈母親，您真偉大〉是由外國人作曲，王毓源配詞的，請閱讀後加以聯想闡發，做一篇以抒發「母愛」為主的短文（題目自訂），文長250字左右。

㈠母親像月亮一樣，照耀我家門窗，聖潔多慈祥，發出愛的光芒。為了兒女著想，不怕烏雲阻擋，賜給我溫情，鼓勵我向上，母親啊！我愛您！我愛您，您真偉大。

㈡母親像月亮一樣，照耀我家門窗，聖潔多慈祥，發出愛的光芒。不辭艱難困苦，給我指引迷惘，親情深如海，此恩何能忘，母親啊！我愛您！我愛您，您真偉大。

三、引導過程

首先，帶領孩子唱這首〈母親，您真偉大〉引發學習動機，再討論歌詞的意義，最後引導他們如何分段落，擬定各段寫作重點，便下筆為文了。

四、學生作品

⑴永遠的守護神

媽媽是我永遠的守護神，她保護我，疼愛我，把我從黑暗中拉出來，在要跌下懸崖時，變成大鳥，把我接住。所以媽媽很重要，她是黑暗中的一道光芒，指引我正確的道路。

有一次，我因為和朋友吵架，感覺很難過，我躲在房間，什麼事也不做，突然門開了，爸爸媽媽走進來，一直安慰我，告訴我不要再難過，他們教我明天帶一份禮物給她，和她和好。第二天，我把禮物拿給她時，她也送我一份禮物，後來我們就和好了。

看了這個例子，是不是覺得母愛很重要，有了母親的指點，只要是好事，我一定勇敢去做。（謝函勳）

這次寫作是要孩子自訂題目的，學生以「永遠的守護神」來比喻媽媽，是十分恰當的。本文首段以「破題法」點明媽媽是我們的守護神，也是黑暗中的光芒。次段舉了一個例子來說明，承接第一段，是不錯的寫法。末段總結全文，簡明扼要，是一篇佳作。

另外，函勳在第一段寫到：

媽媽是我永遠的守護神，她保護我，疼愛我，把我從黑暗中拉出來，在要跌下懸崖時，變成大鳥，把我接住。

這一段話是在引述他前一篇用「比喻法」描述母親時寫成的，可見學生已懂得運用先前的寫作經驗，來發揮這篇短文了。

(2)我永遠的守護者

在我們的童年，如果少了母愛，就會失去快樂的笑容。

媽媽是我永遠的守護者。當我被狗追時，她就把大狗嚇走。九二一大地震時，她也把我抱到他們的床上安慰我。遠足的時候，她會早起幫我煮中飯，不讓我挨餓。出去玩的時候，她還要幫我揹水、零食和衣服，怕我玩水時把衣服弄濕。

媽媽對我那麼好，我就應該不讓她操心，把功課做好，不要感冒，做個好孩子。

（蕭語荷）

這篇短文在架構上與上一篇〈永遠的守護神〉頗為相似。而且第一段內容，也是運用她之前的寫作所得延伸而來的，所以，「進階式」的寫作教學，可逐漸累積不同的經驗，形成寫作材料，容易達成教學目標。

(3)媽媽，我愛您

世界沒有太陽，就沒有溫暖；人生沒有母愛，就沒有快樂的童年。母愛就像太陽一樣神聖偉大，是無可取代的。

我的媽媽非常辛苦，每天都要早早醒來幫我做早飯，然後載我上學，之後，她要去上班，上完還要回家做晚飯班。我們都入睡了，她還要忙著做家事，看我有沒有睡著後才去睡，不管哪一天都是一樣。

我一定要對父母盡孝道（因為爸爸也很偉大），讓他們安心，使他們快樂。（胡蔚祥）

這位小朋友的第一段內容，是將筆者在課堂上分享全班同學作品，再經由其內化之後，轉化而成的。可見，「分享」的過程，也是孩子蒐集材料的途徑之一，老師們可以善加利用。

這篇短文層次分明、文句順暢，是篇佳作。

五、教學省思

在這次的寫作引導，筆者並沒有刻意地強調可以運用先前的舊經驗（母愛的喻寫、賓主法應用），目的就是要考察學生是否能夠學以致用。不出所料，他們的表現沒讓我失望。許多孩子均能貼切的將前兩次的寫作所得，置放在這一次的短文裡。可見，之前的努力是沒有白費的。

所以，事實上，寫作教學應採循序漸進的方式，先有個近程目標，再來，設定中程、遠程目標。逐步達成每一階段學生所需建立的能力，這樣，老師可以教得輕鬆，學生也可以學得愉快！

五年級寫作訓練之
一般能力編

一、觀察力訓練——我是你的分身

——人物摹寫練習

二、聯想力訓練——我是廣告大師

——廣告文案設計

三、思維力訓練——我是解惑專家

——便條練習

【觀察力訓練】

我是你的分身——人物摹寫練習

教材來源

教材來源：自編

一、設計理念

(一)新學期，小朋友剛分班換了新環境，也有了新同學，想透過語文的學習，讓原本陌生的同學能彼此熟稔。

(二)劉大公認為描寫人物可以從：概括描寫、外貌描寫、語言描寫、行動描寫、心理描寫切入。本次作文，希望小朋友能從「外形外貌」、「對話動作」、「心理狀態」來描寫同學。

(三)先練習寫段落，再寫全篇。實施的方式為歷程導向模式寫作教學。同學間相互觀摩批評，體會描寫人物的方法，進而實際應用在命題作文。

二、寫作題組

㈠**我是你的分身：**採訪鄰座同學，並撰寫訪問稿。如作業單一。

㈡**我是作文小老師：**提出建議並修改同學作品。如作業單二、三、四。

㈢**擴寫練習：**擴寫「你是我的分身」訪問稿，題目「我的同學」。

作業單一：你是我的分身

小朋友，我們常在電視新聞中，看到記者先生或小姐為我們介紹一些精彩的人事。在短短的幾分鐘，他們掌握了被採訪者的特質，我們雖然無法親眼看見他們，但也是印象深刻！

現在，請你們去採訪鄰座同學，從他身上找出特點，並把你的採訪內容整理一下，待會兒，我們要請你和被採訪者一起上電視，你來當他的分身，好好的介紹「自己」。我們要來選出誰是最佳男女主角！

採訪記者：

採訪時間：

介紹的同學是：

採訪內容：

作業單二：我是作文小老師

以下有三篇人物訪問稿，請你當小老師，給這三位小記者一些意見，讓這一篇稿子更生動、更精彩！

第一篇：小記者：高佳鴻

阿蓁哥是一個很有責任感的水瓶座。他很害羞，但老師上課的時候，他會很認真聽課；老師出的作業和功課，他也都會按時完成。

阿蓁哥長大想當一個工程師。他的外表雖然看起來很笨，可是他的頭腦真的很好；阿蓁哥的脾氣很好，功課也不錯，他都會按時交功課。不過他有近視，他的眼鏡是紫色的呵！

我的建議是：

作業單三：我是作文小老師

第二篇：小記者：沈平

張薰之是一個小巧玲瓏的可愛女生，平時雖然很沉默，不愛說話，但是腦子裡卻藏著許多豐富的知識，真是水仙不開花——裝蒜。

雖然她的個性很害羞，卻很好動；她最愛打羽毛球，不可思議吧！而她未來的志願，當然就是羽毛球國手啦！

張薰之個性溫和，是個很好親近的女孩，很適合當好朋友。她希望自已能進步再進步，包括功課、體育⋯總之，祝她馬到成功！

我的建議是：

作業單四：我是作文小老師

第三篇：小記者：陳亮佑

池昌言未來想當一名電子設計師，他想設計出真人可以來去自如，進入電腦世界和P.S

世界的軟體，這樣我們就可以親身體驗遊戲人物的感覺。他的夢想，很酷吧！

池昌言不喜歡寫功課，他認為寫功課會用到頭腦，而且他的腦袋瓜子小小的，如果用腦過度的話，頭髮會掉光的，所以他痛恨寫功課。

昌言的個性很好，長得雖然不高，看起來很有學問哦！

我的建議是：

三、引導過程

㈠**我是你的分身：**開學第一天小朋友即按身高分配好座位。班上是男女分開來坐。為避免小朋友找四年級的同學，因此，採訪活動的對象一律為鄰座的同學。訪問活動進行約二十分鐘，隨後有二十分鐘撰寫訪問稿。第二節課以雙簧的方式兩兩上台介紹。

㈡**我是作文小老師：**筆者從小記者的訪問稿中，選三篇請小朋友提出想法和建議。並將同學的想法整理成「作文小老師的建議大集合」，再請他們改寫高佳鴻的「阿蓁哥」。

㈢**擴寫訪問稿**：全班分享完改寫的作品後，再請小朋友擴寫剛才的訪問稿，題目為「我的同學」。寫作前再次提醒：可以從外觀、對話、習慣切入，字數至少要超過一張500字稿紙。

四、學生作品

㈠**我是你的分身**：學生作品如作業單二、三、四。實施中，筆者才發現訪問稿和雙簧的人稱是不一樣的。一般訪問稿是以第三人稱行文，而表演的雙簧是第一人稱。進行中同學產生他／我的混淆，這是始料未及的。

㈡**我是作文小老師**：

1 同學對作品提出建議部份：

⑴在寫稿之前，可以先整理分段的順序，例如：可以依受訪者的外形、個性、志願來寫。文章中，可以加上個人對受訪人物的看法，這樣才是有個人特質的作品。（沈平）

(2)介紹一個人先寫外表、再談受訪者的想法，會比較順暢。相同的內容和句子，不要重複。（陳磬雯）

(3)佳鴻說阿蓁哥有近視，可是再增加近視，帶給他什麼困擾？會讓人更深刻。另外，多用成語比較好。（隋婕）

(4)沈平寫薰之「腦子裡卻藏著許多豐富的知識」，如果可以寫出來是什麼知識，那就更好了。（陳亮佑）

(5)亮佑在寫昌言時，可以再多寫幾個題目：為什麼他想當一名電子設計師？如果內容更長的話，就會讓閱讀者讀得津津有味啦！（陳挺揚）

(6)不要直接說人家笨，可以用木訥、或「不要以貌取人」來修飾。（游蕙如）

2 改寫同學作品：

(1)阿蓁哥的外表長得很老實，不過他可是個金頭腦呵！任何事者難不倒他呢！可惜的是，他有近視，而且他的鏡框是紫色的，給人一種神祕的感覺，很特別吧！

阿蓁哥是個很有責任感的水瓶座者，只要老師交代的事，他都會盡力完成；而且阿蓁哥的脾氣好哦！唯一美中不足的地方是，他很害羞。

阿蓁哥對電腦很有興趣，所以他未來想要成為一位很有名的電腦工程師，阿蓁哥的志向可真不小呢！（改寫小記者：胡安美）

(2)阿蓁哥外表長得很木訥、很老實，但人不可貌相呵！他的頭腦可是很聰明的呢！還有他得了近視，而且他的眼鏡是神秘的紫色的，很酷吧！

他是一個很有責任感的人。有一次他請了幾天的假，所以有堆積如山的功課要補，結果他竟然在一天內就補完了。除此之外，他的脾氣也很好，唯一美中不足的就是他很害羞；猜猜他是哪個星座？答案是……水瓶座！

阿蓁哥愛玩電腦，所以他以後想當很有名的電腦工程師，祝他成功！（改寫小記者：沈平）

㈢**擴寫訪問稿：**我的同學

沈平的訪問原稿：

只要看到一個酷酷的女生，身穿白衣藍褲，就知道她可能就是本班學藝股長——陳磬雯。她是一個中性化的女生，熱愛運動，喜歡打羽球，而且打得頂呱呱；別看她那一副酷酷的樣子，人家也是有溫柔的一面呢！她對事情不會太過堅持，不喜歡的事

也會默默做完，不會抱怨。她希望能好好的充實自己，努力用功讀書，讓課業進步，

除此之外，她還希望能像她的媽媽一樣，當一位好老師；祝她美夢成真。

利用訪問稿，擴寫成篇的作品：

有一個人，一個酷酷的人，喜歡穿白衣藍褲，一副混黑道的樣子，但她是一個「面惡心善」的人，她對事情不會太過堅持，即使不喜歡的事也會默默的完成，不會抱怨。

有一個人，一個中性化的人，男生、女生都喜歡和她做朋友，是個很有人緣的人；她很熱愛運動，更喜歡打羽毛球。她常說：「打羽毛球，是我生活的一部份。」她不但愛動，也很愛靜，例如玩大老二、聽音樂，這些都是她愛做的休閒活動，很難想像這麼一個動靜自如的女孩吧！

有一個人，一個努力用功的人，她不斷督促自己進步再進步，而且不只是一個科目，不管是國語、數學，她都要求自己樣樣行，除此之外，她還希望能像她的父母一樣，做一位好老師，教育下一代主人翁，祝她美夢成真。

有一個人，一個多才多藝的人，畫畫得美，勞作做得佳，字也寫工整；嗯！說了

這麼多，你應該知道她是誰了吧？什麼！你不知道？落伍、無知！唉，還是告訴你吧！她就是本班的學藝股長——陳磬雯！（沈平）

沈平以先分再總的方式行文，製造懸疑的效果，最後才揭露他所描寫的主角——陳磬雯。描寫人物時，他先寫外表衣著，次寫興趣和能力，最後再談主角的志向，符合劉大公提到人物描寫可切入的點。

五、教學省思

㈠透過人物描寫來認識新同學，學生的學習興致提高，也可達到多重的目的。

㈡訪問稿和雙簧未能注意到人稱，結果造成困擾，下次教學要注意。

㈢學生對於同學作品，能提出見解和批評，有助於個人創作時的參考。

㈣擴寫法是學生練習寫作的好方法。在過程中，教師提供蒐集素材的方法，並介紹同學的作品和建議，使小朋友在獨立完成一篇文章時，不再那麼孤立無援。

㈤如何在寫作教學中設計一系列的指導過程，讓學生有跡可循，循序漸進的完成一篇作文，是值得探討的問題；而限制式寫作提供學生一個進階的歷程，是寫作教學可以努力的方向。

【聯想力訓練】

我是廣告大師——廣告文案設計

教材來源

教材來源：自編

一、活動介紹

培養生活的能力一直是國小生活教育強調的重點，這一次的活動課程希望透過生活考驗，讓小朋友親身體驗除了課本、書籍等知識外，日常生活瑣碎的小家事，如果能認真的完成，也是生活中大大的滿足。

「生活大師大考驗」是利用綜合活動課程進行，實施的時間是兩節課。考驗的內容分別是：「我是釘槌大師」：要求小朋友能將釘子確實釘進指定目標；「我是摺衣大師」：小朋友能按照指定的摺法，將衣服摺好並將同組的衣服疊好；「我是鞋帶大師」：能在指定時間內將鞋帶綁好；「我是結繩大師」：要求小朋友能利用童軍繩打平結和活結；「我是針線大師」：小朋友要在五分鐘內將一個釦子結實的縫在布上。五關的關主由五年級五班老師擔綱，各班由班長帶隊闖關。

花師實小五年級生活大師大考驗　過關卡

班級：＿＿年＿＿班　姓名：＿＿＿＿

第一關　我是釘鎚大師 地點：五忠　關主：潘純芳老師 過關：能用釘鎚將釘子釘進目標	第二關　我是摺衣大師 地點：五孝　關主：鄒玉梅老師 過關：能將衣服整齊的摺好並疊好	第三關　我是穿鞋大師 地點：五仁　關主：林華峰老師 過關：能穿鞋帶並綁好鞋帶
第四關　我是結繩大師 地點：五愛　關主：連吳卿老師 過關：能利用繩索打活結	第五關　我是穿針大師 地點：五信　關主：李瑜霏老師 過關：能利用針線縫釦子	畫出自己獲頒生活大師的光榮照

二〇〇三、三、二十一

二、設計理念

㈠透過活動式的課程，讓小朋友在「做中學」、「學中做」，不僅增加生活的技能，個人的體驗也較為深刻！

㈡本次作文活動，要小朋友猜廣告商品並說出理由，其設計理念是要求小朋友，透過思考想像，爬梳自已的思緒，並有條理的說出理由，至於是不是「正確答案」，在這次的練習中並不是最重要的。

㈢選擇「廣告文案」是有其考量的。現今的廣告具流行性和話題性，更有豐富的意涵和社會意義，正是我們可以利用的教學資源和作文的素材。

三、教學流程及寫作題組

㈠**「生活大師大考驗」闖關活動**。

㈡**撰寫生活日記：**記錄活動流程和體會。

㈢**廣告文案大猜謎：**筆者選了五則廣告，要小朋友根據文案上的線索，猜猜他們到底在推銷什麼商品，並說出理由。題目如下：

下面有五則廣告，請小朋友猜猜看，他們分別是賣什麼商品，並請你說出理由？

一、經常喝，臉上就有幸福的顏色——讓我來照顧你！
我認為這是賣：
我的理由是：

二、讓毛孔、油孔跑光光。少了油光，讓你的皮膚更晶瑩剔透。
我認為這是賣：
我的理由是：

三、星星、月亮、太陽，歡迎光臨。
我認為這是賣：
我的理由是：

四、誰才是老大？艷麗的色彩令人臣服。

我認為這是賣：

我的理由是：

五、火金姑，來照路。

我認為這是賣：

我的理由是：

㈣**我是廣告大師：**請小朋友以上個星期親身體驗的「生活大師大考驗」為主題，設計活動的廣告文案。

四、引導過程

㈠**「生活大師大考驗」闖關活動：**活動實施時間是三月二十一日星期五，綜合活動的兩節課。各班由班長帶隊，每一個小朋友只要過關，關主即可在小朋友個人的過關卡簽名認可。過關時全班的秩序和禮貌也是關主評分的依據。關主在過關前會先示範作業流程和說明評分的準則，更詳細的要求大體都印在過關卡上。每一個小朋友完成後舉手示意，關主立即會上前檢查是否過關。

㈡**撰寫生活日記：**紀錄這次活動的過程和體會。

活動結束，筆者即要求小朋友以這一次的活動為主題，撰寫生活日記。每一個小朋友將過關卡帶回，當作寫作的參考；另外，筆者提醒小朋友並不需要每一關都寫，可以用「詳述」和「略寫」的方式進行；而印象最深、感受最多的關可以「詳述」，最好能加上自己的一些心得和感觸；其他的可以「略寫」，讓全文有重點！

㈢**廣告文案大猜謎：**

筆者選了五則廣告，要小朋友根據文案上的線索，猜猜他們到底在推銷什麼商品並說出理由。實施前，提醒小朋友不要去看電視或翻閱雜誌找答案；同時也強調：沒有所謂標準答案，只要能言之成理的，就是好答案！陳述理由時，要寫出所援引的線索如：文案中出現「喝」，商品可能是某種飲料……。最後，筆者鼓勵小朋友答案要有創見，如果都和別人一樣，就沒意思了。

㈣**我是廣告大師：**

做完了廣告的頭腦體操，筆者隨即進行以上個星期親身體驗的「生活大師大考驗」為主題，請他們為這個活動設計文案。文案的書寫目的，是邀請其他人來參與這場盛會；內容可以「以整個活動為主要訴求」，也可以「以單項活動為設計」的重點。內容上，要先有標題，再有內文，標題和內文要能相互呼應。筆者請小朋友參考「火金姑」這則廣告的表現方式。

五、學生作品

㈠**「生活大師大考驗」闖關活動**。大體而言，小朋友對這次活動的意義都了解，參與的興致也都很高昂，整個活動進行得很順利。五關中，以「我是針線大師」最難，班上有三分之一的人無法通過。

㈡**撰寫生活日記**：紀錄這次活動的過程和體會。

在批改日記時，筆者發現大部份小朋友都能掌握這次活動的意義：

現代人享受許多便利，一個個發明不斷出爐！想買東西，一通電話替你完成；要轉帳的話，使用手機也可以；今天忘了買菜，不用踏出家門，打通電話幾分鐘就有熱騰騰的佳餚上桌！……（生活）如此方便，又還有誰會自己掌廚？當衣服鈕子掉了，還有誰會拿起針線縫縫補補？漸漸的，大家都快成「生活白痴」了。（胡安美）

胡安美的體會在班上並不是特例，就筆者觀察：五年級的小朋友，大部份已具備生活反省的能力，也能說出自己的感覺。對於活動後的體會更令人感動。又如以下這篇：

我覺得生活是很簡單的，只要你肯學、肯努力，你也可以成為一個能幹又懂得生活的人，不需要凡事都依賴自己的父母或朋友來幫忙，也可以過得很快樂。（陳挺瑒）

有很多小朋友很高興能通過生活大考驗，更希望自己能替家人分憂解勞；至於沒有通過的小朋友，則表示要多多練習等，下一次考驗時，能一雪前恥。

㈢廣告文案大猜謎：

以下筆者將分別列舉小朋友的答案：

1 經常喝，臉上就有幸福的顏色——讓我來照顧你！

這一則廣告文案中出現「喝」，所以小朋友聯想的範圍不脫離「飲料」。至於飲料的種類，孩子的思考大致從「幸福」和「顏色」作相似聯想。「幸福」想到「健康」「年輕」，而雞精廣告是這兩者的交集。像沈平以為是「雞精」的廣告。

因為喝了雞精可以照顧身體，會使身體壯壯，當然身體健康，臉上就有幸福的顏色啦！

而黃科傑也持相同的理由。他以自己觀察外婆的經驗說：

外婆有喝過（雞精），喝完以後，看起來好像年輕了35歲。

2 讓毛孔、油孔跑光光。少了油光，讓你的皮膚更晶瑩剔透。

當出現「晶瑩剔透」時，我們立刻聯想到SKII化妝保養品，這也說明：成功的廣告可以發揮「催眠」的效果！但是對於教學者而言，以這樣家喻戶曉的廣告作為聯想力的教材，是不當的，因為這種人盡皆知的「符碼」，其所意指的對象，已形成一種普通的常識，所以當教學者援引時，所得到的結果自然也就「千篇一律」了，這和本活動所要求的目標顯然是背道而馳的。

3 星星、月亮、太陽，歡迎光臨。

這則廣告是成功的引用。所謂成功，是由於小朋友對於文案陌生，更可以發揮他們的想像力；廣告詞中只有二個部份，一為星球，其二為「寒喧語」。如何將這兩個截然不同的語詞結合，正可以考驗他們的聯想力和想像力。小朋友最後呈現的思考，正足以印證筆者這些觀察！如：

曾顯淑認為是「新光三越」的新廣告，她的理由很有趣：

這三種星球都是光。當服務小姐見到了光臨公司的顧客時，都會面帶微笑的說：歡迎光臨！

沈平猜是「便利超級商店」，因為：

不管白天還是晚上，便利超商總是陪在我們身邊，與我們招手，不斷的說歡迎光臨！

張薰之和陳磬雯分別認為是「天文館」和「宇宙博覽會」，因為：

天文館裡有星星、月亮和太陽，隨時歡迎我們去參觀。

翁珮珊認為是「洗面露」的廣告，她認為：

一定是臉很乾淨，才敢歡迎星星、月亮、太陽。

陳亮佑則想到學校的獎勵制度：

是學校「好兒童獎章」。因為有好表現，星星獎章、月亮獎章、太陽獎章就會跟我們說：「歡迎光臨」哦！

陳柏芊認為可能是「有天窗的房子」。他認為：

打開家裡的天窗，就可以看到星星、月亮、太陽。

朱浩威以為是「樂透彩」的廣告，因為：

廣告裡的爸爸什麼東西都可以買。

從上述小朋友的聯想表現看來，文案越精簡、越是和他們生活經驗不同的，他們可以發揮的創意空間就越大。

4 誰才是老大？豔麗的色彩令人臣服。

這也是一則有趣而令人驚嘆的文案。大部份小朋友的聯想點從「老大」、「豔麗的色彩」、「臣服」三點出發。

黃詠恩和游蕙如認為可能是「洗衣精」的廣告。他們的理由是：

因為用了這個牌子的洗衣精，衣服不會褪色，保有亮麗的色彩，看了就讓人覺得比不過。

陳挺瑒認為是「大哥大」，他以為：

現在的手機都在比炫比酷，最酷最炫的，才是老大。

胡安美認為是年輕人最喜歡的染髮劑，因為：

最美麗、有色澤的顏色，才能令人心服口服，成為色彩中的老大，朋友中的老大。

5火金姑，來照路。

這一則由於內文說明的太詳細，連帶小朋友的想法也被限制。小朋友的聯想，大抵不脫「燈泡」，「電」。即使如此，所持的理由卻不盡相同。王立琦以螢火蟲後面有一個很像燈泡的小燈籠，所以用火金姑來比喻電燈。而曾顯淑則以為燈是心中的太陽，照亮大家的心。王苹的想法很有趣。他說：電燈像永遠不會死的螢火蟲。「喻體」的對照和混淆，我認為是「詩」的開始。

磬雯則有比較特別的想法，她猜可能是「節約用電」的廣告：

如果心中的螢火蟲滅了，世界可能就會變成黑暗的。

小朋友細心和敏銳聯想力，讓這種頭腦體操充滿了驚喜！

㈣**我是廣告大師：**

1以整個活動為主要訴求：

(1)萬能手，就是你！

綁鞋帶，打結繩，穿針引線，釘釘子，摺衣服，這些你都會嗎？如果不會就太遜！好膽的，放馬過來，萬能手，就是你囉！（陳磬雯）

(2)你是大師嗎？請你來挑戰！

天下之事，我無所不能，粗活細活我都在行。生活就在你左右，你是生活的主人嗎？請你來驗證！（陳珽瑒）

(3)生活，總在你我身邊，可是有些人卻經不起考驗。

穿針引線，沒學過嗎？結繩，我又不是童軍。綁鞋帶，一下子又鬆。摺衣服，都是爸媽的事啦！釘釘子，可能釘歪了，來到五關，你會了解自己的實力，GO！（王立琦）

(4)「生活大師限時信」

你的美語頂呱呱嗎？你的成績第一名嗎？你的IQ百分百，但是你會釘鐵釘嗎？你會結繩嗎？你會摺衣嗎？請來一趟「生活大師訓練營」保證你的生活沒問題，人氣強強滾！（池昌言）

2 以分項活動為訴求：

甲、我是釘鎚大師：

(1)「『釘』好基礎」

只要釘得深，基礎就一定穩固。（陳亮佑）

(2)旁敲側擊，歡樂不移

一敲在手，希望無窮！

敲東西用手，只要家中木頭傢俱壞了，你當然希望自己修好它！來吧！生活大考驗，讓你希望無窮！（鄭心緣、石昌懷）

乙、我是鞋帶大師：

「我有一雙魔術鞋」

我有一雙魔術鞋，上山不怕蛇蜂螫，下海不怕大水洩。硬如金，輕如水，無敵鞋帶照過來，就是我的魔術鞋。（吳以哲）

丙、我是結繩大師：

「蜘蛛人」

你穿過來，我穿過去，繞一個圈打個結。蜘蛛人就是你！一條線經過你的巧手，有了生命！當個蜘蛛人，在天地間佈下天羅地網！（胡安美）

六、教學省思

㈠統整語文與非語文的生活課程，拓展小朋友生活經驗，增加寫作素材，對小朋友作文的表現有正面積極的意義。從小朋友所書寫的生活日記中，筆者可以看到這些小作者因曾經驗、曾體會，曾和同學互動過，寫出來的文章，內容更加精彩，而文章的深度也令人驚豔！

㈡「廣告文案大猜謎」充滿了趣味性和挑戰性。在進行中，小朋友興致勃勃，也期待和他人分享討論。而藉由發表，小朋友不僅可以觀摩別人思考的角度和發表的內容，也可以觸發自己更多的聯想和觀念。

㈢引用的廣告，最好是冷僻而不常見的，這有助於小朋友不被先入為主的成見所左右，而這些精鍊的廣告，更有助於小朋友多重的解讀、詮釋。在教學過程中，筆者不斷被他們「天馬行空」而又充滿「想像力」的想法令人折服。

㈣最後結合「生活大師大考驗」的文案設計，筆者要求小朋友仿照「廣告文案大猜謎」的第五題習作，為這一次的活動設計文案。參看事後小朋友的作品，筆者以為：不妨只寫「標題」會更適當。因為猜謎中四題大都是只有「標題」，而且標題字少而含意多重，對初學文案的小朋友來說，不會太吃力。

我是解惑專家——便條練習

教材來源

我是解惑專家（康軒第九冊第二課）及自編

我有一個神秘的朋友，不管有什麼困難，或是心裡有什麼疑惑，只要寫個字條給他，他都會回答我，安慰我，幫助我解決問題。

三年級的時候，和朋友吵架，朋友不肯原諒我，我很沮喪。他安慰我：

小鐵釘：

你們這個年紀的孩子，不愉快的事情很快就會忘記的。彼此尊重，相信你們很快就會和好。記住，對人要客氣一點兒呵！

皮皮熊上三月二日

本來，我不太相信他的話，沒想到第二天，我的朋友真的跑來找我玩，真開心！

四年級時，我問他，為什麼已經很認真練習了，笛子卻還是吹不好？他告訴我：

小鐵釘：

有些人數學能力強，語文能力卻比較差；有些人很會打球，卻不會畫畫，這叫「各有所長」。我們不可能要求自己樣樣強。一個人，只要努力學習，盡力而為，不斷求進步就好了。

皮皮熊上五月七日

聽了他的話，我心裡的疑問也消除了。

前幾天，我有兩個好朋友發生誤會，兩個人都要我不要和對方講話，害我左右為難，掙扎了好久，不知如何是好。他教我：

小鐵釘：

不要做一個被操控的布偶，要有自己的主張。也許，你可以為他們架設友誼的橋梁，安排機會讓他們好好談一談。

皮皮熊上九月四日

幸好，我聽了他的話，不但化解了他們的誤會，而且得到他們的信任。現在我們成為形影不離的「三劍客」呢！

我這個神祕的朋友，也是全校共同的朋友。他就是學校裡，赫赫有名的「皮皮熊」。每次接到他的字條，都可以解決困難，消除我的煩惱。我很感謝他的幫助，所以寫了一封信給他，謝謝這個神秘的朋友：

皮皮熊：

你好！謝謝你的字條，每次接到你的字條都會讓我覺得又長大了，變得更聰明了。謝謝你陪著我，幫助我，就像我最知心的朋友。敬祝平安快樂

愛你的小鐵釘敬上　九十一年九月十日

一、範文分析

小朋友在成長的路上，多多少少會遇到一些困難和心結，此時，若有人適時伸出援手，解惑釋疑，也許就能度過難關，更有信心的生活。

範文「神秘的朋友」是敘述小鐵釘有一個神秘的朋友，利用便條向他請教生活上所遇到的問題。由於是便條的寫作練習，所以在作文的設計以「我有話要說」及「我是解惑專家」進行。

二、設計理念

㈠本次的作文，筆者試圖結合「傾訴」、「同理心」、「角色扮演」、「反芻省思」等輔導技巧，期待學生不僅能學會清楚的傾吐自已的問題，也能夠學會「面對問題」、「解決問題」，最後能將這些體會，化作自已未來處理問題的能力。

㈡後設認知是意義的形成過程，透過不斷的自我指導、校正與調整的過程，達成解決問題的目的。本次作文練習的第三個階段「回饋後記」即利用「後設認知」（**metacognition**）的概念，期待「我有話要說」、「解惑專家」不只是一份作業，更希望小朋友透過這一系列的「心情告白」和「專家解惑」、「後記書寫」的過程，能夠「主動監控、結果調整」，透過自我觀照前後的行為和心理特質，更了解自己，並懂得如何面對挫折。

㈢便條是一種簡便的書信形式，比正式的書信隨意和直接得多。一般來說，便條的內容所表達的大都是比較簡單和急切的事，所以不必過於講究禮儀，往往可以用三言兩語就把事情說明清楚；在形式上則不必拘泥於書信的格式，刻意修飾文字，遣詞用字也可以口語化。便條的格式應包括：收信人稱謂、正文、寫信人署名及日期。

三、寫作題組

㈠**請聽我說**：請小朋友在「我有話要說」的作業單上，寫下自己的困擾。
㈡**我是解惑專家**：指導小朋友充當解惑專家回答同學問題。
㈢**回饋後記**：指導小朋友撰寫活動後記。

四、引導過程

㈠**請聽我說**：

先請小朋友在「我有話要說」作業單上，寫下自己的困擾。建議他們可以從學習上、和同學相處、生活適應…等面向思考。同時強調：不用擔心自己的問題會被別人知道，也不會公布；如果很擔心，可以用假名書寫。同時也先預告：會有很多解惑專家來解決大家的問題。

㈡**我是解惑專家**：

收回小朋友的困惑作業單過目修改後，再將他們的作業單捆成筒狀，最後邀請小朋友充當解惑專家回答大家的問題。指導回答問題時，提出四點建議：1.先安撫鼓勵他。2.澄清他的問題究竟是什麼？3.可以和父母、好友討論。4.以同理心告訴他，他並不寂寞，因為你會在他的身旁。

抽籤時，每一個小朋友都躍躍欲試，很期待能趕快知道要回答誰的問題。抽完籤後，每一個人異常興奮，除了同學間相互討論這是誰的作業單外，也開始討論該如何回答問題。這份作業單是回家功課，目的也是提供親子間有互動、討論的機會，讓彼此分享和溝通。

㈢回饋後記：

在指導後記時，小朋友要思考以下的問題：「當時自己的想法和解惑專家的回答，和現在是否有不同的感覺？解惑專家的意見是否解決了問題？事過境遷，回顧當時的心情，是否有新的感觸？」鼓勵小朋友寫下來，當作是一個「成長記錄」。

五、學生作品

㈠請聽我說：

收回小朋友的「我有話要說」作業單首先發現：孩子們書寫便條在格式上仍有許多問題。如：沒有收件者的稱謂、寫完沒有署名、日期，可能是因為在指導時，沒有特別提醒和強調的緣故。其次，小朋友在敘述自己的困惑時，語調和內容充滿了童趣。最後發現：所提出的問題多屬於人際關係、學習狀況和情緒困擾三方面，以下提出代表性的問題：

人際關係是這個階段小朋友很在意的：

(1)每一次玩躲避球的時候，他們都會叫我去跟他們一隊，但是他們都是我的好朋友，我不知道要去哪一隊才好？（煩惱的小叮噹）

(2)每一次我和同學玩躲避球時，同學都笑我球力很弱，跟我玩沒意思，最後都不丟給我球。我要怎麼辦？（小綿羊）

學習困擾大部份集中在無法專心，如：

原來我很認真寫作業，為什麼寫到一半，就覺得自己變懶惰鬼，不想寫了呢？（阿蓁哥）

生活困擾大多在想買新玩具，而家人不答應的困擾：

為什麼我們小朋友要什麼東西，爸爸媽媽有的可以給我們，有的卻不行。（小企鵝）

㈡我是解惑專家：

就回答的內容，小朋友也不像我們想像那麼無知：像小綿羊的問題，同學的回答也很有智慧：

⑴只要躲，不要丟。我用的就是這個方法，因為我丟球的力道也很弱。（說不定比你還弱咧！）

⑵多做運動，舉礦泉水。你可能會覺得奇怪，有啥用？因為礦泉水的重量剛好（啞鈴太重）。但是要每天舉，不然無法達到效果，心誠則靈，無效——我也沒有辦法。（湯圓）

阿蓁哥的學習問題，解惑專家回答得更妙：

當你寫作業時，可以先呼吸放輕鬆，如果發現自己不專心寫時，可以想像媽媽生氣的臉，也可以去喝杯水，洗把臉讓自己涼快，心靜下來……（小米）

小企鵝的問題，解惑專家是這樣回答的：

如果你要一個很貴的東西，要看你的父母有沒有這個能力？就算有能力買，也要看你的表現！（小蝌蚪）

就是這些好玩有趣的表白和答覆，帶給我很大的快樂。

㈢回饋後記：

陳亮佑常常因為字寫不好而被父母責罰，感到不舒服。解惑專家建議他除了練習外，還要「用心思考字的結構」。亮佑在後記裡提到：

你真是一個厲害的解惑專家，可以把我的問題解得清清楚楚。

挺瑒也謝謝回答他問題的解惑專家「無名氏」。在後記中他猜：

不過，我可以確定她是個女的，她給我的方法和建議都很好，非常有效。

覺得讀書很乏味的陳柏芊在後記的想法令人很感動：

我以前覺得書很無聊，但是自從我遵照解惑專家的建議，到圖書館翻一翻不同的書後，我發現：原來書中的世界可以是這麼美妙生動，書也有不同的類別就像不同的糖果，吃起來味道不一樣。解惑專家也給我好方法，就是把自己當成魔術師，讓乏味的書變成像漫畫書就行了！

沈平所寫的後記，最能體會活動的目標：

看了四個禮拜前，我大筆一揮的「傑作」，覺得自己真的有一點「阿達阿達」的，人生不可能永遠都是風平浪靜，人也沒有一個是沒有煩惱的。了解這點後，我也發現：有煩惱不是壞事，課業的煩惱，可以警惕自己，朋友的煩惱可促進人際關係……

感謝老師出了這份作業，讓我更了解自己，更了解別人，也讓我覺得自己長大了，真是一舉兩得啊！世界上沒有不快樂的事，只有不樂觀的人，只要樂觀，萬事O

K！

安美從這一次的活動中也體會：

人生是不是隨時隨地都有煩惱呢？如果是的話，在那時一定要有人陪他走出低潮，老師這次所安排的活動，讓每一個人都可以幫助別人解決問題，使自己感到自己長大了。

就是這些字裡行間所透露的訊息和給我的回饋，讓我覺得感動。

五、教學省思

(一)教師仍應在練習前指導小朋友「便條」格式的寫法。最好以課文的範例，讓小朋友「發現」便條的「格式」，進而仿作習寫。

(二)五年級的小朋友能用文字清楚表達自己的問題；這個階段大部份的問題是屬於人際關係和課業困擾。

㈢後記的書寫，幫助小朋友重新審視以前的作品，發現自己的表達缺點進行修正；透過反省，澄清當初混沌未明的概念和想法；如此的反思、澄清、修正，可說是一個很好的學習模式。

五年級寫作訓練之
特殊能力編

一、修辭能力訓練

■我是排比大師
——排比句型練習

■我是引用格言大師
——引用格言練習

■我是聲光大師
——聽覺摹寫練習

二、謀篇能力訓練

■我是說理大師
——說明文寫作練習

【修辭能力訓練】

我是排比大師——排比句型練習

教材來源

康軒第九冊第三課〈生命的魔術師〉（第三段）、自編

這是多麼美好的事啊！學會一項運動，使人生龍活虎，如魚得水；學會一項樂器，使我們能演奏出美妙的音樂；學會畫畫，使我們擁有一枝點石成金的彩筆；學會閱讀，豐富我們的知識，開拓我們心靈的視野。這些都是學習帶給我們的改變，所以，學習是人生最快樂的事。

一、範文分析（第三段）

〈生命的魔術師〉第三段全段用排比的修辭技巧，表現「學習是人生快樂的事」。所謂「排比」即用結構相似的句法，接二連三地表示同範圍同性質的意象。學運動、學樂器、學

畫畫、學閱讀，這些多樣的學習內容，都表達了共同的學習快樂。

二、設計理念

黃慶萱教授認為排比句型應注意的原則：

㈠恰當的配合各種內容

㈡鮮明地表現多樣的統一

㈢具體的表達共相的分化

所以本次的排比練習，筆者先以範文的行文結構入手，提出「凡目凡」章法結構，即「先總說後分述再總說」的方式；也就是要求小朋友先提出總結式的主旨後，能以排比句法表現支持主旨的例證，末段再小結全篇。

教學的流程是先部份再全體。先照樣造句，再練習照樣寫全段。

三、寫作題組

㈠填充式排比句練習：

範文：

這是多麼美好的事啊！

學會一項運動，使人生龍活虎，如魚得水；

學會一項樂器，使我們能演奏出美妙的音樂；

學會畫畫，使我們擁有一枝點石成金的彩筆；

學會閱讀，豐富我們的知識，開拓我們心靈的視野。

學會（　　　），（　　　　　　　　）。

這些都是學習帶給我們的改變，所以，學習是人生最快樂的事。

㈡排比段落練習：

要求小朋友利用範文結構，以「這是多麼ＸＸ的事啊！」為開頭，練習寫一個段落。字數以不超過150字為宜。

四、指導過程

㈠填充式排比句練習：

筆者設計的作業單是引述範文的最後一段。在小朋友寫作前，先說明這一段的行文結構分為三個部份：段首先說出心裡的感受（這是多麼美好的事啊）；然後利用排比的句型，列舉了四項學習（運動、樂器、畫畫、和閱讀）的樂趣和收穫支持段落主旨，最後再作一個小小的結論，點出學習帶給我們生活的改變，是人生最快樂的事。

(二)排比段落練習：

有了「部份」的觀念和經驗後，筆者再請小朋友仿照範文作「全段」練習。要求小朋友利用這種文章的結構，以「這是多麼XX的事啊！」為開頭，練習寫一個段落。字數以不超過150字為宜。筆者在指導時先請小朋確立個人想要表現主旨：（這是多麼XX的事啊！）XX可填入像「快樂」、「幸福」、「悲傷」、「幸運」……，只要是跟自己感受有關的形容詞皆可，然後找出和這個主旨相符的三個例證，段末再以一兩句話作為小結。

五、學生作品

(一)填充式排比句練習：

由於作業單上的四個例子清楚明白，小朋友很快的就能掌握這個練習。批改時，筆者發現有趣的現象：大部份小朋友都根據自己的興趣、能力、經驗來填寫，亦即他們所創作的句子即反映他們目前的生活。

(1)學會曲棍球，使我可以代表學校出去比賽。（高佳鴻）
(2)學會書法，使我們看起來很有氣質。（游蕙如）
(3)學會孝順，使父母更愛我們。（翁珮珊）
(4)學會賺錢，使我們的生活更富裕。（裴章煜）
(5)學會直笛，使我可以參加各種比賽，得到更多的榮譽。（陳磬雯）
(6)學會跳舞，使我們像空中飛舞的蝴蝶。（胡安美）
(7)學會寬容別人，使自己更受歡迎。（陳挺瑒）
(8)學會作文，可以培養我們的創造力，也可以充實我們的內涵。（沈平）
(9)學會外語，使我能和外國人對答如流，交到更多的朋友。（黃科傑）

小朋友自然流露出對生活經驗的想法，是這一次作文練習的意外驚喜。

(二)排比段落練習：

以下是小朋友的作品：

這是多麼自卑的事啊！
別人輕鬆的跳舞時，我卻跳錯舞步；
別人跑得很快時，我卻不停得跌倒；
別人用清亮的嗓音高歌時，我卻一直走音；
別人總能呼朋引伴，我卻總是一個人；
雖然這都使我很自卑，不過我相信：
只要努力，我一定可以進步！（胡安美）

安美以「先反後正」的行文方式，先說出自己的不足，然後指出：只要肯努力，一定可以反敗為勝！寫來令筆者動容，不禁為她拍手加油！

這是多麼令人開懷的事啊！
學會英文，我可以在外國人面前呱呱叫；
學會觀察，我可以探索自然的奧秘；
學會溜冰，我可以自由自在的乘風滑行；
學會烹飪；可以在鍋中畫圖，畫出一道道美味佳餚。

學習、學習、不斷學習，在生活中創造出一連串驚奇！（沈平）

沈平寫了「自卑型」和「開朗型」，筆者引述「開朗型」和大家分享。字裡行間可以看出他過人的想像力和掌握文字的技巧，尤其是結語部份，用類疊的方式點出學習可以創造生活的連串驚奇，氣勢磅礡，令人折服！

這是多麼快樂的事啊！
到海邊，使人心情開朗，煩惱一空；
到山裡，使人感受大自然的偉大與神秘；
到鄉間，使人享受田野之美，田園之樂；
到城市，使人覺得進步和科技的發達。
這些都是假期給我的觀察心得，
所以放假是課程以外最好的學習時機。（陳柏芊）

眾多作品中，不得不佩服柏芊的創意。大部份同學都以範文「學XX」為主，而柏芊不落俗套，以地點做為「多樣的」、「分化的」內容，最後點出原來「放假」是他所要表現的主題。最後，我想以「珍惜」作為結束：

這是多麼幸福的事啊！
享受陽光，使人充滿朝氣，如沐春風；
聽著喜愛的歌曲，使人心跳節奏輕快，呼吸起伏輕柔；
漫步在林間小道上，使人拋開煩惱，無憂無慮，盡情歡笑；
將快樂分送給人，看見別人歡樂，自己也溫暖。
這些都是珍惜帶給我們的幸福，
所以，珍惜是人生最幸福的事。（陳挺瑒）

這是陳挺瑒的作品，他從列舉平凡生活中的點點滴滴，就會帶給我們無比幸福的感覺，期待我們把快樂再分送給別人，讓世界充滿幸福！這段文章的立意甚佳，文字修辭優美，值得小朋友學習。

六、教學省思

㈠排比句型的學習，是符合學習心理所謂的「學習遷移」。學生可以透過模仿學習到這項修辭技巧。從學生的習作中可以發現，類似的練習小朋友可以駕輕就熟。

㈡生活經驗是小朋友寫作素材的主要來源。從「填充句子」的表現，發現他們的確是從自己的生活中尋找靈感、從文字中反映生活和感覺。教師不妨留意小朋友的造句、生活日記、課堂中的發言，這是認識他們的一扇窗口。

㈢雖然「限制式作文」限制了小朋友表達的型式，但從作品中，筆者仍可看到令人感動、驚豔的作品；或許我們該這麼說：固定的型式提供了一般的小朋友「有跡可循」的學習典範，有方向和清楚的目標，學習起來就事半而功倍；對一些文字駕馭能力較好、想法較獨特的孩子仍可在固定的型式中自由的、創意的表現他的世界。

㈣「我是排比大師」是本人第三次的限制式作文教學，施教的過程和結果讓我覺得是「幸福洋溢」。看到五年級剛分班的小朋友精彩而動人的表現和回饋，使我更愛這一班。謝謝仇老師提供給我這一次的機會，讓我在作文教學有所突破，我會珍惜和大家一起學習的機會。

我是引用格言大師——引用格言練習

教材來源 國立編譯館第九冊第六課（第一段）、自編

說話是人與人情意交通的重要工具。俗話說：「美言一句三冬暖，惡語傷人六月寒。」在日常生活中，如果說話不加留意，有了疏失，就會使人產生誤會；相反的，如果出語謹慎，態度誠懇，可以使我們得到更多的友誼。

一、範文分析（第一段）

範文中引用俗語：「美言一句三冬暖，惡語傷人六月寒。」指出說好話可以使人如沐春風；若口出惡言，則讓人心寒。所以說話當謹慎，否則就容易產生誤會。

二、設計理念

儘管過分相信權威會讓我們懶於思考，失去獨立思考的能力，甚至阻礙文明的發展，然而天下事理無窮，個人的知識和經驗來自直接經驗少，來自間接經驗多。故「適度引用」之必要，不僅是對人類知識傳承之尊重，也是站在巨人的肩上看世界，讓自己看得更遠、更深入。

當我們講話或寫文章時，如果能適時的引用名人嘉言，可以大大的增加文章的說服力。黃慶萱教授以為：

> 語文中援用別人的話或典故、俗語等等，叫作「引用」。引用是一種訴之於權威或訴之於大眾的修辭法，利用一般人對權威的崇拜或者大眾意見的尊重，以加強自己言論的說服力。

本次練習的目標在指導小朋友「引用不可失其原意」和「須訴之於合理的權威」，期待小朋友能學會如何正確引用格言，支持自己的看法。

三、寫作題組

㈠引用格言練習：以「立志」或「交友」為主題，指導學生引用格言或名言並能加以說明。

㈡我是作文高手：引導學生欣賞體會同學引用格言的技巧並加以學習。如作業單一。

㈢我是作文變裝大師一：引導學生利用改寫的方式修改同學的作品。

㈣我是作文變裝大師二：引導學生利用擴寫的方式修改同學的作品。如作業單二。

四、引導過程

㈠引用格言練習：

在解說範文時，筆者已經強調引用格言的方法和功用，當課文上完後，同學大多能體會引用名言、格言的好處。因此，「引用格言」練習時，筆者強調的是引用的章法：引用的格言或句子不見得一定要在篇首，也可以出現在段落中間（篇腹）或文章的最後（篇末）。

筆者請小朋友以「立志」或「交友」為主題，找出想要引用的格言或名言加以說明，寫成一段，字數以100字以上為宜。

㈡我是作文高手：

這一部份的教學重點，筆者強調相互觀摩同學的引用技巧。故在教學內容的設計上，筆者選出的作品，均以格言引用的位置為考慮重心。如以下作業單：

各位小朋友，昨天我們請小朋友練習「引用格言」。老師看了你們的作品後，覺得五年仁班的小朋友果然是作文高手，每一個小朋友彷彿是滔滔不絕的雄辯家出現在我的面前哦！我覺得你們真棒！

請小朋友先來欣賞幾個作文高手的作品，並學習他們的引用技巧。

範文一：

所謂：「友直、友諒、友多聞。」是指交朋友要交正直、誠信、見多識廣的人。像安美，她是個正直守規矩的人，如果跟她做朋友，一定會變得規規矩矩的；像我以前的朋友林家伊，她是個誠信的人，什麼事交給她保證沒問題；沈平是一個見多識廣的人，只要和他在一起，一定可以學到許多知識。所以交朋友要小心，如果交到這些朋友會讓我學到更多！（陳磬雯）

這一篇短文，有什麼優點？（　　）

範文二：

前陣子新聞報導：廣達董事長林百里先生在各大媒體登廣告，找尋當年曾一同辛苦打拚的夥伴。雖然今天林先生已是家喻戶曉的有錢人，但對過去辛苦的日子，總是感念不已。這則新聞令我很感動，俗語說：「好事近從難處得，少年無向易中輕。」好事都是從困難中得來的，年輕人不要心存僥倖；要成功，必須付出艱辛的勞動。林百里的故事，給我們很大的啟示！（陳挺瑒）

這一篇短文，有什麼優點？（　　）

範文三：

每一個人都需要朋友，也都有朋友。所以人生的道路上，朋友扮演著非常重要的角色。選擇朋友很重要，朋友的優點，我們要學習；朋友的缺點，要用來警惕自己，這樣才能交到一生受益的知心朋友。俗話說：「近朱者赤，近墨者黑。」就是這個道

理。（池昌言）

這一篇短文，有什麼優點？（　　　　　　　　　　）

㈢**我是作文變裝大師一：改寫優秀作品**

由於小朋友對於引用出現的位置，並沒有十分注意，於是這個階段的練習是改寫優秀範文。將同學的引用、例證換個方式來呈現，比如：出現在段首的格言要改成出現在篇腹或篇末。（作業單同我是作文高手）

㈣**我是作文變裝大師二：擴寫只有引文而沒有說明的段落**

筆者再請小朋友從下列甲、乙、丙、丁、戊五個段落中，任選一段，試著改寫或擴寫，讓這些段落，也成為高手的作文。作業單如下：

甲：古人說：少壯不努力，老大徒傷悲。爸爸告訴我說：小時候不努力，長大生活會很辛苦，這個意思可以說：少壯不努力，老大徒傷悲。

乙：交友要慎重選擇，俗語說：近朱者赤，近墨者黑。所以說交到不好的朋友會對自己有不好的影響。

丙：俗語說：立定志向。沒有立定志向的人，就像汪洋中的一條船一樣，沒有方向，在海中漂來漂去的。

丁：俗語說：一分耕耘一分收穫。這句話告訴我們：用多少努力，就會得到多少的回饋，所以我們要更用功學習，才會有很大的成就。

戊：俗語說：一分耕耘，一分收穫。這句話告訴我們：只要多花一點時間努力經營，生命的花園才會長出很美麗、又好看的花朵；如果每天無所事事，不花點時間去追求自已的夢想，花園裡的花就會枯萎、荒蕪。

我選擇段落（　　　　　　　　）

我將它改編成：

四、學生作品

㈠引用格言練習：

「引用格言」練習中，同學選擇引用的位置，大部份出現在篇首。這可能和小朋友的思考習慣有關。當老師要求他們「使用格言」時，五年級的小朋友習慣先找一句話出來符合規定，然後再說明。雖然有兩個主題可選擇，但大部份同學談的主題仍以交友居多（27/6），這和他們的生活經驗有關。就作品看來，這次的練習可以達到教學目標，小朋友能掌握引用的要訣，即能正確引用而不失原意，引用的格言能支持自已的看法。

以下列舉兩篇小朋友優秀的作品，另有三篇見「我是作文高手」的作業單。

俗話說：「近朱者赤，近墨者黑」；這句話說得好。沒錯，一個人會因為朋友而改變自己；交到好朋友，彼此互相學習，互相鼓勵，自然會日漸進步；然而若交到壞朋友便會受到朋友的影響，如果把持不住，就會越陷越深。我們交朋友要認真選擇，交一些好知己。（沈平）

沈平將格言放置篇首，他談的主題是「要慎交朋友」，表現的型式也是先總說，再分述，再總說。

孔夫子說：益者三友，友直、友諒、友多聞。這句話告訴我們：交朋友必須要交一個正直的人，不要只是個口蜜腹劍愛灌迷湯的小人；也要交一個度量大，能體諒別人，凡事不會斤斤計較的朋友；最後他是個博學多聞，有見識的人。如果有幸能交到如此的朋友，實在很幸福！因為你不但可以向這位朋友學習他的優點，還可以一起談天說地，更可以一起討論出對一些事情的看法呢！（胡安美）

胡安美談「交好友的優點」。她也將格言放在篇首，全篇利用總－分－總的方式來講道理。

(二)我是作文高手：

班上同學在「範文一」中發現：磬雯舉出身旁熟悉的人來解釋這句話的意思，印象最深刻。黃詠恩以「感同身受」點出磬雯引用帶給大家的感覺。像陳挺瑒從引用的位置提出他的看法，畢竟是少數：

她先「引用格言」，再舉一個例子來說明，這樣會很詳細。

「範文二」是陳挺瑒的作品，我們先來看看作者自己怎麼說：

我先舉一件事件，再引用格言說明朋友的重要性。

陳磬雯認為：

先舉例子，再寫俗話，用名人做例子，很有說服力。

「範文三」是池昌言寫的。沈平則以為：

昌言文章中的道理是大家耳熟能詳的，但沒有說服力是不行的，所以昌言用簡單明瞭的文字來表達，我下次也可以試著寫寫看！

陳挺瑒則認為：

昌言先說明朋友的重要性，再「引用格言」加強他的論點。

小朋友在欣賞或分析同學作品時，會以「是否引起共鳴？」作為標準。的確，同學的認知和體會來自經驗和生活，即使談的是交友，一些艱深的抽象哲理對他們來說似乎太遙遠。因此，對於同學的文章審美的角度也從是否激起「共同經驗」為標準。像磬雯寫的範文一，她舉的例子是大家都認識的同學，所以當筆者請小朋友針對這些文章評分時，這一篇得到最多的肯定。從學生的答案中發現：會注意到「格言出現位置」的同學並不多，這和活動的原意有些違背！

㈢我是作文變裝大師一：改寫優秀作品

「範文一」改寫：

交朋友要交正直、誠信、見多識廣的人。像班上的安美，她是個正直守規矩的人，如果跟她做朋友，一定能變得規規矩矩的；像我以前的朋友林家伊，她是個誠信的人，有什麼問題交給她，保證沒問題啦！沈平是一個見多識廣的人，和他在一起，一定能學習到許多知識。所謂：「友直、友諒、友多聞。」就是這個意思。（陳柏芊）

「範文二」改寫：

前陣子新聞報導：廣達董事長林百里先生在各大媒體刊登廣告，找尋當年曾一同辛苦打拚的夥伴。雖然今天林先生已是家喻戶曉的有錢人，但對過去那段和朋友辛苦打拚力爭上游的日子，總是感念不已。

這則新聞令我很感動，林百里的故事，給我們很大的啟示：告訴我們好事都是從困難中得來的，年輕人不要心存僥倖；要成功，必須付出艱辛的過程。正所謂：「好事近從難處得，少年無向易中輕。」（胡安美）

「範文三」改寫：

朋友在人生的道路上，扮演著非常重要的角色。在交朋友的時候，要分辨是好是壞；看到朋友的優點，我們要學習；發現朋友的缺點，要用來警惕自己，所以交朋友可以使我們變好，也會把我們教壞，這就是：「近朱者赤，近墨者黑。」的道理。（王立琦）

由於仍然是小朋友從三則範文中選取一篇來練習，大多能注意到格言出現的位置，表現的方式大多改在段末出現，而在段腹出現的，幾乎沒有。這一次練習，由於範文中已經提供素材，大部份同學練習起來，都能駕輕就熟，更可以藉此訓練小朋友思維和邏輯的能力。

(四)我是作文變裝大師二：擴寫只有引文而沒有說明的段落

以下是小朋友練習的作品：

甲：少壯不努力，老大徒傷悲

古人說：少壯不努力，老大徒傷悲。就是要我們把握年少學習的黃金時期。爸媽常對我說：年輕時，學習力強，記憶好，體力好時，應該要努力讀書，取得高學位，並學習一技之長，將來出社會較能得到他人的肯定；相反的，如果年輕不努力，不學任何一技之長，年老時也不會有很好的日子可過。（胡安美）

乙：近朱者赤，近墨者黑

交友要慎重選擇，俗話說：「近朱者赤，近墨者黑。」這句話告訴我們交到好朋友，對我們有好處，交到壞朋友，對我們有不良的影響；就像把一條白色的布放進紅色的染缸裡，就會變成紅色；把布放進黑色的染缸中，布就成了黑色了。（王立琦）

丙：沒有立定志向的人，就像汪洋中的一條船

沒有立定志向的人，就像汪洋中的一條船，沒有方向，在廣大無邊的海中漫無方向的隨著海風漂動。我們要立定志向，才能達到自己的目標，雖然實現理想的過程很辛苦，但是一旦決定就要堅忍的繼續下去，才能成功，要是放棄就永遠做不好。（張薰之）

丁：一分耕耘，一分收穫

⑴俗話說：一分耕耘，一分收穫。這句話告訴我們：要努力用功，才會有美好的收穫；像我以前的朋友小陳他家很窮，要考試時，他無時無刻都在念書，不像我天天快快樂樂的不知道要好好的準備考試。最後他考了九十幾分，而我的分數則慘不忍睹。生命就像一座花園，而我們就是園丁，如果我們努力學習，就會有漂亮的花朵；如果不努力學習，那你學習花園的小花就等死吧！（吳以哲）

⑵王永慶是個家喻戶曉的企業家，他的成就卓越、財力雄厚令人十分豔羨。但是我們想想他成功的背後，是付出多少努力，多少血汗，才有今天的成就。王永慶的故事給了我們很大的啟示：用多少的努力，就會得到多少回饋，這就是「一分耕耘，一分收穫」的最佳寫照。所以我們要更用功學習，將來才會有更大的成就。（沈平）

從以上小朋友習作的表現，可以看出小朋友對於引用的位置能加以注意；同時，也會試著結合生活的經驗和引用的格言相互應證，如：安美提到父母對她的耳提面命、以哲提到朋友小陳奮發向上的實例對照自己的怠惰、沈平利用王永慶先生的奮鬥歷程等……在在說明小朋友對於引用格言的技巧已有所提升。

五、教學省思

㈠五年級小朋友資料庫裡的格言和名言是匱乏的。在實施的過程中，發現有不少的學生不知從何下筆，問明原委後，才知道他們根本就不知道有哪些名言和格言可用。所以在學習之前，教師有必要指導小朋友收集名言、格言並加以說明。然而，這畢竟只是應急的方法，根本之道還是培養小朋友喜歡閱讀，增加基本語文知識和常識。

㈡在引用格言練習中發現：小朋友引用的習慣大多是從篇首或篇末，篇腹出現的機率幾乎是零。這種現象顯示小朋友的思考習慣。

㈢小朋友在發表作品或評鑑作品，大多以自己的生活經驗為基礎，以喚起共鳴作為審美標準。「如何跳脫直接經驗，而從間接經驗汲取創作的靈感？」及「如何讓小朋友擴充經驗，增加寫作的材料？」是教師在指導小朋友寫作時，必須面對的挑戰！

㈣一個作文的練習應不超過三個活動。引用格言的作文練習，筆者共設計四個活動，當要小朋友改寫「只有引文而沒有說明」的同學作品時，發現小朋友已有些意興闌珊。所以教師在設計「一系列」作文活動時，最好不要超過三個活動，才能維持小朋友的學習興趣。

【修辭能力訓練】

我是聲光大師——聽覺摹寫練習

教材來源

康軒第九冊第十二課第三至六段和自編

謝平安

下了交流道，開進村子口，車子突然被擋下來了。「匡噹！匡噹！」原來，迎神的隊伍正從前面經過，又高又大的七爺八爺，一左一右，一搖一擺的，看起來又神氣又威風，好像是神話中的巨人。接著是神轎、鑼鼓陣、跑旱船、宋江陣、舞龍舞獅，一隊一隊的通過，鑼鼓聲和鞭炮聲，叮叮咚咚，劈劈啪啪，就像一場盛大的嘉年華會，好不熱鬧！

回到老家，叔叔姑姑、堂哥堂姐、表弟表妹們都回來了，三合院的院子裡排好了酒菜，坐滿了親友和客人。大伯父忙著招呼，爸爸也忙著和叔叔姑姑們談天。吃過晚飯，小叔和媽媽帶著我們到廟口看熱鬧。

遠遠的，就聽到鑼鼓喧天，響徹雲霄。到了廟口，哇！廟前立起了一座好大好大的牌樓，燈火輝煌，漂亮極了。廣場上一排又一排的供桌，擺滿了各式各樣的供品，上方拉起了一排排的花燈，看起來就像一片燦爛奪目的燈海。我們在戲台下跑來跑去，鞭炮聲、煙火聲、戲臺上的笑鬧聲、小販的叫賣聲，整個廟口都熱熱鬧鬧的沸騰起來了。

有人在賣天燈，小叔買了一個，媽媽在上面題了「國泰民安」四個大字。我們合力把天燈點燃，在黑色的夜空中，天燈緩緩的升起，媽媽說：「謝謝神明保佑我們身體健康，全家平安。」

一、範文分析

迎神廟會，建醮拜拜，是學生日常生活常有的經驗。〈謝平安〉的作者利用視覺和聽覺的感受行文，透過聲光再現，介紹謝平安慶祝活動的熱鬧景況。作者利用眼、耳當作蒐集素材的雷達，並以比喻、誇飾，疊字等修辭技巧表現謝平安活動的所見、所聞、所感。

二、設計理念

陳滿銘教授在《作文教學指導》中提及：

「範文」：是藉以指引學生寫作各體詞章及審題、立意、運材、布局、措辭的最佳範例。

本篇範文著重在廟會時熱鬧景況的描寫，因此作文題目的設計，也配合範文，以訓練學生表現所聽所見所聞的能力為主。指導時著重表現聲音的技巧，如摹聲詞、有關聲音的成語的應用，以呈現某一種氣氛。考慮五年級學生的心理生理發展，所以允許他們將所看到的東西寫出來，故作文的單元名稱為「聲光大師」。

指導的方法採用「歷程導向的教學模式」，透過同儕的相互觀摩，讓學生體會、學習生動表現聲光的技巧，期待他們成為一個「聲光大師」。

三、寫作題組

㈠**摹聲詞大集合：**引導學生找出生活周遭各種聲響。

㈡**有聲成語大集合：**引導學生利用工具書找出和聲音有關的成語。

㈢**我是聲光大師：**引導學生表現生活中的有聲及無聲世界。

從以下兩個主題中，任選一個，寫出印象中耳朵聽到、眼睛看到、心裡感覺到的景況。

甲、熱鬧乙、寧靜（字數在100字以上）

㈣**我是配音大師一：**觀摩同學作品，掌握此次作文的書寫方法。

熱鬧篇

走進夜市，燈火輝煌的景象便映入眼簾：夜市裡的人有如海邊的細沙，數也數不清，他們摩肩接踵像浪潮一樣，一波一波湧進夜市，把道路擠得水洩不通；「來喔！一件衣服100元，名牌的喔！」小販聲嘶力竭的喊著。

「太貴啦！打八折好了！」一位太太一副準備殺價的架勢，對著老板說。「好了，今天賠本作生意，算跟你交個朋友。」小販很爽快的將衣服包起來，一筆生意就在這樣你來我往間成交了。

夜市內人聲鼎沸，幾乎要把棚子給掀了：叫賣聲、笑鬧聲使整個夜市沸騰起來，完全不輸給白天熙熙攘攘的菜市場呢！（作者：沈平）

我覺得他很棒的地方是：（　　　　　　　　　　　　　）

寧靜篇

記得四年級的時候，我們去舞鶴茶園遠足。一到茶園，每班都有幾個小朋友嘰嘰喳喳的交頭接耳，後來，說話的人越來越多，聲音也越來越吵，茶園好像變成菜市場了。彭老師命令我們安靜，他要我們閉上眼睛，靜下心來，仔細聽聽大自然的聲音。那時好安靜哦！彷彿可以聽到雲靜靜飄過和微風輕輕吹過的聲音。大地就像是被女巫施了魔法一樣，萬物都沉睡了，只聽見雲和風輕輕的奏出和諧的樂章。（作者：陳磬雯）

我覺得她很棒的地方是：（　　　　　　　　　　　）

(五) **我是配音大師二：**利用學會的修辭技巧，改寫同學的習作。

小朋友請試著改寫以下兩篇文章，加一些「配音」和「譬喻」，讓全文更加生動和精采。

寧靜篇

有一天媽媽不在家，爸爸去上班，弟弟去補習，全家只有我一個人在。家裡真的好安靜喔！沒有弟弟「魔音傳腦」的家，甚至還可以聽到毛毛蟲爬的聲音，很安靜吧！我覺得這樣子很好，沒有人煩我，我可以做自己想做的事，所以我最喜歡的就是「寧靜」的時候。（作者：裴章煜）

熱鬧篇

表哥結婚的時候最熱鬧了。小小的客廳擠滿了人，進進出出，一下子放結婚進行曲，一下子又喊要進酒。會場上，有人要新郎親吻新娘，有人起哄要新娘脫鞋當酒杯

要新郎喝。鼓掌聲，叫好聲，鞭炮聲、歡笑聲，都快把小客廳的屋頂給震翻了。（作者：蘇奇俊）

四、引導過程

㈠**摹聲詞大集合**：請小朋友將所知道的各種摹聲詞語說出來，並以「XX的聲音是○○」發表，如「鞭炮的聲音是劈劈啪啪」，再將同學的回答寫在黑板上。採分組比賽的方式進行，即各組要在五秒內說出答案。

㈡**有聲成語大集合**：除了範文所介紹的成語「鑼鼓喧天」、「響徹雲霄」外，再請同學介紹六個和聲音有關的成語。同樣是分組競賽，教師允許使用工具書，每一組五秒內要說出成語和它的意思。

㈢**我是聲光大師**：在範文說明時，已請同學注意〈謝平安〉這兩個段落的書寫特點，同學也知道比喻、誇飾、疊字詞等修辭技巧。這一個練習請同學在「熱鬧篇」和「寧靜篇」任選一個主題寫出印象深刻的景況。同時提醒小朋友要用具體的事例、生活中曾有的經驗來表現這兩個主題。

㈣**我是配音大師一**：選了兩篇是「我是聲光大師」的習作，指導時，請小朋友指出文章的優點，如寫作技巧、給你的感覺。課堂中請小朋友先寫，再請小朋友發表，全班一起討論。

㈤**我是配音大師二**：透過分析作品優點的分享和討論，筆者再請同學改寫另外兩篇同學第一次的習作，要求加上「配音」如摹聲詞、成語及和譬喻，讓全文更加生動和精彩。

五、學生作品

㈠**摹聲詞大集合**：生活裡充滿各種有趣的聲響，同學反應熱烈，讓教室充滿了笑聲，為了贏得勝利，小朋友最後連嘎滋有聲的洋芋片、打嗝放屁的聲音都出籠了。因為活動有趣，有些人還加上動作表演，唱作俱佳，非常投入，欲罷不能。在熱烈的競賽中這個活動的目的——注意日常生活的聲音——也達成了。

㈡**有聲成語大集合**：這個練習仍是以分組競賽的方式進行，同學們集思廣益，發揮眾志成城的團隊精神，教師並請小朋友將同學發表的成語記在筆記上，可以作為寫作時引用的參考。

㈢**我是聲光大師**：收回作品，即作簡單的批閱。有22篇（全班33篇）寫「熱鬧」，有3篇二個主題都寫，只有8個人寫「寧靜」。寫「熱鬧」的短文，以描寫夜市、市場、結婚等場合為主；寫「寧靜」的同學，顯然比較多元和有個性：有人寫夢境、森林、放學後空無一人的校園、或「沙－沙－沙」的落葉聲；也有人寫一個人在家及睡不著的時候。其中以寫「暴風雨前的寧靜」最具巧思和童心，他利用匡噹／鴉雀無聲的反差效果，凸顯出令人心驚的「寧靜」場面。

弟弟失手打破了媽媽最寶貝的碗。當大家聽到「匡噹」一聲時，就知道大事不妙，所以都不敢說話，全家鴉雀無聲，這就是所謂「暴風雨前的寧靜」。（王立琦）

其他優秀作品，請見「我是配音大師一」的作業單。

㈣**我是配音大師一：觀摩同學作品，掌握此次作文書寫方法**：在同學的作品中各挑選了一篇「熱鬧」和「寧靜」的佳作，作為相互觀摩的作品。小朋友的鑑賞能力，令我大為折服。當然也有寫得不知所云。總體而言，他們對文章的看法令我驚豔！茲將同學的評語簡單的整理如下：

熱鬧篇

⑴沈平用小販做生意的情景，呈現夜市中的常見氣氛；他也用了許多成語，和生動的

比喻法，並引用有趣的誇示法，使人能身歷其境的體會沈平筆下夜市的熱鬧！（胡安美）

(2)他用了好多成語，將夜市形容得很好。小販和太太的對話也很有趣耶！好像真的在夜市裡遊玩喔！（楊哲偉）

(3)沈平用了許多成語和比喻法來描寫夜市的熱鬧，而且用不拖泥帶水的語氣來寫出小販跟一位太太對話，來增添夜市熱鬧的情景，使人感到身歷其境。（王立琦）

(4)能把夜市的人潮說成像沙灘的沙粒，又像一波一波的海浪，這樣寫能表現出夜市的熱鬧和景象。沈平寫得很誇張，讓我感覺到人潮多到可以把小販的東西買光。（吳庭蓁）

(5)我覺得沈平寫得很好。他利用許多形容熱鬧的成語，再加上夜市裡的人、小販喊著、消費者殺價的聲音，呈現出一幅熱鬧生動的夜市。（陳挺瑒）

(6)運用了許多跟聲音有關的成語，也用了比喻法、誇示法，讓人看得津津有味。（曾顯淑）

(7)利用小販和顧客討價殺價的熱鬧情形表現夜市沸騰的氣氛，很生動！（陳柏芊）

小朋友大多從修辭技巧來評析同學的作品，如多引用成語、人物間的對話、比喻法、誇飾法……來表現熱鬧的情況。在取材部份，大多也能注意到用哪些材料才能表現出市場的熱鬧，如利用小販和顧客討價還價的情形來凸顯市場沸騰的氣氛。

寧靜篇

(1)磬雯一開始先寫吵鬧，然後再寫到大家的安靜，讓文章形成一種強烈的對比氣氛；而且她還用了如童話故事般情景的比喻法（大地好像被女巫施了魔法一樣），能把現實與童話結合，使我印象深刻，感受到當時寧靜的氣氛。（胡安美）

(2)磬雯用植物和風雲表現寧靜，它們的聲音都很微小的，可見當時很安靜。（張薰之）

(3)我覺得她寫得真好！因為我也曾有類似的經驗。這也算是一種記憶吧！她的文章勾起我當時的回憶。（裴章煜）

(4)磬雯以自己親身經歷的事件來描寫安靜的感覺，這種寫法讓我覺得非常安靜也非常輕鬆，好像全世界只剩下自己一樣。（陳挺瑒）

(5)利用回憶來說明「寧靜」，讓讀者細細品味她的回憶。我覺得她會記得四年級的事，可見她很在意唷！「雲輕輕的飄過」她也注意到，可見要寫好一篇作文，心要非常細呵！（翁珮珊）

班上同學對於「寧靜」的看法，最令我感到歡喜。他們提出了「對比」、「回憶」、「現實與童話結合」，讓我覺得他們真是「品味大師」呢！

(五)我是配音大師二：改寫同學的作品

寧靜篇

有一天媽媽不在家，爸爸去上班，弟弟去補習，家裡只有我一個人，好安靜喔！沒有弟弟一直嘰哩呱啦的說話聲，甚至還可以聽到雲輕輕飄過的聲音。那時候，我覺得好幸福、好自在。

寧靜的時候，我彷彿在無人島上的沙灘上，靜靜的享受自己的時光，追逐著自己的快樂。

「啪！」門開了，大家都回來了。爸爸繼續看電視，弟弟又大吼大叫。哎！希望以後大家都出去，讓我再靜靜的陶醉在自己的世界中。（王立琦）

立琦增加了形容弟弟煩人的說話聲（嘰哩呱啦）、門打開的聲音（啪！），並用誇飾法描述寧靜的感覺（甚至還可以聽到雲輕輕飄過的聲音），而且在段落中又添加了一段想像的情節：

寧靜的時候，我彷彿在無人島上的沙灘上，靜靜的享受自己的時光，追逐著自己的快樂。

當他正陶醉其中時，「啪！」的一聲，把立琦從「白日夢中」給驚喜。靜／吵的對比，因有這段想像的情節更加逼真。

熱鬧篇

帥帥的表哥終於找到如花似玉的伴侶了，聽到這個好消息，我們全家都為他祝福，當然也不會錯過這難得的喜宴。

到了表哥家，小小的客廳，擠滿了親朋好友，加上大家的熱情，差點就把牆給擠倒了；在甜蜜的結婚進行曲中，摻雜著恭禧聲，大家忙得不可開交；接著，就聽到「劈劈啪啪」、「劈啪劈啪」，原來是姑丈在放鞭炮慶祝。我們一邊鼓掌，一邊叫好，都快把小客廳的屋頂震翻了。

新郎、新娘可真不好當，在酒酣耳熱之際，有人要新郎親吻新娘，有人要新娘脫鞋當酒杯倒酒給新郎喝，新郎為了新娘只好豁出去被人當猴子耍。哎！這種為愛犧牲的精神，真令人「欽佩」。

在熱鬧的喜宴上，大家高興得為新人祝福，快樂寫在大家的臉上，幸福洋溢在笑聲中。（沈平）

同樣的，沈平在文中使用的也是摹聲詞「劈劈啪啪／劈啪劈啪」、誇飾法「我們一邊鼓掌，一邊叫好，都快把小客廳的屋頂震翻了」。沈平在場面的安排上，有過人之處，讀者隨著他的敘述，彷彿也親臨結婚現場，感受熱鬧的氣氛！

由於所選的這兩篇習作，基本上內容對孩子來說已經很完整，所以修改的作品並沒特別，甚至大部份的作品都大同小異，所以批閱時的驚喜也不如初始。以後在課程的安排和題目的設計上，需要三思，以免耗損好不容易萌生的創作熱忱。

六、教學省思

㈠聲音不只是摹聲，還有所代表的意義。這次的作文指導對於聲音內涵的指導不足，下次類似的聽覺感官訓練，可以再加以補強；例如請小朋友寫出生活中：1.最大的聲音，2.最細微的聲音，3.最神奇的聲音，4.最快樂的聲音。相信更能激發小朋友對聲音的觀察興趣。

㈡活動的設計多偏向書面和口頭，有些呆板和單調，小朋友的書寫熱情及注意力容易渙散；

應該廣泛的利用各種媒材，刺激小朋友的五官感受，相信更能激發創作的潛力。像孫晴峰在《炒一盤作文的好菜》中，「聽音效的組合，編寫故事」是個不錯的設計。

(三)「我是配音大師」，因選擇改寫的材料不當，和先前的練習太過雷同，小朋友發揮有限，斲傷了創作的熱情。如果題目改為完全命題如：「陪媽媽上街」或「一個人在家」，更能檢驗這一次作文指導的成果。

(四)本次作文實施的時間過於密集，三天四節，小朋友容易出現厭煩。誠如仇老師所說：「如何讓寫作文成為小朋友生活中美麗的點綴？」是下次作文設計時應考慮的重點。

(五)小朋友對文章的鑑賞有長足的進步，是這一次限制式作文教學最大的喜悅！

【謀篇能力訓練】

我是說理大師——說明文寫作練習

教材來源

康軒第九冊第八課及自編——〈我們別無選擇〉

長久以來，人類為了滿足需求，貪求便利，毫無節制的開發山林，製造許多汙染，破壞了大地的環境。

一九八四年，北海的海豹因感染病毒，發生了集體死亡的事件。專家深入探究後，發現是由於海洋嚴重汙染，汙染物積存海豹體內，造成牠們失去抵抗力。

一九八六年，歐洲風景秀麗的萊茵河，突然漂滿死去的魚，臭氣沖天。原來是上游的一家化學工廠發生火災，大量的有毒物質流入萊茵河。很快的，毒水順流而下，使沿岸國家都面臨無水可喝的困境。

一九九六年，賀伯颱風過境，強風大雨引發土石崩塌，台灣山區造成嚴重的土石流，沖走房屋、橋梁，更使美麗的中橫公路「柔腸寸斷」。專家指出：山坡地不合法的過度開發，是造成災害的最大原因。

一九九八年，中國大陸發生嚴重水災，有二十七個省都成為災區，許許多多的城鎮受到波及，人民死傷無數，房屋、作物的損失更是無法計算。

你可能不相信事情有這麼嚴重，其實這只是冰山一角。人類汙染、破壞地球所引發的危機，已經到達幾乎無法收拾的地步。

這樣的情形讓我們憂心忡忡，但是「亡羊補牢，為時未晚。」我們唯有面對問題，改變觀念和生活方式，以具體的行動好好的愛護地球，才能給地球留下一線生機，因為我們別無選擇。

一、範文分析

隨著人口激增，土地過度開發，造成許多汙染，也破壞了我們居住的環境，本課以一則則令人怵目驚心的實例揭露已被人類汙染破壞、奄奄一息的地球，並提醒我們已別無選擇，應該趕快採取具體措施保護地球，才能為自己和地球留下一線生機。

範文採「凡目凡」（即「先總說再分述再總說」）的結構行文。舉例時間由古至今（一九八四、一九八六、一九九六、一九九八），地點由遠而近（北海、歐洲、海峽兩岸），讀者可以由一則則的事例，感覺作者在引述這些資料的別出心裁——營造一種越來越近、越來越迫切的氛圍，讓我們在閱讀後有一種必須快快面對問題的急迫感。

全篇以明確有力的語氣提出問題的嚴重性，末兩段語氣激昂，表現急迫的心情，呼籲我們趕快行動。全文主旨明確，立場清楚，是一篇很典型說明文的寫法。

以下試以結構表說明全文：

- 凡（第一段）
- 目
  - 一九八四年（第二段）
  - 一九八六年（第三段）
  - 一九九六年（第四段）
  - 一九九八年（第五段）
- 凡（第六、七段）

二、設計理念

讀者依循作品語意線索，透過個人經驗理解，想像、重組，建構意義，所以筆者在活動的設計上，採提供各種事件，要求小朋友找出其共同性，並將所形成的概念，支持自己的論點和立場。同時小朋友的生活經驗缺乏，要他們引經據典、旁徵博引、或分析比較事件和現象之間的連貫性實在有點困難。所以在「我是資料處理大師」的第一部份，要求小朋友透過四個正反善惡實例的排列組合，訓練他們「確立主旨」、「取材」、「解釋材料」的能力，並期待這樣的活動有助於在說明文中引用實例，佐證自己立場的能力。

有了第一階段的經驗，在「我是資料處理大師」的第二部份，筆者設計的構想是先要求小朋友確立主旨後，再選取有用的材料，加以佈局，以「支持自己定好的主旨」。這一階段並不要求他們書寫全文，只要寫出各段的綱要即可。

第三個階段則是跨領域的統整學習，利用前兩個階段所學的處理資料的能力、技巧，完成自然領域老師要求的報告。題目是「科學對人類的影響」。

三、寫作題組

㈠我是資料處理大師一：引導學生學習引證實例的技巧。如作業單一。

請小朋友閱讀ㄅ、ㄆ、ㄇ、ㄈ四則報導資料，並思考以下兩個問題：

⑴請你想一想：你在寫什麼題目時，會用到其中的哪些資料？（可複選也可單選）。

(2)試著說明你使用這些資料的理由。(100個字內)

ㄅ 國民黨籍的台北市議員陳進棋，十一月十六日到士林福國路參加朋友女兒的文定喜宴，沒想到在餐廳附近遭兩名歹徒持九零手槍，從背後連開四槍，在抵達醫院前就沒有生命跡象了，歹徒則在行兇後共乘機車逃逸。

ㄆ 王金龍的父親在他國小時就因公殉職了。他就讀四維高中時罹患了骨癌，左腿截肢後才保住一命。即使如此，他仍以毅力克服磨難，以樂觀感恩的心走出重重的考驗。王金龍目前是花蓮慈濟醫院的放射科技師，並獲選為十大傑出青年。日前他回到母校四維高中，現身說法，鼓勵學弟學妹勇敢的面對生活的逆境，並創造自己璀燦的人生。

ㄇ 聶學智在九一一大地震時，立即加入志工的行列，到傷亡慘重的東勢林場救災，冒著嗆鼻的消毒水味，協助搬運一具具變形的屍體。他的父母有點擔心，怕他在災區染上傳染病，但聶學智意志堅定，不為所懼。忙碌了兩三個星期，終於讓所有的死者得到家屬或親友的認領、安葬。

ㄈ 鳳林鎮第一公墓最近數百個香爐和燭台被偷盜一空，氣得前往祭祀先人的民眾大罵小偷沒有良心，連墳墓用品也要偷。

我將上述的報導分類如下：

我為他們訂的標題或題目	報導則號

(二)我是資料處理大師二：指導學生利用「凡目凡」的結構擬定作文綱要。如作業單二。

請小朋友自訂一個主題，然後收集和主題相關的資料三則並畫出結構表。以範文第八課課文〈我們別無選擇〉為例：說明作者透過四則令人怵目驚心的實例，揭露破壞環境的後果。

範例：

人類造成許多汙染
- 一九八四年北海海豹集體死亡事件。
- 一九八六年萊茵河漂滿死魚。
- 一九九六年賀伯颱風造成土石流。
- 一九九八中國大陸水患。

㈢統整語文和自然兩個學習領域，寫作完全命題——我是說理大師：「科學對人類的影響」

四、引導過程

㈠我是資料處理大師一：引導學生學習引證實例的技巧

讀完範文後，小朋友大致了解範文行文的結構。為了訓練他們引用實證的能力，在發作業單之前，先舉「九二一大地震之我見」為例，請小朋友發表看法。詠恩說，沒有做好水土保持；立寬說，過度的開發，大自然反撲的力量，令人害怕；心緣說，他看到人性的貪婪，因有人趁火打劫；沈平說，他看到有人不眠不休的救災，人性的光輝，令他感動。筆者於是強調：同樣一件事（九二一大地震），不同的人就有上述不同的想法，想法無所謂標準答案和對錯，但有高下，所謂「高下」，在於是否能說出一番令人折服的道理。

隨後，發下作業單，並指導小朋友閱讀ㄅㄆㄇㄈ四則報導，並思考寫什麼題目時，可以引用。

㈡我是資料處理大師二：利用「凡目凡」的結構擬定作文綱要

有了「我是資料處理大師」的練習後，第二階段的活動，著重在蒐集資料的練習。說明時先請小朋友確立想要表現的主題，然後至少要找三則事例佐證主題，並畫成如作業單上的結構表。

㈢語文、自然跨領域統整完全命題習作——我是說理大師：「科學對人類的影響」

本來筆者的規劃是將第二階段所完成的綱要，擴寫成一篇文章。後來，由於自然老師也規定學生完成「科學對人類影響」的閱讀報告，為了減輕孩子的負擔，於是決定將二者結合。

首先利用「閱讀課」請小朋友在圖書館內尋找相關資料，然後像「我是資料處理大師」一樣，根據自己的立論，找出文章中可引用的資料，完成綱要。下課前十分鐘，小朋友將大綱交來，並口頭說明自己文章的構思，通過者，就可以開始寫全文。

五、學生作品

㈠我是資料處理大師一：引導學生學習引證實例的技巧

收回小朋友的作品，發現他們分類的方式以善（ㄆㄇ）、惡（ㄅㄈ）、全（ㄅㄆㄇㄈ）三類為大宗，思考的方式以「同質分組」較多約佔七成；對比分組者約三成。以下就小朋友所設計的題目和理由進行簡單的分析：

1 同質分組：

(1)以感官來設計題目：

感官仍是小朋友了解世界很重要的「工具」。眼睛所看，心中所感，是小朋友解讀世界的窗口。光明、溫暖、溫情、燦爛、這些詞語是他們在描述社會光明面常選擇的字詞：如「大家看，社會多溫暖」、「光明的心」、「人間溫情」、「人生的真善美」、「光明之路」、「燦爛的人生」、「彩色世界」屬之。

「黑色」似乎是小朋友描繪社會亂象普遍的顏色，槍擊案、竊盜案都以「黑暗的世界」、「黑暗的社會」、「人間的黑暗」、「黑心腸」來命題。

直接對社會亂象批判，講出自已對一件事情的觀感，也是小朋友在設計題目時常用的策略。像「社會的恐怖」、「可怕的社會」、「無法無天的壞蛋」、「沒良心」、「心被貓狗吃了的社會」、「骯髒的地球」、「社會中的惡魔」等都是。

(2)以擬人法來設計題目：

擬人法的題目出現率並不高，如：「生病的社會」、「慾望迷昏頭」。其中裴章煜的「帶社會去看病」令人覺得生動、活潑且見童心。

(3)彰顯奮鬥精神來設計題目：

對範例中人物的歌詠也是常出現的命題策略。如「堅定的意志」、「克服難關的人」、

「成功者的背影」、「堅定的毅力」、「毅力堅強的人」。

(4)俏皮而創意來設計題目：

如曾顯淑訂的題目是：「為社會繪好色」。她認為：社會上有好人和壞人。好人用鮮豔、美麗的顏色，彩繪社會；而壞人卻用醜陋、骯髒的顏色，讓社會變得不再可愛。

2以單一實例分組：

壞、惡的事比較常發生在大人的身上，而且聽起來是多麼的可怕，所以叫「可怕的大人世界」。（陳亮佑）

這一番陳述值得身為大人的我們沉思。

王金龍得了骨癌，卻以樂觀的心克服困難，所以只要不放棄，人生也會放晴的。（沈平，題目：人間有晴天）

3對比分組：

小朋友利用善／惡、光明／黑暗的對比設計題目，所援引的例證大概分成分兩類：ㄅ

對ㄆ、ㄇ對ㄈ及ㄅㄇ對ㄆㄈ，如：兩個世界、天堂與地獄、人性的角落和客廳、光明與黑暗的對決、黑白人生、社會素描、黑白郎君、黑白世界、人生的故事、社會畫廊、黑暗與光明。

楊哲偉訂的題目是「光明與黑暗的對決」。他說：

這世界有好人也有壞人，兩類的實例好像是光明和黑暗的PK大戰。

胡安美訂的題目是「人性的角落和客廳」。他認為：

ㄇ是做好事，ㄈ則是做壞事，用客廳來代表光潔的人性；用角落來表示人的黑暗的一面。

池昌言以一個題目概括四個實例——「社會畫廊」。他持的理由很有趣，他認為：

一樁事件，就像一幅畫，社會上形形色色的現象，就像畫廊中一幅一幅的畫。

透過四則實例，不僅可以訓練小朋友聯想能力，也能從他們的答案中，看出他們對事情的看法，真是一舉數得。

㈡我是資料處理大師二：利用「凡目凡」的結構擬定作文綱要

收回作品後，大部份的作品均能依其所訂的主題找到支持的實證。現列舉幾則：

王立琦訂的主題是：

用腳打出一片天
- 陳美惠女士的故事
- 蓮娜．瑪麗雅的故事
- 楊恩典的故事

吳以晢的題目是：

希特勒的野心
- 一九一九加入納粹黨迫害猶太人民
- 一九三三成立蓋世太保毒害猶太人民
- 一九四〇他的高傲使他結束罪惡的一生。
- 一九四五被說成為近代德國最有名也是最殘暴的政治統領

胡安美的題目是：

魔鬼現世
- 七十二年的鎘米中毒事件
- 九十一年十月二十六日假米酒中毒事件
- 九十一年十一月十六日議員陳進棋槍殺事件

其他像陳柏芊從民國四十三年到六十八年的台灣火車的演進史列出綱目，介紹飛快車到自強號的發展過程；曾顯淑的題目仍保有她一貫的創意，她列舉太魯閣音樂會、花蓮的觀光節的花車遊行、太魯閣國際馬拉松這些花蓮的大活動，強調政府應「讓社會動起來」。透過這樣的練習，小朋友較能夠掌握文章的中心思想，並從日常生活中找出作文的題材，表達自已的思想、情感。所謂生活處處皆學問；生活處處也充滿了作文的材料。

「蒐集資料」、「整理資料」、「解釋資料」的訓練對小朋友未來在面對自由寫作的「立意」有很大的幫助。

㈢語文、自然跨領域統整完全命題習作——我是說理大師：「科學對人類的影響」

科學技術帶給人類極大的便利，現在社會的蓬勃發展，跟從前那總是過著規律、乏味生活的傳統社會相比，先進的科學技術的確改變了我們的生活型態，帶來許多的實惠。但是如此發達的科學，不會帶給我們一些負面的影響嗎？這個問題值得我們去多加思索。

因為有了科學的存在，人類可充分的滿足需求，同時也可享受科學帶來的新生活。自從發明了天文望遠鏡和人造衛星，我們可以更清楚觀察宇宙中各種星球的動態；第一位成功登陸月球的太空人阿姆斯壯，解開月球上是否有住人的謎團，讓人類對宇宙有了更正確的想法，不再憑個人的想像力來描繪它了。這些實例使人類對以往一概不知、充滿神秘與美麗傳說、浩瀚的宇宙，有了更深的了解，更可邁開大步，一步步的去揭開宇宙中那一層層神秘的面紗，並打開心中那一個個的問號。

電的存在，使人類即使在夜晚也可隨心所欲的做事，還有今天的通訊十分發達，如蓬勃發展的電腦業，因人類聰明的頭腦不斷的思考研發，從桌上型到筆記型，甚至掌上型的都有呢！另外，還有現今熱門的網際網路，不但使我們透過網路和世界各地的人彼此連線交流，各種所需資料，也可在網路上輕易取得，就算從北半球寄到南半球的信，利用電子郵件的方式，幾秒鐘就能到達。

先進醫療科技的發展，讓罹患絕症的病人有了一線生機。在人體注入「牛痘疫苗」

來預防可怕的天花，就是一個很好的例子。另外，發明核子武器，能使國家安全更有保障，就不再擔心被別國侵犯了，讓人民可以安心睡覺，不用害怕要隨時準備逃亡。

然而，不當的使用科技時，危機也慢慢出現，雖然核子武器能保衛國家，但它破壞性強大、釋放出的輻射會危害人類的健康，傷及無辜，使它成為殺人不眨眼的惡魔！其中的實例是在一九四五年，美國在日本的廣島和長崎投下兩顆原子彈，雖然讓日本無條件投降，戰爭結束，可是當時所造成的傷亡無法估計，即使事隔快六十年了，今日的廣島和長崎仍舊擺脫不了戰時所留下的陰影；而且原子彈所釋放出的能量，讓當地生出畸形兒，得癌症的比率也高。還有因為網路過於發達，導致有人上網結交網友不慎受害的案例。有一例就是發生在台中市，有一名女子外出見網友卻莫名失蹤，三天後卻被人發現陳屍郊區，經查證正是網友所為！想不到連網路也成為壞人下手無情的媒介啊！

雖然科學帶給人類許多便利，但總會帶來一些負面的影響，還好那畢竟是極小部份。我們使用科學的目的，可以讓科學成為人人厭惡的惡魔，也可以使他成為帶給人類快樂、幸福的天使，你的決定權非常重要，如果你心存「善念」，科學就如同天使般，使人受益無窮；如你心存「惡念」，只想用科學的便利做壞事，到時，可能會害人害己，得不償失啊！（胡安美）

安美認為科學本身無所謂「天使」和「魔鬼」、「好」與「壞」的差別；而讓科學能造福我們抑或損人害己的，完全繫乎人類的「善念」與「惡念」。她的謀篇也是利用「凡目凡」的技巧，先提出科學對人類的影響有好有壞，然後分別闡述好壞的實例，最後點出「人類使用科學的目的」才是好壞的關鍵。

除了篇章的學習外，小朋友在文章的「立意」也有不錯的表現。

雖然在每個（太空）探險的過程都可能帶來一些些的遺憾，例如爆炸、傷亡、廢料殘骸等可能，但是人類挑戰不可知的宇宙太空計畫，彰顯出人類探尋未知世界的冒險精神，令人欽佩。

然而，建造一座太空船或太空梭需要龐大的經費及精英的人才，那不是一般普通的國家可以辦得到的，所以造成一些強權國家利用這一些科技發明來控制整個世界。

（陳挺瑒）

陳挺瑒以太空船與太空梭的探險過程，彰顯了人類可佩的冒險精神；同時也提出科學畢竟是富國強權國家的特權，當有了一定的成果後，就可以控制其他的國家。

科學提升了我們生活的水準，讓我們享有舒適的物質及文明，但是，在文明的背後，已產生科學帶來的後遺症，這完全是因為人心的黑暗作祟，為了一己之私，損人利己。我們要如何拯救這個世界呢？其實，只要我們發揮良知，拿出道德勇氣，主動參與環保活動，有世界和平的理想，畢竟，地球只有一個。（沈平）

沈平也提出他對科學的反思，和安美一樣，人心才是最大的關鍵；他同時也提出「發揮良知／拿出道德勇氣／主動參與環保活動／有世界和平的理想」，我們才可能享受科學帶給我們的便利。最後，他模仿範文的句子「畢竟，地球只有一個。」總結全文。

這些見解和反省，讓我覺得小朋友的潛力真是不可小覷。

六、教學省思

㈠小朋友對事情的見解，無法在一二次的訓練活動中立刻深刻化，因此平時類似的活動應化整為零，鼓勵小朋友關心時事，關心生活環境，寫文章時才有材料，才能言之有物。

㈡在擬訂綱要的過程中，沒有注意到小朋友文章的佈局，所以很多文章在舉例上顯得沒有脈絡，有些零亂。所以當指導小朋友寫大綱時，要注意反問學生：為什麼這個要先寫？為什麼要舉這個例子？

㈢能和自然科結合，當然是一魚兩吃，事半功倍。只是，如果在規劃前就能和自然老師先協調好，效果會更好。

㈣指導完全命題時，筆者的指導太多，收回的作品感覺大同小異，失去閱讀的快樂。下次指導時，筆者應避免類似情況發生。只是，這個平衡點，還要再多努力尋找。

㈤「結合範文結構習作說明文」是事半功倍的作文教學，小朋友打從老師在上課時就開始學習認識如何寫，這對他們以後在掌握命題作文的佈局上，有很大的幫助。只是千篇一律的結構對批改作文的老師來說，實在少有驚喜。

五年級寫作訓練之綜合能力編

我是寫景大師

教材來源

康軒版第九冊第七課〈湖濱散記〉第一段及自編

我喜歡華爾騰湖，也喜歡湖畔的森林和山岡。華爾騰湖的景色很美，蜿蜒的湖岸，成了森林最柔美的界線，周遭的樹，因為有足夠的空間，紛紛向湖邊伸展粗壯的枝幹，它們也喜歡華爾騰湖。這裡人煙稀少，湖水輕拍著湖岸，好像千百年來都是這樣。一八四五年，我在湖畔搭了一棟小木屋，住了下來。這是我一生中最美好的時光。

一、範文分析

走向大自然，傾聽自然的訊息，人們因此學會尊重與謙卑。本文改寫自梭羅的原著，描寫他在湖濱居住的所見所聞。全段首尾呼應，作者用白描、特寫、擬人等修辭技巧，讓華爾騰湖的美景彷佛歷歷在目，栩栩如生。同時，我們也可從全段中窺見梭羅熱愛自然、嚮往恬淡生活的個性。

二、設計理念

㈠本次作文在設計上將「語言文字智慧」和「視覺空間智慧」結合，要求小朋友「畫其所讀」、「寫其所看」。

㈡作者必須對客觀環境細加觀察，運用其感官對外物加以選擇和組織，才能婉轉的表現出客觀情境；另外，通過文采語聲的媒介之時，主觀感受其實已左右客觀情境，所以文學作品不只是對自然世界的摹擬，其原則一方面要婉轉的表達出客觀的情境，更要顧到主觀的意識作用。劉勰在《文心雕龍》論寫景過人之處，在於情思與物貌並提，不論「觸景生情」或「緣情寫景」，貴在真感情，貴在寫出情境。

是故，本次作文練習期待小朋友不僅能體會運用五官生動的摹寫自然物貌，也希望小朋友能體會好的文章在於能寫出真感情，寫出有特色，有創造性，令人感同身受的況味。

㈢教學的方法以歷程導向作文教學為主，希望透過同儕互動和觀摩，讓小朋友體會如何成為一個寫景大師。

三、寫作題組

㈠**畫我心中的華爾騰湖：**這個階段練習在訓練將文字的思維轉為圖像思維。小朋友根據作者的文字敘述，將段落中呈現的畫面用畫筆畫出來，藉以表現出自已想像的「華爾騰湖」。

㈡**愛上華爾騰湖的理由：**指導小朋友寫出第一段中最棒的句子並說出理由。

㈢**描寫景物的要訣：**引導小朋友體會出描寫景物的要訣。如作業單。

五仁　愛上華爾騰湖的理由

一、「周遭的樹，因為有足夠的空間，紛紛向湖邊伸展粗壯的枝幹。」

(1)樹像在擁抱湖，感覺很生動。（楊哲偉）

(2)梭羅說明華爾騰的樹長得很粗壯，並沒有直接說樹很壯而已，反而補充說：因為環境的關係才有粗壯的樹，有因才有果，顯得這個句子很完整。（胡安美）

(3)作者看到湖邊的樹都往湖邊伸展，所以聯想它們也喜歡華爾騰湖。（隋婕）

(4)因為梭羅用擬人法表現出喜愛華爾騰湖感覺，孕育出一種生動、可愛的味道，讓人看得津津有味！（曾顯淑）

二、「蜿蜒的湖岸，成了森林最柔美的界線。」

(1)在我的印象中，彎彎曲曲的路，感覺就非常的美，華爾騰湖一定是很美的地方。（陳磬雯）

(2)蜿蜒給人的感覺就是柔美的。這段把森林的界線說成是湖岸，很有創意。（蘇奇俊）

三、「這裡人煙稀少，湖水輕拍著湖岸，好像千百年來都是這樣。」

(1)這樣不受汙染、天然的自然美景，彷彿人間仙境，令人想到那兒參觀、遊玩。（陳柏芊）

(2)在這種地方閱讀書籍，一定很好吧！或者能在湖岸散步，看風景，梳我美美的長髮。（鄭心緣）

(3)這個句子讀起來，好像湖水活著，很有想像力。（張薰之）

(4)我喜歡人煙稀少，安靜的地方。用「千百年來」給人的感覺是很悠長的，讓我覺得華爾騰湖更優美，更靜謐。（黃詠恩）

四、全段：

在短短的幾句話中，我彷彿真的來到美麗的華爾騰湖，看到她的景色。作者梭羅的筆法將描寫的畫面，柔美的停留在我的腦海裡，給我許多想像的空間。（沈平）

看了同學們喜歡華爾騰湖的理由，下次你在描寫景色的時候，是不是更能掌握「敘述生動」的訣竅。請把你的體會寫出來：

我在描寫景色的時候，要……

㈣**我是寫景大師：**找一張自己最有感覺的旅遊照片或生活照，嘗試將圖象轉變成文字。

四、引導過程

㈠**畫我心中的華爾騰湖：**小朋友以第一段為表現的內容，將作者的文字內容，轉化為圖畫。畫圖時，內容並不全然要根據段落的文字，可以添加自己的想像，不需要畫得很像，可以有漫畫的色彩。圖畫要用彩色筆著色，不能用素描的方式呈現。

㈡**愛上華爾騰湖的理由：**指導小朋友時，強調可以從範文中選任何一句，並且要說出自已喜歡的理由。並提醒小朋友可以從以下的角度切入：文章是否能引起聯想？文辭的表現是否優美？文章表達的意境是否喜歡？總之，只要能說出喜歡的理由就可以。表達的字數在100字以內。

㈢**描寫景物的要訣：**很多小朋友對於文章的愛恨，取決於作者是否能勾起個人的感動，能從章法和修辭技巧討論者，畢竟少數。所以有必要提醒小朋友在描寫景物時注意到「掌握敘述生動的訣竅」。是故，提出十四位小朋友「喜歡華爾騰湖的理由」，並要小朋友回答：下次在描寫景物時，要注意到哪些地方。

小朋友先發表學習單上的意見，說出喜歡華爾騰湖的理由後，並要小朋友想想：用怎樣的章法和修辭的技巧才能表現出來。以第一段的句子為例：「周遭的樹/因為有足夠的空間／紛紛向湖邊伸展粗壯的枝幹／他們也喜歡華爾騰湖。」這一段利用「擬人法」將樹注入人的情感（他們也喜歡華爾騰湖）。第三段的「夜晚的湖／是一首溫柔的詩歌」說明這是利用「擬物法」將無聲的湖水，比喻成浪漫有聲的詩歌；以「實」的湖水改寫成「虛」的詩歌，實虛交錯，呈現出浪漫的氣氛。

㈣**我是寫景大師**：小朋友選的圖片可以是照片、網路下載的圖片，或雜誌上的風景照。在描寫景物時，可以參考上個練習同學們提出的撇步、要訣。在書寫前，再次向小朋友強調：只要在生活中多用心觀察、多聯想體會，你會發現每一個場景，即使是一草一木，都有動人的故事和內容，等待我們去發掘！希望大家善用五官，放慢腳步，放鬆心情，多寫多練習，讓自己成為一位「寫景大師」！同時也鼓勵大家，寫出自己的對景物的真實感受，才能感動別人。

五、學生作品

㈠**畫我心中的華爾騰湖**：收回作業單，小朋友表現的畫面令人賞心悅目，不禁嘆服他們的繪畫功力。畫面當然少不了湖水、樹、山岡，但是卻巧妙不同：如沈平畫的是在雨中沿著湖畔散步的梭羅；謝聆韻表現的是：金黃色的陽光從蓊鬱的樹林間穿過，有兩隻小魚悠遊自在的躍出水面；最令人驚嘆的是曾顯淑，她把樹幹都畫成伸長手臂擁抱湖泊的「樹人」。筆者以為：透過知覺和視覺的結合，小朋友對作者想表達的意境、內容，可以有更深一層的體會。

㈡**愛上華爾騰湖的理由：**小朋友的作品請參照「描寫景物的要訣」作業單。

㈢**描寫景物的要訣：**這樣的提問，的確能引導小朋友思考章法和修辭的技巧。以下是他們的回答：

⑴要點出景物的特色，這樣文章才會更有味！（謝聆韻）

⑵能用擬人法、誇飾法，並表現出景物的質感。（吳庭蓁）

⑶把看、聞、聽到的整理出來，再用想像力寫出來。寫作時多用形容詞和擬人法，讓文章更生動。（隋婕）

⑷一、多用形容詞及擬人法，可使文章更生動。二、將自己的心情與大自然合而為一，把情感注入文章裡，久而久之，字裡行間便有了生命。三、學習王維「詩中有畫，畫中有詩」的精神，描寫景色就像寫生，顏色有深有淺，景物有遠有近，給讀者一些「顏色」瞧瞧！（沈平）

⑸多用形容詞和生動的擬人法，同時要多加點自己的感覺，才可使讀者較能掌握「當

時的情境」。另外，還要記得寫出因和果喔！（胡安美）

(6)要掌握「焦點」，並多使用擬人法，同時也要把心裡的感覺寫出來。（黃科傑）

(7)描寫時能多聯想、幻想那些景物，並用「擬人法」表現出來。有時不需要太細，留一些想像空間給讀者。（陳亮佑）

小朋友的意見令人自嘆弗如。他們不僅注意到修辭的技巧（如多用擬人法、多聯想、描述的焦點、寫出自己的感覺、運用五官……），更注意到「意境的釀造」（如不要寫得太細，留一些想像空間給讀者、文章要有顏色，描述要有遠近層次、心情和大自然融合……）。而身為老師的我，頗有得天下英才而教之的驕傲！

㈣**我是寫景大師：**以下是小朋友的習作：

秋天的楓樹已脫去她的綠衣，並換上那耀眼火紅的新衣！遠遠看去就像她在熱情的燃燒！陣陣的風吹過，她搖曳（得）像位跳著西班牙舞的女郎，得意的向眾人展示舞姿！楓樹的枝幹往路中央伸展，努力的長、努力的延伸，再努力！再努力！她們似乎想搭一座拱橋，讓過往的行人都能在秋天的季節得到深深的祝福！只要你走過樹下，她就會像小精靈般的祝福你！同時，她更希望你經過時，抬頭欣賞她們的美，因

為，有了你的讚賞，明年的秋天她們才會換上更紅豔、美麗的衣裳！（胡安美）

安美寫的是秋天的楓樹：感覺上不再「寫其所看」，也能「寫其所感」，同時她也能運用各種寫作的技巧，表現秋天的浪漫。

春天來了，百花盛開，萬紫千紅的花朵令人看得目不暇給，微風中淡淡的香味讓人感覺心情舒暢，另外花草樹木冒出新芽迎接春天的到來，豔麗的花兒在大自然中綻放微笑，翠綠的樹木更顯得有朝氣。春天來了，大地再度從冬天的白雪中甦醒。（陳柏芊）

柏芊寫的是冬盡春來繁花似錦生氣盎然的春景。他以「凡—目—凡」的章法成篇，修辭也採用「擬人」的技巧如：「花兒綻放微笑／樹木更顯朝氣」，最後再以大地甦醒和春天百花盛開呼應。

沈平拿出小時候去大峽谷旅行的照片，面對這氣勢磅礴的自然景觀，她感到自己渺小：

大峽谷，我現在佇立在妳壯闊的土地上。看！蔚藍的天空，潔白的雲彩，色澤豐富的岩石，還有笑嘻嘻的我，能站在這幾億年才形成的自然景觀前，是我最難忘的經驗。我站在大峽谷上，貪婪的用眼睛攝取大峽谷的美，妳的氣勢震撼了我的心，妳的鬼斧神工，讓我大開眼界，讚嘆大自然造物的奇妙。我站在高處眺望著綿延不斷的大峽谷，遼闊、壯觀！此時的我心中毫無雜念，因為已被眼前的美景懾服！（沈平）

六、教學省思

㈠運用多元智慧，將語文和其他生活智能統整的教學是容易成功的，也是值得開發的作文教學嘗試。

㈡小朋友在說：我喜歡哪一篇文章時，基本上大多從內容是否能勾起他們的經驗和感動。能從修辭和章法結構著眼畢竟是少數。

㈢國小作文教學應先以「情」感動學生，吸引學生注意後，適時提出認知技能（如修辭、章法技巧）是小朋友作文能否提升的關鍵。至於什麼時候該教導哪些能力，則尚待進一步研究。

㈣本次的教學小朋友大多能掌握修辭的技巧，像擬人法、比喻法的使用學生大多駕輕就熟；下次教學可以就「如何將所看的的景物安排在文章中」再作發揮！

附錄

附錄一：寫作能力簡述

整體說來，進行寫作所需要的能力，可以分成三個層次加以論述：「一般能力」、「特殊能力」、「綜合能力」。

一、一般能力

所謂的一般能力，就是不只是寫作時必須具備，從事其他學科的學習時也都需要，因此是相當基礎、運用得相當廣泛的能力。

㈠觀察力：

觀察力就是運用視、聽、嗅、味、觸五種知覺，來獲取外在世界訊息的能力。良好的觀察力對於寫作來說是相當重要的，因為觀察是獲得說寫素材的重要途徑，也是準確生動的表達的前提。

一般而言，小學生觀察的特點是：對事物的觀察比較粗略籠統，不夠細緻精確；往往只注意表面現象，而缺乏深入觀察的能力；只注意一般的解，而缺乏重點觀察的能力；只注意個別的生動情節，而缺乏全面觀察的能力；在現場觀察時，忽而看這忽而看那，缺乏觀察的條理性（參見周元主編《小學語文教育學》）。

因此訓練小學生的觀察能力，就可以從兩個方向入手：

1. 有順序的觀察：觀察的順序幾乎可以有無限多種，譬如就時間來說，就可以由早到晚、由晚到早、春夏秋冬等；空間的順序有由遠而近、由近而遠、由高而低、由低而高、由左而右、由右而左、由大而小、由小而大等；知覺的順序則可以由視覺而聽覺而嗅覺而味覺而觸覺（或者只鎖定較不受注意的嗅、味、觸覺來觀察）；另外色彩也可以形成順序，如由藍而紅而綠等；形狀也可以視觀察的焦點，所以可以先搜尋圓形的，再搜尋方形的……。就以「我們的校園」為例來說，用不同的順序來進行觀察時，每一次幾乎都可以有新的發現。

2. 比較式的觀察：指導學生在兩種相近的事物當中進行觀察，仔細搜尋那「大同」以及「小異」的特色，在這過程當中，學生自然而然會鍛鍊起細緻的觀察能力。譬如比較流水與泉水的異同、同學甲和同學乙的異同，都是很好的訓練。

在進行觀察訓練時，可以先從較小的範圍開始，特別是鎖定熟悉的人、事、物進行觀察，然後可以指定一個較大的範圍；而且也可以從集體觀察再進展到各自觀察。

㈡記憶力：

記憶是人們腦部對過去經驗中發生過的事物的反映，是過去感知過和經歷過的事物在大腦留下的痕跡。作為一種心理過程，記憶是一個識記、再認和再現的過程，是人們運用知識經驗進行思考、想像、解決問題、創造發明等一切智慧活動的前提。有了記憶，人們才能積累知識、豐富經驗；沒有記憶，一切心理現象的發展都是不可能的，我們的教育與教學也無法進行。

根據不同的標準，記憶可以有如下不同的分類方式：

1. 按其有意性可分為有意記憶和無意記憶。
2. 按其理解性可分為意義記憶和機械記憶。
3. 按其持久性可分為瞬時記憶、短期記憶和長期記憶。

在學習的過程中，最重要的是能夠促進「意義記憶」，亦即了解所學事物的意義，因此就能記得快、記得牢、記得久、記得愉悅，所記憶知識的「質」也會有大幅提升。要達成這樣的目的，可以從以下幾個步驟著手：

1. 有意記憶的培養：要使學生明確了解自己活動的任務，並願意為達此目的任務而努力；對學生提出適當的、長遠的識記任務；教會學生獨立的、自覺的檢查自己的記憶效果；充分利用無意記憶，譬如將一些知識編成歌訣等。

2. 意義記憶的培養：幫助學生對教材有良好的理解；對高年級學生要教會他們良好的記憶方法；考慮延緩重現的作用；適當訓練機械記憶的能力。

3. 加強複習，防止遺忘：及時複習，及時強化；要讓學生「試圖回憶」；分散時間學習要比集中時間學習效果較好；盡可能動員多種感覺器官參與學習和複習活動。

㈢聯想力：

聯想是指人的頭腦中的表象的聯繫，亦即一個表象的呈現，引起了其他的一些相關的表象；譬如我們看到月曆已撕到二月，就會想到冬去春來，由冬去春來又自然會想到萬物復甦，由萬物復甦又想到春景的美麗……等等。這種由一種事物想到另一種事物的心理過程就是聯想。

聯想的路徑很多，其中最重要的有三種，即「聯想三定律」：接近、相似、相反聯想。接近聯想就是因為時間、空間、色彩……的接近所引起的聯想，例如由桌子想到椅子，由花想到葉，都是因為空間接近，由聖誕紅想到紅包再想到熱情的心，那是因為色彩接近；相似聯想就是由一事物出發，聯想到與其特性相似的事物，例如由暴風雨想到革命（其共同的特性為摧毀、顛覆），由花想到美人（其共同的特性為美麗）；相反聯想就是由一事物出發，聯想到與其表現性相反的事物，例如由暴風雨想到白鴿（暴風雨之特性為摧毀、顛覆，白鴿之特性則為寧靜、和平），由監獄想到飛鳥（監獄之特性為禁錮，飛鳥的特性為自由）。

在教學當中，起著比較重要作用的當屬相似、相反聯想，其可以開展的空間相當的大，譬如由相似聯想開展出去的就是譬喻修辭格（因為「喻體」與「喻依」間必有相似點）、賓主法（因為「主」與「賓」之間必有相似點）……等；由相反聯想開展出去的就是映襯格、正反法（因為「正面」與「反面」是相反的）……等。不過在進行相似、相反聯想時，首先要注意所聯想事物特性的抓取，譬如「花」的特性除了美麗之外，還有容易消逝、嬌貴……等，而這些不同的特性都可以進行相似、相反聯想，所以從一個事物出發，可以聯想到的事物是非常繁多的。

(四)想像力：

想像就是對人們腦部中已有的表象，進行重組或變造，從而產生新表象的心理過程。因此想像力的豐沛植基於兩個重要因素上：其一為腦中所儲存表象的豐富，其一為重組和變造的能力；也因為想像力是如此運作的，因此想像所得就會具有形象性和新穎性，這就是想像力迷人的地方。舉例來說，《哈利波特》童書系列中出現的「咆哮信」，就是將「信」和

「生氣咆哮」重組起來，於是產生了新的表象——咆哮信；至於童話中常出現的可怕巨人，則往往是將某些特點加以誇大（譬如粗硬的皮膚、洪亮的聲音、巨大的眼睛等），這就是經過想像力變造的結果；不過更多的情況是在想像的過程中兼有重組與變造。

依照想像中「創造性」的不同，想像力可以區分為「再造想像」和「創造想像」：

1. 再造想像：根據某些事物的圖象、圖解或言語描述而在大腦中產生關於該事物的新形象。譬如閱讀《白雪公主》的童話，因而在腦海中產生「白皮膚、黑頭髮、紅嘴唇」的可愛女孩的形象。

2. 創造想像：人們按照特定目的、任務，而在大腦中產生關於該事物的新形象。譬如寫作「奇異世界歷險記」，因而無拘無束地幻想各種奇幻事物。

想像力在語文教學中的作用非常大，就學生接收的角度而言，它可以增強閱讀教學的效果，就學生表出的角度而言，它可以提高說、寫的質量。一般說來，小學生想像的特點是想像的有意性迅速增長；想像逐漸符合客觀現象；想像中創造性成分日益增多。至於要如何訓練學生的想像力，可以從「再造想像」而「創造想像」，循序漸進地增強；而且可以提醒學生進行有意識的重組及改造。

㈤思維力：

思維靠語言來組織。我們進行思考時，必須借助於單詞、短語和句子。因為思維的基本形式——概念，是用語言中的詞來標誌的，判斷過程和推理過程也是憑藉語句來進行的；也正是因為人憑藉語言進行思維，才使思維具有間接性和概括性，不再侷限於某個時空的直接感官接觸。所以思維力的鍛鍊與語言能力的進展，可說是密切相關，而且是可以互動、循環、提升的。

語言是思維的直接現實。我們理解語言時，要經歷從語文形式到思想內容，又從思想內容到語文形式的思維；言語表達時則相反，要經過從內容到形式，又從形式到內容的思維過程。在這反覆的過程中，需要進行分析綜合、抽象概括、判斷推理，需要形象思維和邏輯思維的交替進行（參考周元主編《小學語文教育學》）。

正因為語言與思維有著密切的關係，所以在語文教學的全過程中，都應有意識的進行思維訓練。思維力強，表現出來就是抽象、概括的能力強，亦即「求異」與「求同」的能力強，在語文教學中，可以用「比較」的方式，來鍛鍊出學生「求異」與「求同」的能力，因而促進思維能力。

㈥創造力：

一個人的創造力通常是透過進行創造活動、產生創造產品而表現出來，因此根據產品來判定是否具有創造力是合理的。所以，可以為創造力下如下的定義：根據一定目的，運用所有已知信息，產生出某種新穎、獨特、有社會或個人價值的產品的能力（參見董奇《兒童創造力發展心理》）。

因此在教學當中，運用學生習作的機會，訓練他們的創造能力，就是一個非常好的方法。為了達成這個目的，各種習作（當然也包含了寫作）都應該顧及以下的幾個重點：

1.多樣性：種類內容多而充實，作業的方式多變化，不是千篇一律的抄寫；答案多樣性；目標也是多層面的，包括記憶、認知、理解、分析、綜合、解決問題等能力的培養。

2.啟發性：引起學生的興趣和注意，激發學生大膽而新奇的想像力、綜合思考及問題解決的能力。以寫作教學來說，就是在命題時應多加留心。

3.挑戰性：能由已知引導至未知，由單樣演變為多樣，使學生樂於學習。譬如由相似聯想引伸至譬喻格、賓主法的教學等。

4.完整性：應與原來的課程密切配合，學生可學習到知識、能力、態度、理想和欣賞等完整的學習。

5. 適應性：作法、答案可能有很多種，沒有截然對與錯的劃分，完全可以適應個人的程度；而且有團體、個別的方式，既可發展群性又可適應差異（以上諸點參考陳龍安《創造思考教學的理論與實際》）。

教師在輔導學生進行習作時，也應該注意下列幾點：

1. 多鼓勵並讚美兒童不平凡的答案。
2. 給予兒童足夠的思考時間。
3. 應有容忍及接納兒童不同意見及答案的雅量。
4. 鼓勵蒐集各種有關資料，培養兒童獨立學習的能力。
5. 重視親子及師生間之良好關係及和諧氣氛。
6. 應與兒童一起學習，提供適當線索，但不可越俎代庖。
7. 不必要求兒童每一題均要立即寫出完整的答案。
8. 教師可利用本作業的內容，作為教學活動之用。
9. 教師亦可根據本作業的精神及方式，應用於其他科目。
10. 本作業不一定均用筆答，亦可讓兒童口述答案（以上諸點參見陳龍安《創造思考教學的理論與實際》）。

二、特殊能力

寫作的特殊能力特別指掌握書面語言的能力而言。這種能力相當複雜，不過因為辭章是結合「形象思維」與「邏輯思維」而形成的，所以可以從這兩種思維切入，來對寫作的特殊能力作區分。

先就「形象思維」與「邏輯思維」作一點簡單的介紹：「形象思維」最基本的特徵就是思維活動始終伴隨著具體生動的形象，「邏輯思維」則是人們在認識過程中借助於概念、判斷、推理以反映現實的過程；所以前者是運用典型的藝術形象來揭示事物的本質，後者則是用抽象概念來揭示事物的本質。

所以，就「形象思維」來說，如果是將一篇辭章所要表達之「情」或「理」，訴諸各種主觀聯想，和所選取之「景（物）」或「事」接合在一起，或者是專就個別之「情」、「理」、「景（物）」、「事」等材料本身設計其表現技巧的，皆屬「形象思維」；這涉及了「立意」、「取材」與「修詞」等問題，而主要以此為研究對象的，就是主題學、意象學與修辭學。

其次就「邏輯思維」來說，如果是專就「景（物）」或「事」等各種材料，對應於自然規律，結合「情」與「理」，訴諸客觀聯想，按秩序、變化、聯貫與統一之原則，前後加以安排、佈置，以成條理的，皆屬「邏輯思維」；這涉及了「構詞與組句」、「運材與佈局」等問題，而主要以此為研究對象的，就字句言，即文（語）法學；就篇章言，就是章法學。

再次就「形象思維」與「邏輯思維」合而為一來說：討論其整個體性的，則為風格學（此體系參考陳滿銘《章法學論粹》）。

關於這個體系，可以用一個簡單的表格來幫助了解：

作品				
以形象思維為主			以邏輯思維為主	
立意（主題學）	取材（意象學）	修辭（修辭學）	構詞與組句（文、語法學）	運材與佈局（章法學）
風格（風格學）				

作從前面的論述中，我們可以得知掌握主題、意象、修辭、文（語）法、章法、風格的能力，就是寫作的特殊能力。其下將對這幾項特殊能力作一點簡單的介紹：

(一)就立意來說：

針對立意而言，最應該掌握的就是「綱領」與「主旨」，此二者關係極為密切，但是又不盡相同，所以有時是重疊的，但是有時又是不重疊的，因此必須鑑別清楚，方能對詩篇主題作良好的掌握。至於綱領與主旨的不同，簡單說來綱領是貫串起材料的那線意脈，而主旨則是作者所欲表達的中心思想或情意；因此若以珠鍊為譬，則大大小小的珍珠是材料，將之串聯起來的絲線如同綱領，但是珠鍊的最終目的是作為裝飾，這最終目的就有如文章中的主旨。

關於主旨和綱領，我們可以舉〈陽光和雨滴〉（康軒版第六冊第一課）為例來說明。一般說來主旨只有一個，不過依據意脈數目的多寡，綱領確可以分為單軌、雙軌乃至於多軌，〈陽光和雨滴〉是一篇雙軌式的詩篇，我們可以用結構分析表來幫助了解：

春天的陽光，
暖洋洋的照著。
青蛙從睡夢中醒來，
花朵在微風中綻放。

春天的雨滴，
送來甜美的甘露。
小草鑽出了泥土，
魚兒跳出水面歡呼。

啊！
我們是那陽光，
我們是那雨滴，
把愛的種子，
散播在每一個地方，
溫暖每一個人的心房。

其結構分析表如下：

目
- 陽光：「春天的陽光」四行
- 雨滴：「春天的雨滴」四行

凡（陽光、雨滴）：「啊」六行

從結構表中，我們可以清楚地看到此詩全篇是以「陽光」和「雨滴」兩軌貫串起來的，而作者就是以「陽光」和「雨滴」帶來春天欣欣向榮的氣息，並且引申到：「把愛的種子，／散播在每一個地方，／溫暖每一個人的心房」，這就是全篇的主旨。所以從這個詩例中，還可以清晰地分辨出綱領與主旨畢竟是不同的，但是彼此的關係又極為密切。

(二)就取材來說：

在運用形象思維時，是將抽象的「意」，藉著具體的「材料」（亦即「象」）傳達出來，使欣賞者得以領略，因此這個「材料（象）」就非普通的物象、事象，而是承載著作者的「意」（即思想、情感等），所以我們特稱為「意象」。值得注意的是，「材料（象）」的範圍不僅限於客觀景物而已，人間萬事也可以寄託情理，成為「意象」。

就以〈畫夢的人〉（節選自康軒版第四冊第十五課）為例，課文中記敘了口足畫家陳世鋒先生和他太太的一些事情：

十四歲那年，陳叔叔意外受傷，失去了兩隻手，有人告訴他，雖然沒有手，還是可以成為有用的人。這句話使他恢復了信心。於是，他開始學畫。他想：「人只要有信心，就有希望，就有夢。我要用畫筆，畫出彩色的夢。」

陳叔叔的太太也是一個殘障的人，個性十分開朗。她笑著說：「他沒有手，我是他的手。我沒有腳，他做我的腳。我們是『手足情深』，最佳拍檔呢！」說得大家都笑了。

這就是以陳世鋒先生和他太太的事蹟為「意象」，傳達出主旨：「殘障的人不是弱者，有時候他們比起一般人更勇敢。沒有腳的人，他會用不同的方式站起來。」

㈢**就修辭來說：**

如何讓措辭更美的方法很多、範圍很廣，目前成果最為豐碩的，當推「修辭格」的研究，因此在寫作時，就不宜忽略修辭格的運用。譬如〈奇妙的旅行〉（康軒版第四冊第七課）中就用了兩次譬喻修辭，讓文章更生動：

鬼針草的種子像針一樣，會附著在小動物的身上。小動物會帶著他們到處去旅行。（指甲花的）種子就會像跳遠選手一樣，用力往外跳，跳得好遠好遠。

因為「針」是細小尖銳的，容易插著在物體上，和「鬼針草的種子」的特性很像，這就是它們之間的相似點，因此抓住這點就可以造成鮮活的譬喻。其次「跳遠選手」和「（指甲花的）種子」的相同點在於：可以「用力往外跳，跳得好遠好遠」，所以可以用「跳遠選手」來譬擬「（指甲花的）種子」。

(四)就構詞與組句來說：

《語法初階》中說：「語法就是組詞成句的規律。」因為組詞成句之後，方能積句成段、聯段成篇，因此對於寫作來說，熟悉語法是很基礎而重要的工作。至於如何以語法知識來輔助寫作，舉其要而言，那就是認識「常式句」和「變式句」，而「變式句」又可分兩類：「省略句」和「倒裝句」。

所謂的「常式句」，都可以區分出「主語」和「謂語」，而且一定是先「主語」、後「謂語」。舉例來說：

草綠了。（節選自部編本第二冊〈春天來了〉）

我站在石頭上。（節選自翰林版一下〈怕〉）

其中「草」和「我」都是主語，「綠了」和「站在石頭上」都是謂語。這兩句都是標準的常式句。

至於「變式句」中的「省略句」，則可能省主語或謂語的某一部分。譬如：

整天拿著鐵鎚和鑽子，敲敲打打，把一塊普普通通的石頭，變成一件件生動的石雕作品。（節選自康軒版第六冊第八課〈玩石頭的人〉）

這幾年來，有很多人喜歡收買古物，曾經有人看上它特別的樣子，奶奶就是捨不得賣。（節選自康軒版第五冊第三課〈歪嘴甕〉）

在第一個例子中，主語——林淵爺爺是承前省略了，如果把主語補上，那麼應該是「（林淵爺爺）整天拿著鐵鎚和鑽子，敲敲打打，（林淵爺爺）把一塊普普通通的石頭，變成一件件生動的石雕作品。」至於第二個例子，則是省略了謂語中的「賓語」——歪嘴甕，因此補上之後應該是「這幾年來，有很多人喜歡收買古物，曾經有人看上它特別的樣子，奶奶就是捨不得賣（歪嘴甕）。」

另外一種變式句——「倒裝句」，則是指顛倒句子原本的組成型態，譬如：

多麼好啊！今天的天氣！

好可愛！這件衣服！

這兩句都是「主語」和「謂語」剛好顛倒，所以還原之後分別應該是「今天的天氣多麼好啊！」「這件衣服好可愛！」倒裝的目的是為了加強語氣。

㈤**就運材與佈局來說：**

運材與佈局又稱作謀篇佈局，是謀求整篇作品言之有序的一種努力。如果將其中的條理清理出來，就會形成結構，可畫出結構分析表，以幫助了解。例如〈父母的智慧〉（部編本第七冊第十三課）則是以「論敘論」的方式組織起來的：

孩子，是父母生命的延續，父母為了孩子，甘願起早睡晚，辛勤工作，讓孩子衣食無缺，平安成長。大多數的父母更知道，教育也是很重要的。《三字經》上說：

「養不教，父之過。」父母除了用愛養育孩子以外，也用智慧教育孩子；父母的智慧，如同一盞明燈，照亮了孩子的生命。

孟母三遷是大家熟知的故事，孟母為了尋找適合孟子的成長環境，不辭辛勞的再三搬家。孟母雖然自己不會教孟子認字讀書，但是她一直細心觀察孩子的發展，注意環境對孩子的影響，並且積極的採取行動。這就是孟母的智慧。

唐朝有一位李夫人，丈夫早死，辛辛苦苦的養育三個兒子。有一天，他們在所住的破屋子地底下，挖到了一箱錢，三個兒子都高興極了，母親卻命他們把錢埋回原處，並且向上天祝禱：「如果上天有眼，賜我們母子這些錢財，請把它變成兒子日後的俸祿吧！」後來三個兒子都做了大官。難道真的上天有眼，聽了母親的祝禱嗎？不是的，是母親那種拒絕非分之財，拒絕「不勞而獲」的堅定信念，激勵了兒子，讓兒子發憤圖強，終能有所成就。這是李夫人的智慧。

宋朝的司馬光寫信給兒子，教導孩子要節儉，他說：「由儉入奢易，由奢入儉難。」這句話的意思，是說由節儉的生活方式變成奢侈很容易，要由奢侈的生活方式節儉下來就難了。其實司馬光貴為宰相，可以錦衣玉食，還教孩子要節儉，不是太多餘了嗎？這正是司馬光深謀遠慮的地方，因為他不可能永遠做宰相，永遠讓家人過著富足的生活，現在教導孩子不要奢侈，正是怕孩子將來過苦日子啊！這是司馬光的智慧。

我們歌頌父母的偉大，不只因為父母操心勞累，養育孩子，也因為他們教導孩子做人處事的原則，為孩子尋求適合發展的環境。他們的智慧，是孩子終生的寶藏，讓孩子受用無窮；他們的苦心至愛，是孩子應該永遠感念的啊！

其結構分析表如下：

- 論：「孩子……照亮了孩子的生命」
- 敘
  - 先（孟母）：「孟母三遷……孟母的智慧」
  - 中（李夫人）：「唐朝……李夫人的智慧」
  - 後（司馬光）：「宋朝……司馬光的智慧」
- 論：「我們歌頌……永遠感念的啊」

此文的脈絡非常清晰，那就是全文以「父母的智慧」來貫串，因此前、後「論說」的部份，強調的是父母以智慧來教養孩子；至於中幅則依照時間先後，舉了三位具有智慧的父母作為例證，那就是孟母、李夫人、司馬光，這部份是「敘述」。因此全文所形成的結構是「論敘論」，「論」與「敘」相互呼應，非常嚴密。

㈥就風格來說：

黎運漢《漢語風格探索》中說：「文章風格是文章的思想內容和表現形式上各種特點的綜合表現，是作者的思想、性格、興趣、愛好以及語言修辭等在文章中的凝聚反映。」大體上，文章的風格可以分作「陽剛」與「陰柔」兩種。譬如〈鄰居的花園〉（康軒本第二冊第九課）就是偏於陰柔的文章：

鄰居的花園又寬又大，
紅花、白花，
開在陽光下，
鄰居的花園好像一幅畫。
每天走過那裡，
我們都要看一看它。
我家的花園雖然不大，
爸爸和我來挖土，

媽媽把種子種下，
等紅花白花到處爬，
我們也會有
美麗的竹籬笆。

其結構分析表如下：

- 賓
  - 因：「鄰居的花園又寬又大」四句
  - 果：「每天走過那裡」二句
- 主
  - 實：「我家的花園雖然不大」三句
  - 虛：「等紅花白花到處爬」三句

題目雖為〈鄰居的花園〉，但是「鄰居的花園」只是「賓」，真正的重心在「我家的花園」，這才是「主」。因此作者的寫法是先描寫鄰居的花園如何美觀，以此帶出只要細心地挖土、栽種，那麼我家的花園也將會有美麗的景觀。因為「賓」與「主」之間是相似的，所以造成了調和的美感，更何況本文所傳達的旨趣也是溫馨有情的，因此令人感到柔和親切，也讓全篇的風格趨於陰柔。

三、綜合能力

綜合能力就是統合前面的「一般能力」、「特殊能力」而成的能力。在以往的傳統一題一篇的作文中，訓練的就是這種綜合寫作能力，這樣固然有其優點，但是缺點在於無法循序漸進，或針對特別欠缺的能力加以補強，這樣會讓原本就能力不足的學生，更是不知從何著手來鍛鍊自己的寫作能力。

但是在「限制式寫作」中，則希望可以鎖定「一般能力」、「特殊能力」中的某種能力，來設計題組，予以加強訓練，企圖藉由這種方式「由點到面」，以達到全面提升寫作能力的目的。這就好像學開車一樣，從踩油門、控制方向盤、換檔……等等分別學起，等到都精熟了，就自然而然會開車了。所以分項訓練只是過程，終極目的還是綜合能力的養成。

附錄二：「限制式寫作」四年級學生接受程度調查報告

題目一：

1. 我認為「限制式寫作」多變的題目可以引起我的寫作興趣 □非常同意 □同意 □不太同意 □非常不同意
2. 我認為「限制式寫作」中的說明、引導文字可以幫助我進行寫作 □非常同意 □同意 □不太同意 □非常不同意
3. 我認為「限制式寫作」可以幫助我由造句、寫一小段文字，進而寫成篇的文章 □非常同意 □同意 □不太同意 □非常不同意
4. 我認為「限制式寫作」的題目常常與課文有關，因此可以幫助我更了解課文 □非常同意 □同意 □不太同意 □非常不同意
5. 我認為「限制式寫作」可以加強我運用各種寫作技巧（例如：比喻、排比、擬人、賓主……等等）的能力 □非常同意 □同意 □不太同意 □非常不同意

6.我認為「限制式寫作」可以有效加強我的寫作能力 □非常同意 □同意 □不太同意 □非常不同意

統計結果：

題目	選項	人數
一	1	16
	2	12
	3	1
	4	1
二	1	22
	2	7
	3	1
	4	0
三	1	17
	2	13
	3	0
	4	0
四	1	18
	2	10
	3	2
	4	0
五	1	18
	2	11
	3	1
	4	0
六	1	19
	2	11
	3	0
	4	0

註一：全班總共32人，有兩位缺席，所以接受意見調查學生共30人

註二：選項一代表非常同意；選項二代表同意；選項三代表不太同意；選項四代表非常不同意

題目二：

小朋友，你喜不喜歡「限制式」寫作？為什麼？

意見綜合如下：

絕大部份的孩子對「限制式寫作」非常喜歡，他們覺得在低年級時根本不知道怎麼寫作，因為他們不懂得方法，所以一提到寫作便覺得很困擾。經過老師循序漸進的引導，讓他們收穫很多，不但作文能力增強了，也對寫作產生了興趣，有個學生信心滿滿的表示將來要成為大作家呢！

參考書目

(一)專著

支玉恆　小學語文教學文集　北京師範大學出版社　一九九二

王耘、葉忠根、林崇德　小學生心理學　五南圖書出版有限公司　一九九五

朱敬先　教育心理學　五南圖書出版有限公司　一九九五

汪丙鎔　國語科教學研討　台中　一九七二

何三本　語文教育論集　東師語文教育學系　一九九三

杜淑貞　小學作文教學探究　文津出版社有限公司　二〇〇一

李坤崇、歐慧敏　統整課程理念與實務　心理出版社　二〇〇〇

林國樑　語文教學研究　童年書店　一九六五

吳當　兒童文學的天空　台東　一九八七

周元　小學語文教育學　華東師範大學出版社　一九九二

周冰人、沈志直、張文伯　小學作文300題　語文出版社　一九九六

邵中雲、李小蒙　作文常用題型　知識出版社　未標明出版年月
范曉雯、郭美美、陳智弘、黃金玉　新型作文瞭望台　萬卷樓圖書有限公司　二〇〇一
高惠瑩、麻鳳鳴　小學語文教學法（修訂本）　北京師範大學出版社　一九八七（一九九〇）
陳英豪、吳鐵雄、簡真真　創造思考與情意教學　復文圖書出版社　一九八七
陳龍安　創造思考教學的理論與實際　心理出版社有限公司　一九八八
陸逐、朱寶元　初中作文指導　少年兒童出版社　一九九〇（一九九一）
陳弘昌　國小語文科教學研究　五南圖書出版公司　一九九一
陳滿銘　作文教學指導　萬卷樓圖書有限公司　一九九四
歐陽教、陳滿銘、李琪明　我國中小學國語文基本學歷指標系統規劃研究　教育部教育研究委員會　二〇〇〇
國立台北師範學院課程與教學研究所　教學創新九年一貫課程問題與解答　教育部　二〇〇一
黃錦鋐　中學國文教學法　教育文物出版社　一九八四
張春興、林清山　教育心理學　台灣東華書局股份有限公司　一九九〇
曾忠華　作文命題與批改　國立台灣師範大學中等教育輔導委員會　一九九二
張新仁　寫作教學研究　復文圖書出版社　一九九二

張稚美、劉美娥等著　課程統整做做看　聯經出版事業有限公司　一九九九
靳寶太、王琦　小作文寫作指導大全　山西教育出版社　二〇〇〇
鄭博真　多元智能統整課程與教學（第一冊）　高雄復文圖書出版社　二〇〇〇
蔡智敏　小學生作文突破　山西教育出版社　二〇〇一
賴慶雄　作文題海　國語日報出版社　一九八一
賴慶雄、楊慧文　作文新題型　螢火蟲出版社　一九九七
賴慶雄　新型作文贏家　螢火蟲出版社　一九九九
謝象賢　語文教育學　浙江教育出版社　一九九三
衛華忠、周仁來、馬健生　教育評價與技術　一九九五（一九九七）
譚達士　作文教學方法革新　台灣省教育廳　一九七五
羅秋昭　國小語文科教材教法　五南圖書出版有限公司　一九九六
考選部　國家考試國文科專案研究報告（稿本）　考選部　二〇〇二
Richard E. Mayer著　林清山譯　教育心理學：認知取向　遠流圖書出版公司　一九九〇
Janice T.Gidson & Louis A.Chandler著　廖鳳池、胡致芬、王淑敏、黃宜敏、陳美芳譯　教育心理學　心理出版社有限公司　一九九一

(二)期刊、論文

仇小屏　非傳統作文命題探析　人文及社會學科教學通訊（雙月刊）　十二卷四期　頁九十一～一三〇　二〇〇一

仇小屏　小學階段「限制式寫作」命題探析　九十一學年度師範學院學術論文發表會　頁一七一九～一七四一

江惜美　小學國語科教學與評量　第二屆台灣區中國語文教學學術研討會（小學組）　頁一四七～一六六　一九九六

李坤崇　人性化、多元化教學評量——從開放教育談起　多元教學評量　頁九一～一三四　一九九八

吳英長　國民小學國語故事體課文摘寫大意的教學過程之分析　台東師院學報　第九期　頁一五〇～一八〇　一九九八

洪碧霞　以評量回饋協助國小學童進行具有個人意義的學習　多元教學評量　頁一三五～一五〇　一九九八

梁財妹　培養兒童摘取大意的能力　八十四學年度教材教法研習資料（國語科）　頁三二～三四　一九九五

郭雄軍　開放教育實施中的國語文評量取向　開放教育多元評量　頁二九～三六　一九九八

郭凰如、張嘉容、王香蓮　談國小命題作文教學的命題方式　國小作文教學與文化互動學術研討會論文集　頁一一五～一三一　一九九八
陳滿銘　談幾種非傳統的作文命題方式　《國文天地》九卷十一期　頁四六～六五　一九九四
陳鳳如　不同寫作能力的國中生在寫作歷程與停頓思考之研究　八十九學年度師範學院教育學術論文發表會論文集（第四輯）　頁一八五七～一八七六　二〇〇〇
黃盛雄　作文指導　國民小學教師分科研習國語科教材教法研習資料　台灣省立台中師範學院　頁一一七～一三八　一九八九
黃秀霜　九年一貫課程中語文領域多元化評量之研發　九年一貫課程新思維　頁三四一～三七一　二〇〇一
劉芳純　國小低年級寫作教學由「繪畫」到「寫作」　民國以來國民小學語文課程教材教法學術研討會論文集　頁三六三～三八六　一九九九
鄭峰明　國小基礎作文概論　國教輔導選集語文科教學研究　頁六三～七〇　一九九一
鄭博真　台灣地區寫作及其教學研究的回顧與展望　民國以來國民小學語文課程教材教法學術研討會論文集　頁六九～八六　一九九九
盧婉菁　搭起「國語文」學習的橋樑——專訪陳伯璋校長　翰林文教雜誌第四期　頁二二一～二二三　一九九九

國家圖書館出版品預行編目資料

小學「限制式寫作」之設計與實作／仇小屏等
合著. -- 初版 --臺北市：萬卷樓, 2003[民 92]
面； 公分
ISBN 957－739－457－4 (平裝)
1.中國語言—作文 2.小學教育—教學法
523.313 92017333

小學「限制式寫作」之設計與實作

合　　著：仇小屏、藍玉霞、陳慧敏、王慧敏、林華峰
發 行 人：許素真
出 版 者：萬卷樓圖書股份有限公司
臺北市羅斯福路二段 41 號 6 樓之 3
電話(02)23216565・23952992
傳真(02)23944113
劃撥帳號 15624015
出版登記證：新聞局局版臺業字第 5655 號
網　　址：http://www.wanjuan.com.tw
E－mail　：wanjuan@tpts5.seed.net.tw
承印廠商：晟齊實業有限公司
定　　價：400 元
出版日期：2003 年 11 月初版
2005 年 3 月初版二刷
2006 年 7 月初版三刷

ISBN 957－739－457－4